국경을 넘는 아시아 여성들

다문화 사회를 만들다

아시아여성총서

국경을 넘는 아시아 여성들

다문화 사회를 만들다

이화여자대학교 한국여성연구원 기획
김영옥 · 김현미 · 양민석 · 윤혜린 · 정진주 · 황정미 지음

이화여자대학교출판부

| 머리말 |

아시아는 지역적 근접성을 근거로 하나의 동질적인 영역으로 인식되어 왔지만, 하나의 아시아라는 상像은 서구적 관점에 의해 만들어진 상상적 구성물이라는 인식이 확산되고 있다. 이러한 발견은 기존의 아시아 상을 해체하고 다양하고 복수적인 경험의 현장으로서 아시아를 새롭게 만나는 길을 터 주었다.

최근 취업과 결혼을 위한 이주의 증가 등 지리적 이동의 증가로 인해 아시아에 대한 이해와 관계맺기 방법은 중요한 과제로 부각되었다. 한국 사회는 1990년대 이후 급증하고 있는 국제결혼, 노동 이주 등으로 외국인 체류자가 인구의 2%를 차지하게 됨으로써 명실상부한 다종족, 다문화 사회로 변모해 가고 있다. 이러한 상황은 한국 사회에서 동질적 범주로서의 국가나 시민, 민족문화 등의 개념을 넘어서 다중적인 정체성을 형성해 가고 있는 사람들 사이의 상호 작용과 교류에 대한 새롭고 진지한 이해를 요청한다.

또한 지구화 시대의 사회적 흐름을 보면 '이주의 여성화'라고 말할 수 있을 정도로 특히 여성 이주자 수가 증가하고 있기 때문에 아시아에 대한 이해는 지구적 차원의 관점뿐 아니라 성별gender의 관점을 요구한다. 현재 아시아는 서로 이동하고 만나면서 거시적인 차원에서만이 아니라 일상생활의 차원에서 중요한 변화를 만들어 내고 있다. 이주는 기러기 가족, 초국가적 가족, 글로벌 가구화 등 가족의 변화를 낳고 있으며, 나아가 돌봄의

분배, 친밀성의 구조, 섹슈얼리티, 성별 관계에서 일어나는 변화와 맞물려 있다. 이주와 관련해서 아시아 국가들의 위치와 경험은 상이하며, 한국에 체류하는 외국인들의 출신국 또한 매우 다양하다. 이렇듯 다양한 아시아를 어떻게 만나고 어떻게 이해할 것인가를 고민하는 것은 지리적 이동이 점점 빈번해지고 문화적 혼종성이 증가하는 시대에 공존과 평화를 준비하는 일이다.

이 책에 실린 여섯 편의 글은 이러한 문제 의식에서 출발했다. 이주 여성들과 대화의 물꼬를 튼다는 의미에서 경험 연구를 포함했다. 김현미의 "사랑의 이주? : 국제결혼 베트남 여성의 결혼 이주 과정"에서는 우선 지구화가 가속화시킨 이주 및 이동의 글로벌-로컬 체제를 전 지구적 경제 질서 및 국가 통치의 측면에서 살펴보면서, 그 맥락 속에서 국제결혼을 선택하는 아시아 여성들의 경험을 분석한다. 황정미의 "결혼 이주 여성의 가정폭력 경험 : 성별 위계와 문화적 편견"에서는 남성 중심적 가족 질서 속에서 아시아 개발도상국 출신의 결혼 이주 여성들이 경험하는 폭력 현실을 드러낸다. 이주 여성에게 가해지는 폭력이 한국의 가부장적 가족 질서와 민족적 차별로 인한 것임을 밝히고 있다.

정진주의 "'아파도 쉴 수 없고 말할 수 없어요' : 이주 여성 노동자의 일과 건강"에서는 이주 여성 노동자들이 경험하는 다양한 건강 문제가 여성과 이주 노동자라는 위치 때문에 발생하고 있음을 밝힌다. 특히 이주 여성 노동자들이 주로 소규모 사업장에서 일하거나 가사노동자로 일하기 때문에 산업안전 보건관리나 산재보험의 혜택을 받지 못하는 경우가 많아 건강권 보호의 사각지대에 있음을 보여 준다. 양민석의 "아시아 여성 재현, 전통과 경계 사이"에서는 문화 콘텐츠 분석을 통해 아시아 여성의 재현 방식에 대해 질문한다. 특히 유교적 가부장제나 국가민족주의, 문화민족주의 등에서 타자화된 여성들의 문제를 국가의 경계를 넘어서 발현되고 있는 문화 혼종성의 논의로 연결시켰다.

뒤이어 나오는 두 편의 글은 지리적 이동으로 문화 접변이 일어나는 환경에서 바람직한 태도로 이야기되는 다문화주의가 구체적으로 무엇인지에 대해 질문한다. 즉 윤혜린의 "내 문화, 당신의 문화를 넘어서 우리의 문화 생성을 위한 철학"에서는 상대화와 상대주의를 구분함으로써 다문화주의가 문화본질주의나 문화근본주의를 경계할 수 있는 논리를 가져야 한다고 지적한다. 김영옥의 "새로운 '시민들'의 등장과 다문화주의 논의"에서는 이주민들, 특히 이주 결혼 여성들이 한국 사회에 평등한 시민으로 귀속되는 방안과의 연관 속에서 다문화주의의 구체화를 모색한다.

이 책은 이화여자대학교 한국여성연구원에서 한국학술진흥재단의 중점연구소 지원을 받아 2005년 12월에서 2008년 11월까지 3년 동안 수행한

"지구적 문화 변동과 아시아 여성의 탈식민적 경험: 학문으로서의 '아시아 여성학' 범주 구성" 프로젝트의 연구를 토대로 하고 있다(과제번호: KRF-2005-005-J12501, KRF-2005-005-J12502). 본 연구원은 2014년까지 진행될 아시아 여성 연구의 성과를 '아시아여성총서' 발간 사업으로 이어갈 것이며 이 책은 그 첫 출발이 되는 셈이다. 지금의 성과를 거두기까지 생산적인 연구 환경을 지원해 준 한국학술진흥재단에 감사드리며, 열정과 노력을 기울여 준 과제 참여 연구진 선생님들 모두에게 감사드린다. 특히 단행본으로서 충실하고 풍부한 내용을 담고자 하는 뜻에 흔쾌히 동의하여 집필에 합류해 주신 연세대학교 김현미 교수와 고려대학교 황정미 HK 연구교수께 깊은 감사를 드린다. 또한 연구 및 출판 진행을 도와 준 석 · 박사 과정의 연구보조원들에게도 감사한다. 끝으로 빠듯한 일정에도 출간을 위해 애써 주신 이화여자대학교출판부 관계자들께 감사의 말씀을 전한다.

2009년 8월

이화여자대학교 한국여성연구원장

이재경

| 차례 |

'사랑'의 이주?:
국제결혼 베트남 여성의 결혼 이주 과정*

김현미

최근 국제결혼의 급증은 한국 사회가 동종족 간 결혼을 이상시하는 '한민족 내혼'의 오래된 가치관으로부터 이동하고 있음을 보여 준다. 다양한 국적의 '외국인 신부'와 소위 '다문화 가족'의 등장은 최근 여론과 미디어에서 흔히 볼 수 있는 주제가 되고 있다. 근대의 출현과 함께 결혼은 낭만적 사랑을 기반으로 한 이성 간의 결합으로 사회의 가장 중요하고도 기초적인 가족 제도였다. 결혼에 대한 중산층의 관념은 결혼 당사자 간의 변치 않는 친밀성, 신뢰, 애정이라는 문화 이데올로기를 기반으로 하기 때문에 가정은 지극히 사적이며 신성한 공간으로 간주되었다. 그러나 역사를 통해 계층, 젠더, 지역성에 따라 결혼은 다양한 의미를 지녀왔고 당사자의 이해를 초월하는 집단적 · 정치적 · 경제적 역할을 수행해 왔다. '결혼을 통한' 이주는 한편으로는 국적과 인종, 지역을 초월하여 남녀의

* 이 글은 『경제와 사회』 70호, 2006에 실린 글을 수정 · 보완한 것이다.

사회적, 경제적, 성적 결합이 이루어진다는 측면에서 한국 사회의 개방성을 보여 준다. 그러나 최근 아시아 지역 내에서 급증하고 있는 국제결혼은 잠재적 결혼 인구의 지역적 불균형을 해결하기 위해 여성들을 조직적으로 대규모로 이동시키고 있으며, 그 과정에서 거대한 이윤을 창출한다는 점에서 이전에 없던 새로운 현상이라고 볼 수 있다.

이 글은 1990년대 이후 한국 사회에서 급증하고 있는 국제결혼을 전지구화가 수반하는 거대한 경제 질서와 이주 현상의 맥락에서 다루고자 한다. 최근 아시아 지역의 여성들이 국제결혼을 통해 다른 나라로 이주하는 현상은 글로벌 이주 연구의 중요한 부분을 차지하고 있다(Piper & Roses, 2003 ; Suzuki, 2003 ; Hsia, 2004 ; 이혜경, 2005). 결혼 이주는 두 당사자 간의 문제만이 아니라, 국적이나 이민, 노동, 시민권에 관여하는 국가 제도와 법률이 관철되는 통치의 영역이다. 이주자들은 이러한 제도에 의해 규제를 받거나 협상을 벌여야 한다. 이 과정에서 두 관련 국가의 개인들을 매개하는 것은 다국적 연결망의 형태로 활동하는 중개업자들이다. 이들은 언어가 통하지 않고 직접 만날 수도 없는 결혼 당사자들을 연결, 이주시켜 최종적으로 성혼에 이르게 하며 그 과정에서 거대한 이윤을 창출해 낸다. 이런 점에서 현재의 국제결혼을 사회적 의제로 설정하는 것은 사적인 영역에 대한 개입이라기보다는 그러한 이주 및 이동 시스템이 구축되는 글로벌-로컬 체제를 문제시하는 것이다. 이 글은 이런 의미에서 국제결혼을 이주 문제로 다루면서 국제결혼의 정치경제학을 성별 관점에서 해석하려 한다. 즉, 외국 여성들의 한국으로의 결혼 이주 과정에 포함된 사회 · 정치경제학적 요인과 문화적 맥락을 분석하고 동시에 결혼 이주자로 한국에 온 여성들과의 심층 면접을 통해 그들이 경험하는 '친밀성의 위기'를 다루고자 한다.

현재 한국인 남성과 결혼하는 여성 중 가장 큰 비중을 차지하는 것은 중국인(한국계 중국인 포함)이고, 필리핀이나 일본 출신 여성들은 주로 통일교의 주선을 통해 한국에 정착하고 있다. 최근에는 우즈베키스탄, 몽골, 캄보디아 등 여성들의 국적이 매우 다양해지고 있다. 이 글은 다양한 국적을 지닌 결혼 이주자 여성들 중 국제 중개업을 통해 한국인 남성과 결혼한 베트남 여성의 사례를 중심으로 한다. 베트남은 현재 국제결혼의 정치경제학을 다루는 데 매우 중요한 대상 국가이다. 1992년 한·베 수교 이후 2000년까지 한국인 남성과 결혼한 베트남 여성은 200명이 채 되지 않았으나, 그 숫자는 2001년 이후 크게 증가하여 2001년에는 134명, 2002년에는 476명, 2003년에는 1,403명, 2004년에는 2,462명, 2005년에는 5,822명, 2006년에는 10,000명 이상으로 급증했고 2008년 3월 31일 현재 22,702명으로 여성 결혼 이주자의 22.3%를 차지하고 있다.

최근 베트남 여성이 급증하는 것은 한국인 남성들이 다른 아시아 여성들보다 피부색이 상대적으로 하얗고 나이가 어린 베트남 여성을 결혼 상대자로 선호하기 때문으로 분석된다. 그러나 이보다 중요한 이유는 국제결혼 중개업자들이 베트남에서 영업을 하기가 상대적으로 수월하고 이윤을 많이 남길 수 있기 때문에 한국 남성들을 베트남으로 유도해 내기 때문이다(한건수·설동훈, 2006; 고현웅 외, 2006).

한국 남성과 베트남 여성 간의 국제결혼을 중개하는 업체들의 수가 급격히 증가하고 있는 사실 또한 이를 잘 보여 준다. 중개업자들은 전국 도시와 농촌 지역에 '베트남 여성과 결혼하실 분', '초혼, 재혼, 장애인 환영', '베트남 여성, 절대 도망가지 않습니다' 등의 거리 광고들을 통해 베트남 여성을 '구매 가능한' 대상으로 표상함으로써, 한국 남성들을 베트남 여성들과의 결혼 중개 시스템 속으로 유인해 왔다. 2008년 6월 '국제결혼중개업의 관리에 관한 법률'이 시행되면서 이 같은 과장 광고는 금지되었지만, 중개업자의 수는 날로 확장되고 있다. 실제로 국제결혼 시장에서 여성들의 국적이 다양함에도 불구하고, 중개업자들로서는 이윤을 극대화하기 위해 국가의 규제가 형식적이고 좀 더 유순하다고 간주되는 지역의 여성들을 포착해 내는 것이 중요해졌다. 한국과 베트남의 국제결혼 중개업자들은 한편으로는 베트남 전쟁 등을 통해 역사적으로 구축된 베트남 여성과 한국 남성 간의 '성애화된 상상력'을 적극 활용하면서 한국 남성들을 동원해 내고, 다른 한편으로는 경제적으로 열악한 환경에 놓인 베트남 농촌 여성들의 미래에 대한 열망을 '국제결혼'이라는 구체적인 실천으로 조직해 내면서 거대한 이윤을 생산하고 있다.

1. 한국과 베트남의 국제결혼 이주 체제

코프만 외(Kofman et al., 2001)는 광범위한 여성의 이주를 여성 개인의 자발적 선택이라는 낭만적 관점에 의거해서 해석할 수 없음을 강조한다. 즉, 이주 문제는 구조와 행위자를 연결하는 이주 체제migration regime, 이주 제도migration regulations, 그리고 개별 이주자라는 세 가지 차원의 문제를 포괄한다. 이주 체제는 이주에 관여하는 각국의 법이나 제도의 속성, 송출국과 수용국의 관계, 이주자의 진입을 결정하는 조건과 거주와 고용에 관한 권리들을 규정하는 통치 체제를 의미한다. 즉, 이주자라는 범주를 구성하는 단일 국가 또는 초국가적인 권력의 속성을 의미하는 것이다. 이주 제도는 이주를 가능하게 하는 공식적 국가기구와 중개업자, 비공식적 네트워크를 포함하는 일련의 제도를 의미하고, 이 과정에서 경제적 이윤을 만들어 내는 이주 산업migration business의 규모가 결정된다. 이주의 문제는 이러한 이주 체제와 이주 제도라는 구조적 조건과 더불어 고유한 역사, 사회적 정체성, 자원 조건 속에서 이주를 결정하는 개별 이주자의 상황을 분석해야 한다.

여성들의 이주 전략은 송출국과 수용국의 이주 체제에 영향을 받게 된다. 이 과정에서 이주 브로커나 중개인이 각국의 이주 정책과 제도의 특징이나 약점을 파악하고, 그로써 송출과 수용의 모든 과정에 개입하면서 이윤을 만들어 낸다. 다음에서 결혼 이주 체제가 어떻게 만들어지는지를 살펴본다.

행정 주도형 국제결혼

결혼 이주자에 대한 한국 정부의 법률, 제도, 비제도적 관행들은 한국 이주 체제의 특징이 잘 드러나는 영역이다. 한국 사회는 기본적으로 결혼 이주를 제외한 외국인의 정착형 이주를 불허하고, 이민에 대한 통합적인 정책이나 이주를 전담하는 행정부처가 없는 반이주자 체제anti-migrants regime의 성격을 갖고 있다. 보통 이주자는 단신으로 이주 노동자로 입국한 뒤 나중에 가족과 결합하여, 정착형 이민자의 과정을 거치게 된다(Kofman et al., 2001). 한국의 경우 경제적 구조조정의 와중에서 일어나는 주변부 노동력의 부재를 메우기 위한 대체적 · 한시적 이주 노동자 수입에 집중해 왔고, 단신 이주자 중심의 반反정주 정책anti-settlement policy을 추구해 왔다. 따라서 최근에 한국에 오는 결혼 이주자들은 최초의 정착형 이주자인 셈이다. 이주 여성들은 한국 국민의 피被부양자의 자격으로서만 정주가 인정된다. 한국 정부는 1990년대부터 '농촌 총각 결혼시키기' 사업이라는 행정 주도형 국제결혼을 장려했다. 행정 주도형 국제결혼은 1980년대 일본의 여성 인구가 도시에 집중하면서 배우자를 구할 수 없는 농가 후계자의 문제를 해결하고자 고안된 것이다(황달기, 1993). 일본 농가 후계자의 결혼을 개인적 차원을 넘어 지역공동체의 총체적 대응의 문제로 확대 · 심화하는 과정에서 필리핀 여성을 신부로 데려오기 시작한 것이 행정 주도형 국제결혼의 시초였다. 필리핀 측에서는 "자국 여성들의 결혼을 계기로 자매도시 관계를 맺어 (일본으로부터) 원조를 받으려는 의도가 숨어 있었다"(황달기, 1993: 484)고 주장한다.

한국의 경우에는 농촌 지역의 영농 후계자 단체들과 여성단체들이 "알음알음 농촌 총각들의 중국 농촌 시찰 명목의 맞선보기 방문을 후원했다"(이혜경, 2005: 80). 1992년 중국과의 수교가 이루어진 후에는 초기에는 공신력 있는 민간인을 통해, 후에는 도시 간 협정 체결을 통해 농촌 총각 장가보내기 사업이 추진되었다. 충북 옥천군, 전북 장수군, 전북 정읍시, 충북 보은군, 전남 담양군, 경남 합천군 등이 행정 주도형 국제결혼을 추진한 사례들이다. 2006년 2월 20일 경상남도는 국제결혼을 하면 현금을 지원하는 내용을 담은 '노총각 혼인사업 지원 조례'를 입법 예고했다. "국제결혼하는 데는 1,000만 원쯤이 드는데 이 목돈이 없어 결혼의 꿈을 접는 노총각이 많은 현실을 고려했다"는 것이다(중앙일보, 2006년 2월 21일). 이를 통해 외국 여성의 한국 농촌으로의 정착은 국가 사업의 하나가 되고 있음을 알 수 있다.

행정 주도형 국제결혼은 농촌 지역 남성들과 그 가족의 투표권을 의식한 '정치적 선택'일 수 있고, 농촌 지역의 안정된 가족 재생산을 만들어내기 위한 고민의 결과일 수 있다. 그러나 '외국 신부 데려오기'에 주안점을 둔 행정 주도형 국제결혼은 한국 남성이 결혼할 자격이 있는지의 여부와 결혼을 추진하는 주체가 개인 남성인지를 진지하게 고려하지 않는다. 행정 주도형 국제결혼의 명목상의 주체는 각 지역의 지방자치단체이지만 실질적으로 국제결혼을 수행하는 과정에는 상업적인 중개업자들이 깊이 관여하고 있다. 특히 최근의 국제결혼은 중개업체가 증가함에 따라 더 이상 농촌 남성만을 대상으로 하지 않고, 재혼을 하려는 전체 한국 남성의 중요한 수단이 되고 있다(이혜경, 2005 : 85). 알코올 중독, 사회 부적응, 가정폭력 등의 사회적 문제를 가진 남성이나 결혼생활을 독립적으로 이루어 나갈 능력이 전반적으로 부재한 남성도 가족과 커뮤니티의 후원 하에, 또는 상업적인 중개 브로커의 중재 하에 결혼을 하는 경우가 생겨나고 있다. 그러나 미디어는 국제결혼 과정에서 한국 남성이 취약한 위치에서 약삭빠른 외국 여성에게 얼마나 쉽게 속임을 당하는가에만 집중해 왔다. 실제로 조선족 여성들의 사기, 위장 결혼이나 외국 신부의 잠적이나 이탈에 대한 미디어의 감정적인 보도는 국제결혼과 관련한 법을 개정하게 만들었다(윤형숙, 2004). 이전의 국적법에서 한국 남성과 국제결혼을 할 경우 외국 여성은 혼인 신고를 통해 자동적으로 국적을 취득했지만, 1998년 개정된 국적법은 한국인과 결혼하는 외국인 남녀는 2년 이상 한국에 거주하면서 혼인 상태를 유지할 경우에만 배우자의 동의하에 귀화하여 국적을 취득할 수 있게 되었다. 이러한 법률의 개정은 단기적으로 여성들의 일탈을 막는 효과를 가질 수 있었지만, 한국 남성들에게 배우자를 통제하기 위한 수단으로 사용되고 있기도 하다(윤형숙, 2004 : 342).

국제결혼이 대규모의 결혼 이주자를 양산하면서 다문화 가족의 출현을 예견함에도 불구하고, 한국 정부는 계속 모순적인 입장을 견지해 왔다. 한편으로는 지방자치제 중심의 행정 주도형 결혼을 장려하지만, 동시에 국제결혼은 결혼 시장에서 불리한 위치에 있는 사회적 주변부 남성들만의 일이며 이들의 배우자로 한국에 오는 여성들 또한 주변부 여성으로만 여기고 있다. 이러한 생각 때문에 국제결혼이 특정 계급의 이슈로만 간주되어 한국 사회 변화의 핵심적인 의제로 설정되지 않았다. 그러나 국제결혼이 진행된 지 15년 이상이 지난 2006년에 '여성 이민자 가족 및 혼혈인, 이주자 사회통합 지원 방안'이 발표되면서 이들에 대한 종합 대책이 늦게나마 마련되었다. 이후 결혼 이주자가 속한 한국의 가족은 '다문화

가족'으로 명명되면서 다양한 사회 통합 정책이 추구되고 있다(김현미, 2008). 문제는 다문화 가족에 대한 사회 통합이 이들을 복지의 대상이나 저출산 위기의 해결을 위한 차원에서의 지원에만 집중하는 측면이 강하다는 점이다. 또한 인권과 인신 매매와 관련된 국제 관행에 어긋나는 결혼 중개업자를 규제하거나 관리하는 엄중한 정책이 마련되지 않음으로써 결과적으로 중개업자들이 대량으로 양산되었다.

베트남 정부의 개혁 · 개방과 여성 이주

베트남은 1986년 12월 5차 전당대회에서 도이모이 정책을 선언한 이후 개혁 · 개방을 급격히 진행해 왔다. 1990년대 개방 이후 베트남은 네팔과 더불어 아시아 지역의 새로운 노동 송출국으로 부상하게 된다. 그 결과 전형적인 노동 송출국이었던 필리핀, 인도네시아, 태국과 새롭게 부상한 베트남, 네팔 같은 국가들 사이의 경쟁이 심화되고 있다(Piper, 2004). 이 과정에서 각 국가는 '어떠한' 국민을 송출하여 외화를 획득해 낼 것인가를 고심하게 된다. 특히 기술 훈련이나 교육을 받지 못한 농촌 여성들은 가장 '낮은' 범주, 즉 공식적인 채널도 부재하고 권리 개념도 확립되지 않은 '처분 가능한' 송출 인력으로 설정된다. 베트남의 국가 센서스 자료에 의하면 1990년대 이후에는 남성 이주자의 수에 비해 여성 이주자의 수가 급증하고 있고, 그 결과 여성 이주자는 전체 이주자의 52%를 차지한다고 한다(Dang Nguyen Anh, 2005 : 36). 그들에게 현실적으로 가능한 이주는 성산업 또는 가사 노동, 혹은 결혼을 통해 이주하는 것이다. 송출국들은 성매매나 인신 매매에 대해 매우 단호한 입장을 견지하지만, 실제로 적극적으로 이 문제를 해결하려는 의지를 보이는 국가는 많지 않다.

1991년 베트남이 자본 시장을 외국인에게 개방하자마자 아시아, 특히 대만의 중소 자본들이 대규모로 베트남에 몰려왔다(Wang & Chang, 2002). 대만 자본의 진출은 동시에 베트남 여성을 현지처로 맞이하려는 대만인들의 수를 증가시켰고, 그 결과 많은 베트남 여성들이 조직적으로 대만으로의 결혼 이주를 감행했다. 2000년에는 그 수가 14만 명에 이르게 될 만큼 대규모라고 한다. 이 같은 대만 남성과 베트남 여성들 간의 국제결혼은 대만과 베트남 현지 중개업자들이 개발한 중개 시스템에 의해 가능했다. 이러한 중개 시스템은 현재 한국 중개업자의 결혼 중개 시스템과 유사한 점이 많다.

최근 싱가포르와 대만 등으로 국제결혼한 베트남 여성들이 결혼의 목적과는 다르게 노인이나 환자를 봉양하는 역할로 이용되거나 성매매를 강요당하는 사례들이 속속 드러나자, 베트남 정부는 여성위원회Women's Committee라는 당 조직을 통해 국제결혼의 채널을 단일화하고 있다. 그러나 이 조직은 여성들을 보호한다는 목적에도 불구하고, 재정과 인력이 공급되지 않는 명목상의 기관으로 남아 있다. 실제로 상업화된 국제결혼을 불법화하고 있는 베트남 정부는 구체적인 조치를 취하기보다는 국가의 위상을 지키기 위해 대외적인 입장을 견지하는 정도이다.

베트남 여성의 국제결혼을 통한 이주 열풍은 베트남 사회의 젠더 불균형이나 근대성에 대한 열망과도 관련이 있다. 1970~1980년대 베트남의 여성 인구는 급격히 증가했지만, 남성 인구는 오히려 줄어들었다. 전쟁으로 인한 남성 사망률이 높았고, 특히 월남 치하였던 남부 지역의 많은 남성들이 해외로 이주하면서 여성이 결혼할 수 있는 남성의 수가 심각하게 부족했다(Goodkind, 1997). 이 현상을 구드킨드Daniel Goodkind는 '이중적 결혼 압박double marriage squeeze'으로 부르는데, 베트남 현지에서는 여성 인구가 과다하여 남성 배우자 부족을 심각하게 경험하고, 해외로 이주해 간 베트남 남성들은 여성들이 부족하여 적절한 결혼 상대자를 구할 수 없게 된다. 이런 상황에도 불구하고 결혼을 안 한 여성에 대한 사회적 편견이 줄어들지 않았기 때문에 여성들은 어린 나이에 결혼을 해버리거나 이미 결혼한 적이 있는 남성과 재혼을 하게 되거나 복혼의 전통적인 관습이 부활하게 된다. 이런 젠더 불균형은 특히 베트남의 남부 지역에서 가장 심하게 나타났다. 1990년대 이후부터 최근까지 전반적으로 성별 불균형은 완화되었지만, 농촌 지역에서는 새로운 성별 불균형이 생겨나고 있다. 현지 조사를 하면서 만난 여성 연구자에 의하면 최근 베트남의 젊은 남성들은 군대 징집을 피해, 또는 일자리를 얻거나 유학을 위해 인근 대도시로 몰려 도시 노동자층을 이룬다. 거주 지역 선택의 자유가 제한되어 있는 베트남에서 남성들은 도시 여성들과 결혼해야만 안정적으로 도시에 거주할 수 있기 때문에 대부분 고향에 내려가기보다는 도시에서 배우자를 구한다. 이 결과 농촌 지역에는 여성들이 결혼하고 싶어하는 '이상적인' 남성이 부족하게 된다. 이러한 상황에서도 결혼 안 한 미혼의 딸을 언제 터질지 모르는 '집안의 폭탄bomb in a household'으로 부를 만큼 딸의 조기 결혼에 대한 부모들의 기대와 압력이 높다고 한다. 따라서 여성의 결혼 연령도 보통 20에서 22세 정도이다. 사회주의 영향력이 강한 북부 베트남보다 남부 베트남 지역 여성의 결혼 이주율이 높은 것도 이와 같은 역사적 상황과 관련이 있다.

특히 개혁·개방 이후 베트남 사회의 농촌 경제 상황은 여성들에게 불리한 방향으로 악화되었다(Goodkind, 1997). 자유 시장경제 원칙은 물가에 대한 통제를 완화시키고 지역 협동조합에 대한 국가의 지원이 중단되면서 농촌의 개별 가구들은 소농으로 변화되었다. 삼모작이 가능하지만 기계화가 거의 이루어지지 못하고 여전히 물소 등의 가축을 이용하거나 사람의 손을 통해 농사를 지어야 하는 베트남의 남부 농촌 지역에서 주요한 노동력은 여성이다. 남성들은 물소를 다루지만, 여성들은 새벽부터 저녁 늦게까지 잡초를 뽑는 등 쉴 틈 없는 고된 노동을 한다.[1] 이런 고된 노동은 어머니에서 딸로 이어지는 경우가 많다. 따라서 자신의 미래가 너무나 자명하다는 것을 인식한 젊은 세대 여성들 중에는 좀 더 나은 미래에 대한 사회적 상상력을 발휘하게 되고, 이 과정에서 외국인과의 결혼이 실현 가능한 대안으로 부상하기 시작했다. 인터뷰에 응한 여성들 중 적지 않은 이들이 "아버지는 내 결혼을 반대했지만, 어머니는 가라고 했다"고 대답한 것은 베트남 농촌 지역에서 여성으로서의 '미래 없음'을 절감한 어머니들이 딸의 국제결혼을 격려한 경우가 많았음을 보여 준다. 또한 홍수 등 자연 재해가 많은 베트남의 남부 농촌 지역에서는 갑작스럽게 집이 파괴되어도 의존할 수 있는 공적 장치가 부재하다.

베트남 정부의 사회 개발에 대한 적극적인 개입이 이루어지지 않은 상황에서 가난한 농촌 사람들은 개별 가구 중심의 경제 전략을 택할 수밖에 없다. 코프만 외(Kofman et al., 2001)는 바로 이런 이유에서 이주 동기를 분석하는 데 개인보다는 가족을 초점으로 삼아야 한다고 강조한다. 즉, 베트남 사회의 젠더 역할이나 기대 등은 여성과 남성에게 차별적인 가치를 부여하고, 여성들은 노동자로서 또한 집안 경제를 활성화시킬 수 있는 도구로서 인식된다. 그러므로 자신과 결혼하는 사람이 대만인인지 한국인인지도 모르면서 어린 나이에 결혼 중개 시스템에 동원되며, 한국까지 오게 된 여성들의 경우에 어디까지가 '선택'이며 '자발성'의 문제인지를 설명하기 어렵다. 한국과 대만에 결혼 이주를 간 여성의 가족을 연구한 레 티 퀴이(Le Thi Quy, 2008)는 베트남 농촌에서 '효孝'의 개념이 어떻게

1 현지 조사 때 만난 베트남 전문가에 의하면 '목숨을 바쳐 사회주의 정권을 완성한 자부심을 갖고 있는 베트남 남성들은 남성의 역할은 '정치'와 같은 '큰일'을 하는 것'이라는 생각이 강하다고 한다. 이런 생각 때문에 농사일이나 밭일처럼 일상적이며 경제적인 일에는 무관심한 편이라고 한다.

변화하는지를 잘 보여 준다. 가난한 농촌 사회에서 여성은 결혼 이후에도 부모 근처에 살면서 친밀하게 관계를 맺고, 함께 농사를 지으면서 효의 의미를 실현시켰다.[2] 베트남에서 가족은 매우 중요하기 때문에 먼 곳에 가면 성공할 가능성이 높다고 해도 좀처럼 집을 떠나지 않는다고 한다. 그러나 최근에 국제결혼한 여성들이 주변에 나타나면서 '효'의 개념이 변화하기 시작한다. 가난한 농촌에서 갑작스런 계층 상승을 이룰 수 있는 유일한 길은 딸의 국제결혼을 통해 부와 성공을 축적하는 것이다. 외국인 남편이 새로 집을 지어 주거나 가전제품을 사 주거나 많은 현금을 주는 것과 같은 가시적인 변화가 보이면서 국제결혼을 통한 '성공 신화'는 점차 강화된다. 따라서 미혼의 여성들 사이에 국제결혼은 자신의 미래를 바꾸는 행위일 뿐 아니라 '효'를 행하는 방법으로 이해된다. 실제로 국제결혼을 통해 갑작스럽게 부유해진 가족의 사례는 매우 드물지만, 마을에 하나의 성공 사례만 나타나도 그것은 실현 가능한 대안으로 받아들여진다. 딸이 국제결혼을 통해 가족의 곁을 떠난다는 것은 매우 슬픈 일이기도 하지만, 시장경제 체제로의 이행 과정에서 오는 경제적 · 사회적 불안을 떨쳐내고 국제결혼은 '자본주의적 현대성'을 실현하기 위한 가족 전략으로 이해되는 것이다. 전에는 부모의 농사일을 돕고 정서적인 유대를 유지함으로써 딸 노릇을 했던 여성들은 이제 이주를 통해 부모의 삶을 단번에 변화시키는 '효'를 행하도록 요구받는다. 문제는 결혼 이주자 여성들이 이주 후 자신의 본국에서보다 사회적으로나 경제적으로 더 열등한 지위로 전락하거나 '상대적이고 절대적인' 빈곤을 경험하는 일이 많다는 것이다.

또한 결혼 이주는 사회주의 하에서 억눌렸던 근대적 소비와 낭만적 사

2 Le Thi Quy, 2008, "Changes in Families of Migrant Women from Vietnam to South Korea and Taiwan," 이화여대 아시아여성학센터 주최 지속가능한 미래를 위한 국제 심포지엄 〈이주의 시대, 아시아의 여성이주와 가족구조의 변동〉 2008년 8월 21일 발표문.

랑에 대한 욕망이 부상하는 시대적 상황과도 연관이 있다. 딸이 반드시 결혼해야 한다는 결혼 관념에는 큰 변화가 없지만, 1990년 개방 이후의 젊은 여성들의 결혼관은 많이 달라지고 있다. 하노이 민속박물관의 '베트남 결혼 100년사' 전시물에 의하면 '배급 경제 시대'라고 불리던 1975년부터 1990년까지 베트남 젊은이들의 결혼식은 소박하고 간소했다. 남성들은 군복, 여성들은 흰 셔츠에 검정 바지를 입고 종이꽃을 흔들며 일렬로 걸어가는 합동 결혼식을 했다. 그러나 1990년 개혁 · 개방 이후, 베트남 사회는 낭만적 사랑에 의한 결합을 이상화하기 시작했고 '모던하다'고 일컬어지는 서구식 결혼식이 도시를 중심으로 유행하기 시작했다. 결혼 청첩장, 사진 촬영, 드레스가 동원되는 호텔에서의 결혼식, 피로연, 신혼여행 등은 베트남 중산층의 문화자본이 되고 있다. 이처럼 중산층에게만 가능한 결혼문화를 이주 결혼은 농촌 여성들에게도 가능케 해 준다. 또한 1992년 12월에 한국과 수교를 맺은 베트남은 한국의 경제 개발 모델에 대한 관심이 높은 편이며, 최근 한국 대중문화의 인기로 일부 여성들에게는 한국이 새로운 '욕망'의 공간으로 떠오른 것도 사실이다.

인터뷰에 응한 베트남 여성들은 외국인과 결혼하는 것에 대한 걱정과 우려가 많았지만, 항상 '행운'의 가능성을 기대했다고 말한다. 실제로 베트남 사회에서 경제적으로 자원이 많지 않은 계층에서는 안정적으로 기대할 수 있는 자원이 없는 경우, 매우 피상적이지만 현실적인 위안을 주는 것은 '운'이다. 외국인과의 결혼의 불행이나 폭력, 인신 매매 등의 이야기가 들려와도 '자기에게는 일어나지 않을 수 있다'는 믿음을 갖고 있는 경우가 많다. 마을에서 외국인과의 결혼은 특히 '대단한 성공a big success story'으로 회자되고, 부러움의 대상이 된다.

2005년 5월 25일 한국에 온 베트남 여성의 사례는 이러한 현실을 잘 보여 준다.

〈사례 1〉

동네에 한국 남성과 결혼한 여자가 있는데, 나뭇잎 지붕에 맨 땅바닥이라 비만 오면 앉을 자리도 없는 집에서 1년 만에 튼튼한 시멘트 집으로 변했다. 안에 살림살이는 다 비싼 것 갖다 놓고 산다고 했다. 나는 한국에 가서 내 몸 하나만 잘살아도 괜찮겠다고 생각했다(고현웅 외, 2006).

딸을 외국인과 결혼시키는 것은 가족의 사회경제적 위상을 높이는 하나의 전략으로 채택된다. 그럼에도 불구하고 한국인과의 결혼을 통해 여성이나 여성의 가족이 엄청난 물적 혜택을 받는 경우는 많지 않다. 최대 약 백만 원 가량의 결혼 자금을 받거나 '물소 한 마리 값 정도(약 250달러, 한화 25만 원)'를 받는 경우가 대부분이다. 그러나 외국인 남성이 새로 집을 지어 주거나 오토바이나 가전제품을 사 주는 등의 '가시적인' 변화를 만들어 낸 한두 이웃의 사례에서 성공 신화들이 만들어진다.

2. 이주 산업으로서 국제결혼 중개업

국제결혼을 하는 한국 남성들과 베트남 여성들은 각각 단일한 범주로 묶이기에는 개인적 차이가 매우 크므로, 이들의 결혼 동기와 경험 세계를 설명하는 것은 더욱 복잡하다. 그럼에도 불구하고 이들 중 많은 수가 중개업자를 통해 결혼하기 때문에 '구조적으로' 공통적인 경험을 하게 된다. 이주 사업의 특수한 분야인 결혼 중개사업은 단순히 결혼 브로커만을 의미하지 않는 다층적인 사업이자 과정이다. 이러한 이주 비즈니스에는 중개업자, 변호사, 통역자, 관광업자를 포함하여 다양한 중간 매개자들이 결합된다. 한국 남성과 베트남 여성의 결혼도 한국 중개업체뿐 아니라 베트남 현지의 중개업자, 호텔, 서류 대행업자, 웨딩업체, 여행사, 관광업체 등 베트남에서 활동하는 다양한 이익집단이 결합된 체제로 작동한다. 결혼 중개 시스템의 중층적인 하청과 연결고리를 통해 한국 남성과 베트남 여성들은 '성혼'에 이르게 되고, 그 과정은 다음과 같다.[3]

절차화된 신속한 결혼

결혼 중개업자들에 대한 연구보고서(한건수 · 설동훈, 2006)에서 중개업자들은 "국제결혼의 경우 도저히 국내에서는 결혼할 수 없는 남성이 결혼을 할 때 감격스럽다"(24쪽)며 일에 대한 자부심을 표현하거나 "정상적인 사고가 아닌 사람(남성)이랑 대화하는 것이 힘들다. 너무 소심하고 소박해서 힘들다"(25쪽)며 어려움을 토로한다. 즉, 한국 남성들이 지닌 자원을 과장하고 그들의 '결핍'과 '부족'을 비가시화시켜 '성혼'에 이르게 하여 수익을 챙기는 것이 국제결혼 중개업의 본질이다. 중개업 경력 5년인 조민정 씨는 국내와 국제결혼의 차이를 다음과 같이 설명한다.

〈사례 2〉

국내결혼의 경우 스트레스를 많이 받는다. 국내결혼은 남자 여자 양쪽의 요구를 모두 맞춰줘야 하기 때문에 부담이 크다. 또 결혼 여부가 금방 결정되는 것도 아니다. 하지만 국제결혼의 경우 2~3개월 안에 모든 과정이 딱 끝나기 때문에 국제결혼 중개가 더 나은 것 같다. 국내결혼의 경우 결혼의 선택권이 여성에게 많이 주어지지만 국제결혼에서는 남성에게 선택권이 많

3 중개 과정에 관한 가장 자세한 논의는 고현웅 외(2006), 빈부격차 · 차별시정위원회 보고서를 참조할 것.

이 주어지기 때문에 남성들이 결혼하기 전에는 많이 고민하지만 결혼하고 나서는 만족해하는 경우가 많다(설동훈 · 김현미 · 한건수, 2005).

성혼율 100%를 자랑하며 더 많은 수의 사람을 초고속으로 성혼에 이르게 하기 위해서는 절차화되고 의례화된 '시스템'의 구축이 필수적이다. 베트남 여성과의 결혼이 붐을 이루기 시작한 2003년에 비해 현재는 국제결혼에 드는 시간과 비용이 현저히 줄어들었다. 중개업자에 의한 국제결혼의 과정은 다음과 같이 구성된다.

한국 남성 회원 모집 → 관광형 맞선 → 성혼 및 결혼식 → 한국에서의 혼인 신고 → 베트남 여성 결혼 비자 신청 → 한국으로의 이주 → 가족 구성

한국 남성들은 결혼을 하기 위해 850만 원에서 1,200만 원 정도를 지불한다. 이 비용은 크게 1차 비용(서류 비용, 남성의 왕복 항공료, 인솔자 항공료), 결혼 진행비(결혼식/피로연 진행 비용), 수속 비용(신부 여권, 서류 비용, 식대 호텔 비용, 맞선 비용, 신부 관리비, 패물 및 신혼여행 비용)과 지사 운영비(베트남 지사 및 직원 운영비) 그리고 성혼 사례비를 포함한다(고현웅 외, 2006 : 22-23). 맞선－결혼식－합방－신혼 여행으로 구성되는 베트남에서의 일련의 과정은 호치민의 경우 5박 6일이나 7박 8일이 걸리지만, 하노이의 경우 비행기 도착과 출발 시간을 맞추면 총 3박 4일 만에 맞선부터 결혼까지의 모든 일정이 가능하다. 하노이로 가는 대부분의 중개업체는 아침에 공항에서 남성들을 집합시켜 오후 1시에 하노이에 도착한다. 이후 저녁 8시나 10시까지 맞선을 본다. 결혼할 여성이 확정되자마자 그날 밤 신부 집을 방문하여 인사를 드린다. 다음날 아침 9시에 신부는 건강 진단을 받는다. 당일 오후 1시에 결혼식을 올린 후, 오

후에 하롱베이로 신혼 여행을 떠난다. 그날 밤 하노이에 귀가한 후 다음 날 아침 하노이 시티 투어를 한 후, 인천으로 귀국한다.

맞선은 보통 3차까지 진행되는 경우가 많은데, 한국 남성은 적게는 20~30명, 많게는 200~300명의 베트남 여성을 본다. 최근에는 한국인과의 국제결혼에 대한 사회적 인식이 나빠지면서 중개업자들이 자신의 중개 활동을 감추기 위해 1 : 1 맞선 전략을 택하기도 하지만, 대규모 맞선은 여전히 성행하고 있다. 3차까지 가는 맞선의 경우 차례로 5~10명의 여성들이 들어오면 남성은 마음에 드는 여성을 1차로 선택하고, 1차로 선택된 여성들 중 또다시 마음에 드는 여성을 선택하는 2차가 진행되며, 2차로 선택된 여성들 중 또 선택하는 3차 맞선으로 이어진다. 맞선을 볼 때 여성들은 남성의 신상에 대해 질문을 할 수 없고, 남성은 통역자를 통해 여성들에게 자유롭게 질문을 한다(고현웅 외, 2006 : 32). 2004년에 중개업을 통한 맞선을 보고 한국에 온 베트남 여성 박미자(23세) 씨는 당시의 상황을 다음과 같이 기억한다.

〈사례 3〉

어디서 왔는지 모르는 여성들이 관광버스로 한 60명 정도가 와 있었다. 나도 여자가 많으리라는 것은 알고 있었다. 오기 전에 동네 아줌마는 운에 따라 될지도 모르고 안 될지도 모른다고 얘기해 주면서 청바지랑 티셔츠 잘 입고, 화장 좀 잘 하고 오라고 말했다. 한국 남자는 2명이 왔다. 남자 2명이 앉아 있으면 여자 4명이 들어간다. 그럼 남자가 맘에 들면 고개를 끄떡하고 그러면 남아 있는 거다. 남자 맘에 안 든 여자들은 나가고, 계속 4명씩 번갈아 들어가고 그러다가 내가 마지막으로 남편 마음에 든다고 한 사람이었다. 통역하는 아줌마가 신랑이 나를 선택했다고 말해 줬고, 부모는 어떻게 되는지 그런 걸 물어봤다. 남편은 다른 소리는 안 하고 회사를 여러 개 가지고 있고,

농수산 회사 사장이고, 자동차도 있고, 집도 있다고 통역하는 아줌마가 얘기 해 줬다. 그 외에는 별말이 없었다. 한국에 들어온 후, 시부모는 생선 장사 하시고, 신랑은 회사도 안 다니고 매일 술만 마시고 계속 욕하고 때리고…… 결혼하고 나서 술을 마시면 나를 때렸었다(설동훈 · 김현미 · 한건수, 2005).

한국 남성들 또한 비슷해 보이는 수십 명의 여성들 중 외모와 인상만을 보고 자신의 결혼 상대자를 골라야 하는 심각한 스트레스에 직면하게 된다. 맞선 과정에서 얼굴만 보고 배우자를 골라야 하는 자신의 상황에 대해 한국 남성은 다음과 같이 이야기한다.

〈사례 4〉

소장님이 베트남 가면 몇백 명까지 볼 수 있다고 그러니까 '그 중에서 한 명이라도 맘에 들면 좋겠다'라는 기대를 가지고 갔죠. 근데 정말 어렵더라고요. 막상 긴장되고 잠깐 얼굴만 보고 고르자니 맘에 드는 여성도 없고 못 하겠더라고요. 오전 맞선에서 우리가 못 고르니까 …… 사장님이 고르셨잖아요(고현웅 외, 2006).

최종 선택된 여성들은 그때부터 남성의 직업이나 가족 관계에 대해 질문을 할 수 있다. 결혼이 결정된 여성은 다음날 산부인과에 가서 '처녀임을 확인하는' 건강 검진을 받거나 AIDS 검사를 받게 된다. '순결한 베트남 처녀'를 상품의 주요 이미지로 내세운 중개업자들에게 이 절차는 '품질 보증'을 의미한다.

맞선 다음날 이루어지는 결혼식은 합동으로 거행되기도 하고, 시간차를 두고 따로 이뤄진다. 결혼식에 오는 교통비와 밥값을 절약하기 위해 여성 쪽 친지 및 친구를 15명 이하로 제한하는 경우가 대부분이다. 심지어 '악덕 중개업자'는 연이어 벌어지는 결혼식에 쓰기 위해, 결혼 케이크를 자르지 말고 자르는 시늉만 하라고 요구하는 경우도 있다고 한다. 결혼 중개업자에게 성혼은 곧 이윤을 의미한다. 이 때문에 결혼이 적절하지 않은 사회적 비적응자나 정신에 이상이 있는 남성도 성혼하는 경우가 있다. 결혼식 당일에도 여성들은 말은 알아듣지 못했지만, 남성의 행동이나 표정을 통해 '이상하다'는 느낌을 받은 경우가 있다고 한다. 그러나 통역자나 중개업자들은 한국 남성이 단지 '점잖거나 수줍어서' 그런다는 식으로 말을 해줬다고 한다. 결혼식 사진을 담당하는 한국인 사진 기사는 연구자와의 인터뷰에서 "신부가 없는 사이 결혼 중개업자가 제대로 행동을 못하는 한국 남성들에게 ×× 새끼야, 똑바로 해"라며 심하게 욕설을 퍼붓고 다그치는 것을 자주 본다고 말한다. 결혼식 이후에 이뤄지는 합방도 결혼 당사자들에겐 부담스러운 절차일 수 있다. 특히 나이가 어리고 '성'에 관한 지식이 없는 베트남 여성들은 '강요된' 합방을 두렵고 놀라운 경험으로 기억한다.

남성들이 한국에 들어가 혼인 신고를 한 후 서류가 준비되면 비자 신청을 하게 되는데, 여성이 많이 몰리는 호치민의 경우는 보통 2~3개월이 걸리지만, 하노이의 경우는 빠르면 이틀 만에, 보통 20일 만에 결혼 비자를 받을 수 있다. 이러한 과정을 더 신속하게 진행하기 위해서 많은 편법이 동원되기도 한다. 베트남에서의 혼인 신고는 신고 후 결혼증명서 발급까지 많은 시간이 소요되기 때문에, 베트남 현지 중개업자들과 서류 대행업자들은 법무부 담당 공무원들에게 '속성비' 혹은 '급행료' 명목의 금품을 제공하는 경우도 있다.

인신 매매적 여성 관리 체제

결혼 중개 비용을 지불하는 한국 남성을 많이 모집할수록 이윤이 높아

지므로, 한국의 중개업체는 되도록 지역에 지사를 많이 거느리거나, 인터넷, 전화, 현수막 등을 이용하여 고객을 끌어모으고 그들이 중간에 이탈하지 않도록 관리한다. 조직화된 중개업체는 베트남 현지에 한국인 중개업자를 두고 일을 하는 경우가 많다. 현지의 한국인 중개업자들은 맞선, 결혼, 서류를 진행시키는 업무를 담당하기 때문에, 베트남어가 가능하고 베트남 현지 사정에 밝은 사람들로 구성된다.

마찬가지로 베트남 현지에서도 맞선에 내보낼 많은 수의 여성들을 확보하는 것이 관건이다. 베트남 여성의 모집은 일차적으로 동네의 친지나 '뚜쟁이'를 통해 이뤄진다. 베트남 여성들은 이들의 손에 이끌려 호치민이나 하노이 같은 주변의 대도시로 데려가진다. 베트남에서 진행되고 있는 한국 남성과 베트남 여성의 결혼은 대부분 '무허가' 결혼 중개업자인 '마담 네트워크'를 통해 이루어지고 있다고 할 수 있다. 소마담은 중매쟁이들에게 여성들을 인도받아 맞선을 위해 관리하는 역할을 한다. 대마담은 모집 총괄책과 같은 위치로, 여러 명의 소마담을 거느리면서 여성들을 적시적소에 공급하는 역할을 담당한다. 베트남 현지 중개업자는 "보통 소마담은 15~30명 정도, 대마담은 약 100명 정도의 여성을 데리고 있다"고 말한다. 이 기간 동안 여성들은 숙소에 머물면서 대만이나 한국 남성들이 오면 맞선을 보러 나가는 생활을 하며, 맞선이 성사될 때까지 숙소에서 생활하기 때문에 여성들이 숙소에 머무는 기간은 짧게는 수일에서 길게는 수개월이 걸린다.

베트남 여성들이 맞선을 준비하며 숙소에서 생활하는 데 드는 생활비는 '빚'으로 계산되다가 결혼할 때 한국 남성이 지불하는 비용에서 제해진다. 따라서 맞선을 거부하거나 중간에서 결혼할 의사를 포기하는 것이 매우 어렵다. 성혼이 되어 한국으로 들어갈 날을 기다리는 여성들은 주로 대마담이 운영하는 숙소에 기거하면서 한국어를 배우고 한국 음식과 세

탁기 같은 가전제품 사용법을 배우기도 한다. 이 과정에서 여성들은 대부분 외출이 금지된다. 한국 중개업자 최씨는 "여자애들이 괜히 밖에 돌아다니다가 베트남 남자애들의 '손'을 타면 딴 생각을 할 수도 있기 때문"에 신경을 쓴다고 하면서 이들을 통제하고 감금하는 것이 인신 매매적 행태라는 것을 전혀 이해하지 못했다. 여성들이 잘못된 결혼이라는 것을 깨닫고 결혼을 포기하거나 맞선을 보는 것을 중지하고 싶어도 일단 중개 시스템의 노정路程에 들어온 이상 여성들의 자율적 의지는 발휘될 수 없다. 현지 중개업자들이 '빚'을 통해 여성들의 이동성 자체를 막기 때문이다.[4]

현재의 중개 시스템은 안정적인 이윤을 확보하기 위해 결혼 당사자들의 의사 결정의 자율성을 박탈한다. 무엇보다도 불충분한 정보의 제공, 이동의 자율성 제한, 강제적 선택 등을 중개업의 주요 업무 방식으로 채택하고 있기 때문에 '인신 매매적' 속성을 깊이 내재하고 있다.

또한 한국 중개업자와 현지 중개업자, 현지 중개업자들 사이의 위계적 하청 구조를 통해 조직적으로 여성을 이동하는 과정에서 이윤을 얻어내지만, 이윤의 분배 구조 자체에도 심각한 문제를 지니고 있다. 즉, 한국 중개업자의 '몫'이 상대적으로 높고, 하청 구조의 아래로 내려갈수록 적어지는 이윤을 위해 경쟁하도록 만들기 때문에 현지인들에 대한 착취를 가속시킨다.

4 한국 중개업체들은 베트남 현지 마담들로부터 '신부가 한국으로 입국하지 않을 경우나 한국으로 입국 후 3개월 이내 무단 가출하는 경우 신부 부모가 3천만 동(약 200만 원 가량)을 변상하고, 부모가 변상하지 못할 경우에는 신부를 관리하고 있던 마담이 변상한다'는 내용의 각서를 받는다. 이 돈은 베트남 현지 공장 노동자 월 소득의 30배가 넘는 금액이기 때문에, 실제 베트남 여성들이 이 돈을 변상하고 결혼을 파기하는 것은 거의 불가능하다. 더욱이 부모가 변상하지 못하는 경우에는 마담이 변상해야 하기 때문에 마담들이 여성들을 더욱 엄격하게 관리, 통제하게 하는 요인이 되기도 한다(고현웅 외, 2006).

3. 결혼생활과 친밀성의 위기

국제결혼 중개 과정의 인권 침해적 속성에도 불구하고 개별 부부들의 결혼생활은 매우 다양하다. 그러나 서로에 대해 이해할 만한 시간도 없고, 언어가 잘 통하지 않는 상황에서 개인들은 자신의 사회문화적 정체성을 형성해 왔던 관념에 의해 행동할 수밖에 없다. 베트남 여성들은 정도에 따라 차이는 있지만 사회주의권 하에서 남녀 평등적 노동관을 내재화했거나, 동남아시아 특유의 모계제의 영향을 받아 여성의 경제적 역할에 대한 강한 신념을 가지고 있다. 그러므로 '보상 없는 희생'을 강조하며 여성의 경제적 기여를 무화無化시켜 내는 유교적 가족 제도의 여성관과는 대조적인 삶의 양식을 발전시켜 왔다. 그러나 한국 사회의 국제결혼에 대한 사회적 · 일상적 담론은 모든 결혼 이주 여성들을 '무력하고' 경제적으로 '의존적인' 가난한 나라의 여성들로 통칭한다. 이 여성들은 '가난한 나라에서 왔기 때문에 먹여 주고 재워 주는 것만으로도 만족한다'라는 현실성 없는 관념은 여성들이 이주를 결심하면서 상상했던 친밀한 부부 관계나 경제적 성취에 대한 열망을 이해하지 못하는 데에 기인한다. 특히 생계보다는 현금을 동원해 낼 수 있는 일이 점점 더 필요한 베트남 농촌에서 한국에 온 여성들은 결혼 전에 어떤 식이로든 돈을 벌어 가족 경제에 도움을 주는 일에 참여했다. 중개업자들은 베트남 여성들을 '어리고, 순박하고, 착하기 때문에 절대 도망가지 않는다'는 점을 선전하면서 '문화적 허구'를 지속적으로 활용한다. 그러므로 한국 남성들에게 베트남의 나이 어린 여성은 여전히 가난하고, 무지하며, 복종적인 위치에 놓여야만 하는 존재로 상상된다. 실제로 사회주의권의 영향력 아래 있었던 베트남 여성들은 남녀 평등 관념이 강하고, 한국 사회의 성역할 구분에 대해 의아함을 갖고 있다. 베트남 공장에 파견된 한국 남성과 연애하여 1996년도에 한국에 온 한후인(32세) 씨는 오랜 한국 생활을 통해 베트남과 한국의 성 역할이나 행태의 차이를 다음과 같이 설명한다.

〈사례 5〉

베트남 같으면 남녀 차별 없이 누구나 돈 벌 수 있으면 벌고, 또 집안일도 같이 하고 그러는데. 물론 나쁜 사람도 있지만. 뭐 별로 힘든 일도 아닌데, 그런 걸 여자인 내가 다 해야 되니까. 그래서 많이 싸우게 된다. 베트남에서는 친구들을 나가서 만나도 외박 같은 것은 진짜 없다. 늦어도 11시면 다 집에 들어온다. 근데 여기는 느닷없이 외박하고 그러니까 그런 게 너무 마음에 안 든다. 가정이 중심이 되어야 하는데, 한국 남자들은 친구가 중심이다(설동훈 · 김현미 · 한건수, 2005).

또한 여성들은 남편이 '내가 큰 돈 내서 마누라를 샀는데 내 마음대로 할 수 있다'는 논리에 매우 저항적이다. 실제로 자신이나 가족이 그 돈을 받은 것도 아니고 중개업자들이 받은 것이므로, 본인은 '팔려 온 것'이 아님을 강조한다. 결혼 비용을 보통 남자 쪽에서 지불하는 베트남의 관행에 비춰봐서도 한국 남성이 결혼식 비용을 지불하는 것은 당연한 것으로 받아들인다. 결혼을 통해 남편으로부터 '목돈'을 얻어 낸다기보다는 한국에 와 일을 해서 남편과 가족들에게 떳떳해지고, 자신의 친정 식구들을 돕고 싶다는 생각은 모든 여성들의 공통적인 소망이다. 남편 가족들은 여성들의 삶의 비전이나 현재적 열망을 이해하려 하기보다는 여성들을 '가난한 나라에서 온 무지한 사람'이란 고정화된 범주로 취급한다. 여성들은 한국말을 알아들을수록 식구들이 행하는 언어 폭력에 더욱 더 상처를 받는다고 한다.

〈사례 6〉

요즘도 시어머니는 텔레비전에서 이상하거나 가난한 나라 모습이 나오면 나더러 '너네 나라다!' 그러신다(이현란, 21세).

〈사례 7〉

남편이랑 싸울 때면 시어머니는 종이에다가 1300을 써서 보여 주곤 했다. 아마 나를 데리고 오면서 돈이 많이 들었다는 뜻이었을 것이다. 그러면서 베트남에서 결혼할 때 돈이 들어갔으니까 그 돈 다 내놓으라고, 없으면 베트남에 못 가는 거라고 소리질렀다(박미자, 23세).

그러나 이혜경(2005 : 94-95)이 지적했듯이 현재 행해지는 국제결혼은 '경제적으로 차이가 있는' 국가 간 결합이므로 부부 관계가 마치 '준準계급 관계'로 변하는 경향이 강하다. 실제로 베트남 여성과 결혼한 한국 남성들의 학력이나 경제력, 외모 수준은 상당히 낮은 편이다. 한국 남성들은 낮은 사회적 위치에서 오는 열등감을 '국적'과 '수용국'의 상징 권력으로 변화시켜 냄으로써, 가족 내에서 사적인 통치를 구현해 내고자 한다. 많은 이주 여성들에게 결혼이란 한국 남성을 위한 가족 내 무급 노동자, 성적 서비스 제공자, 가사 노동자의 다중적인 역할을 수행토록 하는 권력장치로 작동한다. 그들은 한국 남성이 짧은 맞선과 구애 기간 동안 보여 준 다정함, 예의, 물적 지원이 결혼 후 급격히 단절되는 것에 대해 놀라워한다. 한국에 정착한 후 남편의 무시, 난폭함, 무감정, 말없음, 학대 등으로 고통받는 여성이 많다. 이렇게 중개 시스템에 의한 국제결혼에서는 다른 어떤 관계에서보다 혼전과 혼후의 친밀성의 관계가 급진적으로 변화될 수 있는 악조건이 쉽게 구성된다.

〈사례 8〉

결혼하고 나서 처음 3일 동안은 먹고 싶은 거 다 해 주고 잘 해 줬는데 3일 지나니까 완전히 달라졌다. 신랑은 회사도 안 다니고 매일 술만 마시고 계속 욕하고 때리고……(박미자, 23세).

조직적인 중개업자에 의한 상업화된 결혼은 인간의 몸, 정서, 감정, 인격까지 구매-판매의 관계로 위치시키고 있으며, 외국 여성의 몸과 인격이 '구매 가능한 상품'이라는 의식을 강화시킨다. 또한 여성을 삶의 동반자이며 반려자로 보지 않고 관리, 통제 가능한 '소유물'로 인식하는 경향을 강화한다. 이러한 인식을 강화하는 것은 무엇보다도 현재의 국제결혼 중개 시스템의 중층적인 하청 구조가 여성의 자율성을 약화시키고 남성의 권력을 확장한 불균형적 젠더 관계에 기반하고 있기 때문이다. 결혼 과정 자체에 존재하는 권력의 위계화는 이후 여성들의 결혼생활 전반으로 확장되어, 다양한 폭력 상황을 만들어 낸다. 가장 일반적으로 드러나는 피해 사례는 남편의 폭력이다. 여성들의 경우 특별한 갈등이나 사건 없이 결혼 초기부터 언어적 폭력, 물리적 폭력, 성적 폭력 등을 경험한 경우가 많다. 이는 국제결혼을 하는 한국 남성들 중 일부는 이미 알코올 중독, 성중독, 습관화된 폭력 등으로 결혼 및 가족생활이 불가능한 상태에 이른 사람들이 많기 때문이다. 한국에서 결혼생활에 부적합한 남성들은 가족 내 골칫거리로 존재하다가 때로는 가족들의 묵인과 경제적 지원에 의해 국제결혼 시장으로 유도되기도 한다.

여성에 대한 폭력은 한국인 남편이나 그 가족들이 갖고 있는 피해 의식 때문에 일어나기도 한다(보건복지부, 2005 : 127). 즉, 외국인 여성들이 한국으로 입국하기 위한 방편으로 자신들과 결혼했다는 인식 때문에 아내의 외출을 금지하거나 심한 경우 의처증 증세로 발전하기도 한다.

남성들 중에는 결혼생활을 잘 유지하기 위해서는 외국인 부인을 철저히 통제하고, 폭력으로 겁을 줘서 도망가지 못하게 해야 한다는 생각을 갖는 사람도 있다.

중요한 것은 한국 남성들이 결혼 당사자이지만, 실제로 결혼의 모든 과정에서 무기력할 수밖에 없는 현재의 중개 구조가 결혼 관계의 '피상성'과 '일회성'을 만들어 낸다는 것이다. 남성들은 자신이 선택한 외국 여성들의 삶에 대해 크게 책임질 필요가 없다는 생각을 갖게 된다. 외국 여성과 결혼을 선택했지만, 결혼생활을 유지하기 위해 필요한 배우자에 대한 지식, 즉 베트남의 문화나 생활 양식, 남녀 관계에 대한 현실적인 정보를 공급받지 못하고, 또한 감정의 교류가 일어날 수 있는 시간이 부족하여 의사소통의 어려움이 있기 때문이다. 최근에 남편에게 살해된 베트남 여성 후안 마이의 경우를 포함한 다양한 폭력 사건들이 그 예이다.

한국에서의 결혼생활에 어려움을 겪고 집을 나온 베트남 여성들과의 심층 면접을 통해 발견한 문제는 여성들의 임신과 출산이 부부 간의 결속력을 강화하는 '축복할 만한' 일로 받아들여지지 않는 경우가 많다는 점이다. 국제결혼에 대한 다른 연구물에서는 외국 여성이 아기를 낳게 되면 '도망가지 않을 것'이라는 안심 때문에 부부 관계가 좋아진다고 해석했으나 그렇지 않은 경우도 많다. 외국인 여성을 단순한 성적 대상이나 부려먹기 쉬운 가사 노동자 취급하는 남성들은 여성이 자신의 '정상적인' 부인으로 정착하는 임신과 출산 과정에 매우 적대적인 감정을 보이며, 부부와 자녀로 구성된 핵가족의 이상을 실현하기 위한 사회적 책임을 지지 않으려는 경향을 보이기도 한다.

한국 내 결혼 시장에서의 불리한 위치에 있는 농촌 지역의 남성들을 위해 행정 주도형으로 시작된 국제결혼은 결혼 중개업자들 간의 경쟁의 난립으로 현재 그 목적이 심하게 변질되는 경향이 있다. 결혼생활 자체가 불가능한 문제를 지닌 자(알코올 중독, 상습 폭력, 정신장애)와 고령의 남성들이 국제결혼의 주요한 고객으로 등장하면서, 국제결혼은 간병인과 가사 노동자, 성적 대상으로 외국 여성을 바라보게 만든다. 그러나 여성들은 자신이 함께 살아야 할 남성에 대한 정보를 제대로 갖지 못한 상황에서 낭만적 부부 관계를 상상하며 한국으로 이주하고 있다.

4. 맺음말

상업화된 중개업체에 의해 수행되는 국제결혼은 우리에게 결혼의 의미가 무엇인지를 되묻게 한다. 많은 경우, 모든 개인은 누구와 결혼할 것인지를 자유롭게 결정할 수 있으며 결혼한 커플의 삶에 대해서는 어느 누구도 개입하기 힘든 것이 사실이다. 그러나 글로벌 시대에 대규모로 만들어지는 여성 결혼 이주자의 문제를 '자유주의적 개인관'에 입각한 결혼의 개념 안에 놓아두어야 할 것인지에 대해서는 의문을 갖게 된다. 현재의 국제결혼은 글로벌 신자유주의 경제가 만들어 내는 '여성의 빈곤화', 각 정부의 경제 개발 정책, 여성을 쉽게 '자원화'하는 성차별적인 이주 체제, 그리고 여성을 이동시킴으로써 이윤을 만들어 내는 중개업자들이 행사하는 일련의 권력망에 놓여 있는 사회적 문제이다. 이것은 글로벌한 체제 안에서 진행되지만 또한 로컬 정부의 이민 체제의 성격과 깊숙이 연관되어 있다. 한국 사회가 결혼 이주자의 시민권 문제에 대해 어떠한 정책을 수립할 것인지, 인신 매매적 결혼 이주의 경우 어떻게 이를 막기 위한 강력한 개입을 할 수 있을 것인지를 성찰적으로 모색하는 것이 필요한 시기이다.

국제결혼을 한 여성들에 대한 기존의 연구물들(윤형숙, 2004 ; 이혜경, 2005 ; 한건수, 2006)은 결혼 이주 여성들이 '각방' 쓰기, 가출, 이혼 위협, 이혼 거부, 같은 출신국 여성들 간의 모임을 통한 감정적 지원, 남편에 대한 압력 등의 방법을 활용하여 적극적으로 대처하고 있음을 보여 준다.

그러나 근본적인 문제는 글로벌 시대의 결혼 이주자 여성을 어떻게 바라봐야 하는가에 대한 문제일 것이다. 한국으로 이주하는 여성들은 누구의 배우자로서뿐만 아니라 미래의 노동자와 한국 국민으로서 국제결혼을 선택한다. 그러므로 전통적 의미에서의 배우자의 이미지뿐만 아니라 이주 노동자로서, 또한 시민으로서의 권리 역시 획득해야 할 사람들이다. 파이퍼Nicola Piper와 로세스Mina Roses가 지적한 것처럼, 국제결혼을 통해 이주하는 여성들은 이주국移住國에서 '누구의 부인'이나 '어머니'라는 지위뿐만 아니라 시간이 지나면서 노동자와 국적을 취득한 시민이라는 범주와 복잡한 관계를 맺고 있다(Piper & Roses, 2003). 또한 자신이 떠나온 가족과의 연결망을 놓지 않으려 한다는 의미에서 전통적 의미의 디아스포라인의 정체성을 담지하고 있다. 이주 여성들의 정체성이 구축되는 공간은 떠나온 출신지도 아니고, 남편의 나라인 한국도 아닌 '초국적 공간'이다. 한국 사회의 결혼 이주자 지원 정책이 한국어 교육이나 풍습 익히기 등에만 집중되어 있는 것은 이들을 한국 남성의 배우자라는 편협한 범주에서만 사고하기 때문이다. 또한 한국 사회에 만연한 결혼 이주 여성에 대한 법적·사회적·일상적 담론은 모든 결혼 이주 여성들을 '효'를 실현하고 재생산 노동을 묵묵히 수행해 줄 여성으로 구성한다. 여성들은 그러한 사회적 기대 내에서 자신의 현실과 미래를 구성해 나가야 한다. 아시아 출신의 이주 여성들은 개인의 의지나 학력, 취향과는 상관없이 한국 사회의 재생산 노동을 담당하는 '평균적 아시아 여성 이주자'의 전형이 되어 간다. 이주 여성들이 한국 사회의 저출산 위기나 돌봄 노동의 부족을 해결할 '대체 인력'으로 상상됨으로써 한국 사회의 내국인에게 쉽게 강요할 수 없는 역할을 대신 수용하도록 강요받고 있는 건 아닌지를 반성해야 한다.

무엇보다도 이주 여성이 한국 사회의 '새로운 시민'으로 인지되기 위해 가장 중요한 것은 이들에게 '안전한' 이주 과정을 보장하는 법적 조치를 강화하고, 한국 입국 후 체류 안정권을 제공함으로써 자국민 중심으로 설정된 법이나 제도에 존재하는 차별을 제거하는 것이다. 또한 한국 사회에 고착된 외국인에 대한 차별적 조항, 언어, 이미지들을 개선해야 한다. 덧붙여 우리의 가부장적 상상력 안에서만 결혼 이주 여성을 사유하는 고착된 습관에서 벗어나는 것이 중요하다. 이를 위해 이주 여성들이 이주를 감행하고, 정착하고, 새로운 미래를 기획하는 모든 과정에서 중층적이고 다중적인 지위를 열망하는 '적극적 행위자'임을 이해해야 한다. 이러한 맥락에서 한국 사회가 한국에 들어온 외국 여성들을 가부장적 훈육 체제를 바탕으로 '한국식'으로 적응·개조시키려는 '불가능한 프로젝트'를 유일한 대안으로 생각하는 것은 아닌지 고민해야 한다. 국제결혼은 말 그대로 문화 횡단적 공간을 구성하는 새로운 형태의 삶의 양식이지, 외국인의 한국 국민으로의 강압적 귀속을 의미하는 것은 아니다. 여성들은 베트남과 한국 사이에서 생산적인 관계를 만들어 낼 수 있는 새로운 시민이다. 그러므로 부부와 그 자녀들이 다문화 가족주의에 기반을 두어 향후 한국과 베트남 양국에서 다양한 문화적·경제적 자원을 확장해 낼 수 있는 능력을 함양하는 데 정책의 관심이 모아져야 한다.

참고 문헌

김현미(2005), 『글로벌 시대의 문화 번역』, 서울: 또하나의문화.

_____(2008), "이주자와 다문화주의," 『현대사회와 문화』, 연세대 사회발전연구소.

설동훈·김현미·한건수(2005), 『결혼이민자와 국제결혼 중개업자』, 서울: 보건복지부(간행 예정).

설동훈 · 김윤태 · 김현미 · 윤홍식 · 이혜경 · 임경택 · 정기선 · 주영수 · 한건수(2005), 『국제결혼 이주여성 실태조사 및 보건 · 복지 지원 정책 방안』, 서울: 보건복지부.

양혜우(2005), "이주의 여성화와 국제결혼," 『사회통합을 위한 시민사회 릴레이 토론회 : 참여정부 2년, 사회통합 정책 평가와 과제—종합자료집』, 대통령자문 빈부격차 · 차별시정위원회.

윤정숙 · 임유경(2004), "성별화된 이주 방식으로의 국제결혼과 여성에 대한 폭력: 필리핀 여성과 한국 남성의 결혼을 중심으로," 한국여성학회 추계학술대회 발표문.

윤형숙(2004), "국제결혼 배우자의 갈등과 적응," 최협 · 김성국 · 정근식 · 유명기 편, 『한국의 소수자, 실태와 전망』, 서울: 한울아카데미.

이금연(2003), "이주여성의 결혼과 가족," 이주노동자지원단체연대 편, 『국경과 인종, 피부색과 문화의 차이를 넘어 평등과 연대를 향해』.

이주여성인권센터(2004), 『이주의 여성화와 국제결혼』, 이주여성인권센터 3주년 기념 심포지엄 자료집.

이혜경(2005), "혼인이주와 혼인이주 가정의 문제와 대응," 『한국인구학』 28-1 : 73-106.

한건수(2006), "농촌지역 결혼이민자 여성의 가족생활과 갈등 및 적응," 『한국문화인류학』, 출판 예정.

한건수 · 설동훈(2006), 『결혼중개업체 실태조사 및 관리방안 연구』, 서울: 보건복지부.

황달기(1993), "일본 농가 후계자의 '국제결혼': 그 실상과 문제점," 『일본학보』 30 : 461-491.

Castles, Stephan & Davidson, Alastair(2000), *Citizenship and Migration: Globalization and the Politics of Belonging*, London: Macmillan.

Castles, Stephan & Miller, Mark. J.(2003), *The Age of Migration: International Population Movements in the Modern World*, 3rd edition, New York: Palgrave Macmillan.

Constable, Nicole(2003), *Romance on a Global Stage: Pen Pals, Virtual Ethnography, and "Mail Order" Marriages*, University of California Press.

Dang, Nguyen Anh(2005), "Cross-border Migration and Sexuality in Vietnam," *Family and Women Studies*, 7: 34-44.

Ehrenreich, Barbara & Hochschild, Arlie Russel, eds(2002), *Global Women: Nannies, Maids & Sex Workers in the New Economy*, N.Y.: Metropolitan Books, Henry Holt & Company.

Goodkind, Daniel(1997), " The Vietnamese Double Marriage Squeeze," *International Migration Review* 31(1): 108-127.

Hochschild, Arlie Russel(2003), *The Commercialization of Intimate Life: Notes from Home and Work*, University of California Press.

Hsia, Hsiao-Chuan(2004), "Internationalization of Capital and the Trade in Asian Women: The Case of 'Foreign Brides' in Taiwan," in D. Aguilar & A. Lacsamana(eds), *Women and Globalization*, N.Y.: Humanity Books, 181-229.

Hung, Cam Thai(2002), " Clashing Dreams : Highly Educated Overseas Brides & Low-Wage U.S. Husbands," in Barbara Ehrenreich & Arlie Russel Hochschild(eds.), *Global Women: Nannies, Maids & Sex Workers in the New Economy*, N.Y.: Metropolitan Books, Henry Holt & Company, 230-253.

Kofman, E. et. al.(2001), *Gender and International Migration in Europe: Employment, Welfare, and Politics*, London and New York: Routledge.

Le Thi Quy(2008), "Changes in Families of Migrant Women from Vietnam to South Korea and Taiwan," 이화여대 아시아여성학센터 주최 지속가능한 미래를 위한 국제 심포지엄 <이주의 시대, 아시아의 여성이주와 가족구조의 변동> 2008년 8월 21일 발표문.

Lee, Catherine(2003), "Prostitutes and Picture Brides: Chinese and Japanese Immigration, Settlement, and American Nation-Building, 1870-1920," The Center for Comparative Immigration Studies, University of California, Los Angeles, U.S. Working Paper No. 70.

Lievens, John(1999), "Family-Forming Migration from Turkey and Morocco to Belgium: The Demand for Marriage Partners from the Countries of Origin," *The International Migration Review*, 33(3): 717-744.

Parrenas, Rhacel Salazar(2001), *Servants of Globalization: Women, Migration and Domestic Work*, Stanford University Press.

Piper, Nicola(2004), "Rights of Foreign Workers and the Politics of Migration in South-East and East Asia," *International Migration*, 42(5): 71-97.

Piper, Nicola & Roces, Mina(2003), *Wife or Worker: Asian Women and Migration*, Rowman & Littlefiled Publishers, Inc.

Schaeffer-Gabriel, Felicity(2003), "Cyber-brides between the United States and Mexico: Transnational Imaginaries, Migration, and the Intimate Economy of Marriage," Unpublished Ph. D dissertation, American Studies, University of Minnesota.

Sassen, Saskia(2002), " Global Cities and Survival Circuits," in Barbara Ehrenreich & Arlie Russel Hochschaild(eds.), *Global Women: Nannies,*

Maids & Sex Workers in the New Economy, N.Y.: Metropolitan Books, Henry Holt & Company.

Suzuki, Nobue(2003), *Battlefields of Affection: Gender, Global Desires and the Politics of Intimacy in Filipina-Japanese Transnational Marriages*, University of Hawaii, dissertation.

Wang, Hong-zen & Chang, Shu-ming(2002), "The Commodification of International Marriage: Cross-border marriages business in Taiwan and Vietnam," *International Migration*, 40(6): 93-116.

결혼 이주 여성의 가정폭력 경험:

성별 위계와 문화적 편견*

황정미

글로벌화의 경향과 더불어 국경을 가로지르는 인적 교류가 늘어나고 그에 따라 국제결혼이 증가하는 것은 자연스러운 현상으로 보인다. '사랑에는 국경이 없다'는 말처럼 국제결혼은 매우 낭만적으로 보이기도 하지만, 사회적 · 시대적 배경에 따라 국제결혼의 형태에도 상당한 변화가 나타난다. 한국의 경우 1990년대 이후 국제결혼이 본격적으로 증가했는데, 특히 한국 남성이 한국에 비해 경제력이 낮은 국가 출신의 외국인 배우자와 결혼하는 경향이 두드러진다. 무엇보다 한국인 배우자를 찾지 못하거나 이혼을 경험한 남성, 주로 농어촌이나 도시 저소득층 출신의 한국인 남성이 경제력이 약한 아시아권 국가 출신 여성과 결혼하는 비중이 높아

* 이 글은 필자가 공동 연구진으로 참여했던 연구보고서(변화순 · 이미정 · 김혜영 · 황정미 · 이선형(2008), 「결혼이민자 여성의 가정폭력 피해 현황과 지원 체계 개선 방안」, 한국여성정책연구원 연구보고서)의 일부를 수정 · 보완한 것이다. 단, 이 글의 주요 내용이나 입장은 위 보고서와는 독립적인 것이며 모든 내용에 대한 책임은 전적으로 필자에게 있다.

지고 있다(한건수, 2006; 김이선 · 김민정 · 한건수, 2006).

결혼이주 여성이 늘어나면서 적막했던 시골 마을이 다시 활기가 도는 긍정적인 변화도 있지만, 다른 한편 부부 갈등으로 인한 이혼과 가정폭력 사례들도 늘어났다. 특히 상습적인 남편의 폭행으로 결국 사망한 20세의 한 베트남 여성이 남긴 편지는 이주 여성의 가정폭력에 대한 사회적 경각심을 불러일으키는 계기가 되었다.[1] 2009년에는 임신 중이던 18세의 캄보디아 출신 이주 여성이 술 취한 남편의 구타를 견디다 못해 우발적으로 남편을 살해하는 불행한 사건이 일어났다.[2]

물론 가정폭력은 이주 여성뿐 아니라 모든 여성들에게 빈번히 일어나는 일이다. 또한 모든 결혼 이주 여성이 폭력의 피해자인 것도 아니다. 결혼 이주 여성의 가정폭력 문제를 이해하기 위해서는 한국에서 1990년대 이후 급증한 국제결혼의 특성과 사회적 배경, 그리고 여성인 동시에 이주자라는 이중적인 소수자multiple minority로서의 삶이 어떤 것인지를 깊이 성찰해 볼 필요가 있다.

폭력violence이라는 말은 좁은 범위의 물리적 · 신체적 폭력을 넘어서 훨

1 남편의 폭력으로 숨진 후안 마이 씨가 숨지기 하루 전날 남편 앞으로 쓴 편지가 사후에 공개되어 사회적으로 큰 관심을 불러일으켰다. 편지에는 한국에 오기 전에 한국 생활을 잘 몰랐으며 남편과의 대화, 남편의 관심을 원했지만 이처럼 평범한 희망이 좌절된 상황이 나타나 있다. 편지 내용을 부분적으로 소개하면 다음과 같다.

"내가 기분이 안 좋으면 나에게 (이유를) 물어봐야지. 당신, 나한테 삐쳤느냐. 어려운 일을 의논하고 서로 마음을 알아 주는 것이 여자를 아껴 주는 방법인 것을 아느냐. 남편을 이해할 수 없고 힘들 때, 몸이 허약할 때 남편에게 이야기하고 싶지만, 남편은 집에 들어오면 기분이 안 좋고 불편해 보인다." "나는 좋은 엄마, 좋은 아내가 되기 위해 많이 노력했다. 따뜻한 가족도 원한다. 당신에게 많은 이야기를 하고 싶다. ……나도 다른 여자들처럼 남편에게 잘해 주고 싶다. 그런데 당신은 왜 나에게 무관심해."

(출처: "잘해 주고 싶은데 왜 무관심한가요" - 오마이뉴스 2007. 8. 8.) (http://www.ohmynews.com/NWS_Web/view/at_pg.aspx?CNTN_CD=A0000427014) (검색일 2009. 4. 13)

2 이 여성의 가정폭력 피해에 대한 내용은 이주여성인권센터의 홈페이지 자료 참조. http://www.wmigrant.org/bbs/view.php?id=data1&no=127(검색일 2009. 4. 14.)

씬 광범위한 의미로 쓰이고 있으며, 노골적인 혹은 은밀한 권력 관계가 늘 그 배경에 놓여 있다. 여성에 대한 폭력 역시 다차원적인 권력 관계에 의해 발생하는 것이라고 볼 수 있다. 일반적으로 이주 여성들은 이중적인 권력 관계 아래 놓이게 되는데, 첫 번째는 남성과 여성 간의 성별 위계gender hierarchy이며, 두 번째는 이른바 잘사는 나라와 못사는 나라 간의 권력 위계이다.

이주 여성들은 아직도 부계 중심, 남성 중심의 관념이 강고하게 남아 있는 한국의 가족 관계 안으로 들어오게 됨으로써 순종적인 아내와 며느리 역할을 하도록 요구받는다. 시집 온 여성이 남편의 가족에 모든 것을 맞추면 되는 것이지 남성이 여성에게 맞출 필요는 전혀 없다는 식의 성별 위계가 작동하는 것이다. 두 번째로 이주 여성은 한국보다 더 가난한 나라 출신, '못 배우고 생활 수준도 낮은' 외국인이기 때문에 번번이 무시를 받으며, 하나부터 열까지 가르쳐 줘야 하는 어린아이와 같은 대우를 받는다. 가난한 나라에서 '돈을 주고 사온 신부'이므로 남편이나 한국인 가족의 통제를 받는 것이 당연하다는 생각을 하는 사람들이 많다.

시야를 좀 더 넓혀 본다면, 이주 여성의 폭력 문제는 아시아 지역에서 진행되고 있는 '이주의 여성화' 과정과 연관되어 있다. 전 세계적으로 이주가 늘어나는 가운데 특히 아시아 지역에서는 1980년대 이후 이주의 여성화, 즉 더 많은 여성들이 이주를 하고, 또 여성들이 남성의 피부양자로서 동반하는 것이 아니라 독자적으로 이주하는 경향이 점차 늘어나기 시작했다. 많은 연구자들은 이주의 과정도 성별에 따라 다르다는 점을 지적하고 있다. 파이퍼Nicola Piper는 여성 이주 노동자를 분석하면서 이주의 양쪽 연결고리, 즉 이주자가 출발하는 출신국과 이주자를 받아들이는 유입국 모두에서 여성들은 취약한 위치에 놓여 있다고 분석한다. 여성들은 작업장에서 남성보다 대개 낮은 임금을 받으며 여성이라는 이유로 사용자나 남성 동료들의 과도한 통제 또는 성폭력과 성희롱에 노출되는 경우가 많다. 여성에 대한 폭력은 여성 이주 노동자를 고용하는 구조의 한 부분으로 결합되어 있으며, 따라서 이들에 대한 폭력은 경제와 고용 시장이 성별에 따라 위계적 · 차별적으로 조직되는 사회적 상황 그 자체로부터 분리할 수 없는 것이다(Piper, 2003 : 724-725).

여성들이 결혼을 통해 이주하는 과정에도 이와 유사한 면이 있다. 결혼 이주가 진행되는 양쪽 연결고리에서 여성들은 열악한 위치에 있다. 고향을 떠날 때에는 한국 남성이나 한국에 대한 정확한 정보가 없는 상태에서 부모의 경제적 부담을 덜어 주고 새로운 삶을 찾아야 한다는 절박한 마음에서 결혼을 결정하며, 유입국 즉 한국에 도착하면 언어가 잘 통하지 않는 배우자, 관습이나 문화가 전혀 다른 가족들과 생활을 시작해야 한다. 이러한 결혼 이주의 구조 자체가 이주 여성들을 폭력 피해에 취약한 위치로 몰아가는 배경이 되는 셈이다. 이는 모든 이주 여성이 폭력의 피해자라는 의미는 아니다. 이주 여성의 가정폭력 사례를 살펴볼 때에는 실제 누가 때리고 누가 맞았는가라는 미시적 사실뿐 아니라, 이들이 살아가는 삶의 조건과 환경 속에 폭력을 유발하는 권력 위계가 내장되어 있다는 점을 이해하는 것이 매우 중요하다.

가정폭력이 국제결혼 가족에게서만 나타나는 현상은 아니지만, 한국 사회 안에서 자신들을 지지해 주는 인적 · 사회적 연계망을 가질 수 없는 외국 여성들은 한국 남성의 잦은 폭력에 노출될 가능성이 더 크다(김현미 외, 2007 : 139). 그런 의미에서 '안전한 이주'를 보장하는 제도와 정책, 즉 이주자들이 한국으로 입국하는 과정에서 충분한 정보에 접할 기회를 제공하고, 또 중개자에 의한 피해를 사전에 방지하는 과정이 매우 중요하다. 안전한 이주가 제도적으로 보장되지 않고 이윤을 추구하는 중개업체들에 의해 이주 과정이 주도된다면, 이주 여성들이 폭력 피해를 입을 가능성은 크게 높아질 수밖에 없다.

이 글에서는 결혼 이주 여성의 가정폭력을 양적인 실태 조사 결과, 그리고 질적인 심층 면접 결과를 통해 간략히 살펴볼 것이다. 이를 통해 사회적 소수자에 대한 폭력, 특히 가족이라는 사적인 공간 안에서 일어나는 이주 여성 가정폭력이 어떤 의미를 갖고 있는지, 소수자 여성들에게 한국 사회가 어떤 기회 혹은 어떤 억압을 부과하고 있는지를 되돌아보고자 한다.

1. 실태조사 결과에 나타난 결혼 이주 여성의 가정폭력 피해

무엇이 폭력인가에 대한 감수성은 사람에 따라, 문화적 배경에 따라 다를 수 있다. 여성에 대한 폭력은 물리적 폭력과 더불어 성적 폭력을 동반할 수 있고 또 은밀하고 사적인 공간에서 자행될 경우 피해를 입증하기 어렵기 때문에 은폐되기도 쉽다. 가정폭력 피해를 신고했을 때 과연 적절한 처벌이나 피해 보상이 가능할지, 조사 과정에서 자신의 프라이버시가 보호될 수 있을지, 가해자의 보복 등으로 더 큰 2차 피해를 입지 않을지 등에 대한 불안이 많기 때문이다. 여성부에서 실시한 2007년 전국 성폭력 실태조사에 따르면 성폭력 피해자 중 신고했다고 응답한 사람은 2.3%에 불과하다.[3] 이처럼 드러난 폭력과 드러나지 않은 폭력, 폭력이 은폐되는 젠더 관계와 권력 관계, 여성에 대한 폭력을 다루는 사회적 제도에 대한 신뢰 등을 함께 성찰하지 않고서는 여성에 대한 폭력을 이야기하기 어렵다.

3 보건사회연구원(2008), 「2007년 가정폭력 실태조사」 여성부, 280쪽. 전국 성폭력 실태조사에서는 다양한 성폭력 유형별로 피해를 입은 경우 신고를 했는지 조사했는데, 신고 비율은 성폭력 유형별로 차이가 있다. 강간/강간 미수의 경우 신고한 비율이 7.1%로 가장 높았고 그 다음이 스토킹(6.8%), 심한 추행(5.3%), 가벼운 추행(4.7%)의 순이었다. 신고율이 낮은 성폭력 유형은 성희롱(1.1%), 부부 강간이나 음란전화(1.6%) 등이다. 2.3%의 신고 비율은 전체 평균을 낸 수치이다.

한국의 법률 체계에서 가정폭력과 성폭력은 별도의 법률로 구분되어 있다. '가정폭력 범죄의 처벌 등에 관한 특례법' 제21조 1항에 따르면 가정폭력은 가정 구성원[4] 사이의 신체적, 정신적 또는 재산상 피해를 수반하는 행위라고 정의하고 있다. 일반적으로 아내 학대wife abuse, 아내 구타wife battering, 아내 폭행wife assault, 가정폭력family violence 또는 domestic violence, 부부폭력conjugal violence 등 다양한 용어들이 혼용된다.

이 글에서는 결혼 이주 여성의 가정폭력 문제를 좁은 의미의 법률상 가정폭력에 국한하지 않고, 더 폭넓은 의미의 '여성에 대한 폭력gender violence, violence against women'이라는 차원에서 접근하고자 한다. 국제적으로 통용되는 '여성에 대한 폭력' 개념 역시 다차원적으로 정의되고 있다. 1993년 UN이 채택한 '여성에 대한 폭력 철폐선언Declaration on the Elimination of Violence against Women'에 따르면 여성에 대한 폭력은 '사적, 공적 영역에서 일어나는 여성에 대한 신체적, 성적, 심리적 해악과 여성에게 고통을 주거나 위협하는 강제와 자유의 일방적 발탁 등 젠더에 기초한 모든 폭력 행위"로 정의된다. 1995년 제4차 베이징北京세계여성대회에서는 여성 폭력에 대한 행동 강령을 선택했는데 그에 근거하여 여성에 대한 폭력의 유형을 구분하면 다음과 같다(정희건, 2003 : 27).

① 가족 내에서 일어나는 신체적 · 성적 · 심리적 폭력
② 지역사회에서 일어나는 신체적 · 성적 · 심리적 폭력
③ 국가에 의해 자행되거나 묵인되고 있는 신체적 · 심리적 · 성적 폭력

4 가정 구성원이란 사실상 혼인 관계에 있는 배우자 또는 배우자 관계에 있었던 자, 사실상 양친 관계를 포함하는 자 또는 배우자의 직계존비속 관계에 있거나 있었던 자, 계부모와 자의 관계 또는 적모와 서자의 관계에 있거나 있었던 자, 동거하는 친족 관계에 있는 자 등으로 규정하고 있다(제2조 2항).

④ 무력 분쟁 하에서 일어나는 여성 인권 침해

⑤ 임신 관련 폭력(강제불임, 강제 낙태, 피임의 강제적 사용, 여아 낙태 등)

⑥ 특수 상황에 있는 여성에 대한 폭력(소수민족, 토착민, 난민, 이주자, 장애 여성 등)

결혼 이주 여성들이 가정폭력을 어느 정도 경험하고 있는지를 객관적으로 파악하는 데에는 여러 가지 어려움이 따른다. 어떤 관계, 어떤 행위를 '폭력적'인 것으로 보는가에 대한 인식이나 개념 자체가 개인마다 다를 수 있기 때문이다. 설문지 조사를 통해 가정폭력 발생률이나 폭력의 양상을 정확하게 파악하기는 어려우나, 전체 현황을 일목요연하게 보여 주는 장점은 있다. 여기에서는 최근 결혼 이주 여성에 대해 설문조사를 실시하고 가정폭력 피해를 분석한 연구 결과(설동훈 회, 2005; 설동훈 외, 2006; 정기선 외, 2007)를 중심으로 폭력 실태를 전반적으로 살펴본다.

광의의 가정폭력: 언어 폭력과 일방적 통제

직접적인 물리적 폭력 이외에도 언어적인 모욕, 행동에 대한 일방적인 통제 등은 여성에게 행사되는 전형적인 폭력이라고 할 수 있다. 결혼 이주 여성들이 남편의 폭력적 행동을 어느 정도 경험했는지 조사한 2005년의 연구 결과에 따르면, 모욕적인 말(언어 폭력)이 30.5%로 가장 많았으며, 물건 던짐(23.5%), 때리겠다고 위협(18.4%), 성행위 강요(13.8%), 세게 밀기(13.4%) 등의 순으로 나타났다(표 1).

이주 여성들의 출신 국가에 따라 응답 결과에 약간의 차이가 나타난다. 국적별로 보면 중국 한족, 일본인, 태국 출신 아내들이 폭력을 많이 경험

[표 1] 여성 결혼 이민자 출신국에 따른 부부 폭력 경험

(단위: %, 명)

	전체 (703)	중국 동포 (449)	중국 한족 (164)	일본 (101)	필리핀 (78)	베트남 (66)	태국 (20)	몽골 (15)	구소련 (30)	기타 (25)
모욕적인 말	30.5	25.7	57.3	29.0	20.8	9.1	47.4	26.7	26.7	26.9
때리겠다고 위협	18.4	15.1	41.7	13.9	11.7	9.1	15.8	20.0	6.9	4.0
물건 던짐	23.5	19.2	34.8	34.7	14.3	4.5	30.0	20.0	26.7	34.6
세게 밀기	13.4	11.6	25.8	8.0	13.0	1.5	21.1	13.3	17.2	8.0
손발로 구타	13.1	12.1	21.5	14.0	6.5	6.1	10.5	13.3	13.8	12.0
성행위 강요	13.8	12.3	31.3	11.0	9.1	4.5	5.3	.0	3.4	4.0
변태적 성행위 강요	9.3	6.9	28.0	2.0	7.7	1.5	.0	.0	3.3	4.0
전체	100.0	100.0	100.0	100.0	100.0	100.0	100.0	100.0	100.0	100.0

자료: 설동훈 외(2005: 124), 〈표 4-22〉.

했다고 응답한 반면, 베트남 여성들은 그러한 응답이 비교적 적은 편이다. 이러한 차이는 조사 대상 선정 방법, 응답한 여성들의 폭력에 대한 인식이나 민감도의 차이, 경우에 따라서는 솔직하게 자신의 피해를 드러내지 않으려는 태도 때문으로 추정된다.

직접적인 신체적 폭력뿐 아니라 아내를 통제하려는 남편의 부당한 개

[표 2] 한국인 배우자의 폭력적 행동

(단위: %, 명)

여성 결혼 이민자 조사			폭언 모욕적인 말	생활비 용돈 주지 않음	송금 못하게 함	신체적 폭력	의처증	기타	전혀 경험 없다
전체		(829)	6.2	5.3	2.8	2.3	2.2	4.1	82.5
거주지별	도시	(629)	6.7	5.7	3.2	2.7	2.1	4.1	81.4
	농촌	(200)	4.5	4.0	1.5	1.0	2.5	4.0	86.0
출신국별	조선족	(367)	5.7	5.7	2.5	2.7	2.2	4.4	83.1
	한족	(87)	2.3	1.1	3.4	2.3	2.3	4.6	83.9
	베트남	(143)	0.7	7.7	6.3	0.0	2.1	4.2	83.2
	일본	(99)	17.2	5.1	0.0	1.0	0.0	2.0	80.8
	필리핀	(73)	5.5	6.8	1.4	5.5	4.1	8.2	76.7
	기타	(60)	10.0	1.7	1.7	3.3	3.3	0.0	85.0

자료: 설동훈 외(2006: 106), 〈표 3-19〉.

입으로 인해 결혼 이주 여성의 생활이 위축되고 어려움을 겪는 경우가 많다. 언어 폭력, 신체 폭력과 더불어 남편의 통제를 항목에 포함시켜 조사한 결과에 따르면, '생활비나 용돈을 주지 않음', '송금 통제', '외출 통제', '의처증' 등도 상당히 발생하고 있는 것으로 나타났다(표 2).

아내의 국적에 따라 배우자의 폭력적 행동에 대한 응답에 차이가 나타나는 점이 눈에 띈다. 특히 베트남, 필리핀 등 동남아 지역 출신 여성들은 '생활비, 용돈 주지 않는다'는 응답이 상대적으로 높은 편이었다. 신체적인 폭력 못지않게 남편의 경제적인 통제가 행해지고 있으며, 이로 인해 여성들이 동등한 아내이자 독립적인 인격체로 대우받지 못하고 생활고 또는 인권 침해적 상황에 방치되는 경우가 발생할 가능성이 있음을 보여준다.

경기도 국제결혼 이민자 가족에 대한 조사에서 남편에 의한 통제 및 폭력 경험 비율을 살펴보면 '폭언, 모욕적 언어 사용'(5.1%)이 가장 높았고, 이어서 '생활비 또는 용돈 주지 않음'(3.6%), '외출 통제(3.0%)' 등의 순이었다. 여기에서도 마찬가지로 신체적 폭력, 언어 폭력과 더불어 경제적인 유기나 과도한 일상생활의 통제 등이 문제가 될 수 있음이 드러난다.

협의의 가정폭력: 가정폭력 경험 및 신고

좀더 직접적이고 물리적인 폭력을 어느 정도 경험하고 있는지 실태조사 결과를 살펴보면, 2005년의 전국 결혼 이민자 조사에서 '가정폭력 경험이 없다'는 응답은 77.7%, '폭력 경험이 있다'는 경우는 22.3%로 나타났다. 거주지 및 출신 지역별 폭력 발생률을 보면 농촌 거주 중국 동포의 경우가 가장 높고 그 다음이 도시에 거주하는 중국 동포로 나타났다. 폭력 발생을 신고한 비율은 농촌 거주 중국 동포(21.9%)와 도시 거주 중국

[표 3] 거주 지역 및 아내 국적에 따른 가정폭력 경험

(단위: %, 명)

	전체 (703)	도시 중국 동포	도시 기타 외국	농촌 중국 동포	농촌 기타 외국
가정폭력 경험 없음	77.7	74.5	80.8	67.2	82.2
신고한 적 있음	8.0	10.9	4.8	21.9	2.3
폭력 발생, 신고 안함	14.4	14.6	14.4	10.9	15.5
전체	100.0	100.0	100.0	100.0	100.0

자료: 설동훈 외(2005), 〈표 4-25〉.

동포(10.9%)가 높았던 반면, 중국 이외의 지역 출신 여성들은 신고했다는 비율이 낮았다.

한편 1년 뒤에 실시한 2006년 조사에서는 이주 여성들의 가정폭력 경험 비율(9.1%) 및 신고 경험(2.3%)이 모두 더 낮아졌다. 이처럼 설문조사 결과는 연구자나 시점, 표본 추출 방법, 조사원의 특성 등에 따라 달라질 수 있다[5](표 4).

성별 · 거주지별로 특징을 보면 도시에 거주하는 여성들의 신고율이 농촌 지역보다 높게 나타났다. 성별 · 출신국별로는 큰 차이가 없었으나 한

[표 4] 가정폭력 경찰 신고 경험

(단위: %, 명)

여성 결혼 이민자			가정폭력 당한 적 없음	신고한 적 있음	가정폭력을 당했으나 신고한 적 없음
전체		(922)	90.9	2.3	6.8
거주지별	도시	(702)	90.6	2.4	7.0
	농촌	(220)	91.8	1.8	6.4
출신국별	조선족	(435)	91.5	2.1	6.4
	한족	(94)	90.4	**5.3**	4.3
	베트남	(152)	91.4	1.3	7.2
	일본	(96)	97.9	0.0	2.1
	필리핀	(84)	78.6	**3.6**	**17.9**
	기타	(61)	91.8	3.3	4.9

자료: 설동훈 외(2006), 〈표 3-21〉 재정리.

족 여성(5.3%)의 신고 경험이 많은 편이었다. 폭력을 당했으나 신고한 적이 없다는 응답은 필리핀 여성(17.9%)에게서 높게 나타나고, 그 다음 베트남 여성(7.2%), 조선족 여성(6.4%)의 순이다.

가정폭력과 가족 해체

이주 여성의 가정폭력 경험은 현재의 결혼 지위marital status에 따라 큰 차이가 있는 것으로 나타났다. 특히 현재 별거나 이혼 상태에 있는 결혼 이주 여성들이 이전에 가정폭력 피해를 입은 경우가 많았다. 2005년 조사 결과를 보면, '손발로 구타'를 당했다는 응답은 기혼 여성의 경우 8.1%에 불과했으나, 별거 중인 여성은 48.7%, 이혼한 여성은 57.9%로 매우 높았다. '성행위 강요'는 기혼 여성이 6.9%인 반면, 별거 63.2%, 이혼 47.4%로 상당히 심각한 수준이다. 이러한 조사 결과는 가정폭력으로 인해 부부 관계 및 가족 관계가 악화되고 결과적으로 별거나 이혼에 이르게 되는 사례가 많음을 보여 준다.

[표 5] 결혼 지위별 부부 폭력 경험

(단위: %, 명)

결혼 이민자 조사		모욕적 말	때리겠다고 위협	물건 던짐	세게 밀기	손발로 구타	성행위 강요	변태적 성행위 강요
전체	(921)	31.0	18.4	23.7	13.9	13.5	14.0	9.5
기혼	(755)	24.1	11.1	19.5	7.6	8.1	6.9	3.4
별거	(76)	84.2	74.7	60.5	57.6	48.7	63.2	47.4
이혼	(38)	68.4	50.0	52.6	52.6	57.9	47.4	42.1

자료: 설동훈 외(2005), 〈표 4-20〉 재구성.

5 2005년 조사에서는 일부 응답자를 이주자 지원센터를 통해 표집했고 센터 활동가들이 조사원으로 일부 참여했으며, 이로 인해 일반 조사회사 면접원이 조사를 담당한 2006년 조사보다 폭력 경험률이 더 높게 나타난 것으로 추정된다.

2007년 경기도 결혼 이민자 조사에서도 가정폭력을 경험한 이주 여성들이 이혼을 고려하는 비율이 높은 것으로 나타났다. 즉, 가정폭력 피해를 경험한 여성들 중 '이혼을 심각하게 고려한 적이 있다'는 응답은 43.9%인 반면, 폭력을 경험하지 않은 여성들의 응답은 5.3%로 큰 차이를 보인다.

[표 6] 남편에 의한 폭력 피해 경험 유무별 외국인 부인의 이혼 고려 비율

(단위: %, 명)

폭력 피해 / 이혼 고려	피해 경험 있음	피해 경험 없음	전체	차이 검증
없음	56.1	94.7	92.7	
있음	43.9	5.3	7.3	$\chi2=85.75$
합계	100.0	100.0	100.0	$p<.001$
사례 수	41	769	810	

자료: 정기선 외(2007: 159).

2. 심층 면접에 나타난 결혼 이주 여성의 폭력 피해 경험

설문지에 의한 실태조사는 성폭력 피해 현황을 한눈에 보여 주는 장점이 있으나 실제로 어떤 맥락에서 폭력이 발생하며 피해자들이 어떤 내용의 피해를 겪고 있는지에 관한 구체적 내용은 담지 못한다. 가정폭력 피해를 경험한 이주 여성, 그리고 피해 여성을 지원하는 상담원에 대한 심층 면접에서는 폭력 피해의 내용과 맥락이 좀 더 상세히 나타난다. 심층 면접에는 다양한 국가 출신의 결혼 이주 여성 12명이 참여했다.[6]

6 심층 면접은 본 연구자를 포함한 한국여성정책연구원의 연구진이 가정폭력 피해자들을 보호하고 있는 민간 시설(쉼터)들과 협력하여 2008년 6~9월 사이에 서울, 안산, 인천, 청주, 천안 지역에서 실시했다. 피해 여성과 래포rapport가 형성되어 있는 상담원들이 면접을 담당하고 연구진들이 참관하는 형식으로 진행했다. 또한 쉼터의 보호를 받고 있지 않은 이주 여성들 사례도 눈덩이 표집 방식으로 소개받아 모두 12사례에 대한 면접을 실시했다.

[표 7] 면접 참여자 특성

번호	이름(가명)	국적	나이	결혼(입국) 연도	쉼터 입소 여부
1	A	캄보디아	22세	2006	○
2	B	필리핀	27세	2005	○
3	C	조선족	43세	2004	○
4	D	베트남	26세	2006	○
5	E	필리핀	23세	2008	○
6	F	필리핀	38세	2003	○
7	G	베트남	28세	2007	○
8	H	베트남	27세	2006	○
9	I	베트남	26세	2002	×
10	J	베트남	21세	2006	×
11	K	몽골	36세	2000	×
12	L	조선족	39세	2007	×

이주 여성들과의 심층 면접에 나타난 피해 경험은 좁은 의미의 가정폭력을 넘어서고 있으며 다양한 피해들이 상호 연관되어 강화되는 경향이 나타난다. 여기에서는 피해의 경험을 정서적(심리적) 폭력, 성적 폭력, 신체적 폭력, 그리고 경제적 폭력(재산상의 침해)으로 구분하여 살펴본다.

정서적(심리적) 폭력

정서적(심리적) 폭력은 아내에 대한 위협, 무관심과 방치, 멸시하고 억압하는 태도 등으로 나타난다. 면접에서 드러난 사례 중에는 이주 여성 아내를 협박하면서 낙태를 강요하는 경우도 있다. 폭언과 모욕적 언사, 무시하는 태도, 과도한 통제 등은 결혼 이주 여성들의 행동을 위축시키며 자존감을 훼손한다. 반복되는 폭언이나 위협은 이주 여성들이 한국 사회에서 독자적인 행위 주체로 적응하지 못하고 남편이나 가족에 부속된 부차적이고 의존적인 삶으로 국한시키는 효과를 낳는다. 심리적 압박감이나 모욕감은 그 피해가 신체적 폭력에 비해 잘 드러나지 않지만 장기간 계속될 경우 당사자에게는 상당한 고통이 되며, 좀 더 직접적이고 신체적인 폭력으로 악화되는 사례도 나타난다.

C: 나한테 중국 여자라고, 술 마시면 항상 그런 소리해요. 중국 여자는 실컷 많다, 차 버리면 된다.

상담원: 차 버리면 된다구요?

C: 네, 발로 차버리면 된대요. 항상 그래요, 술만 먹으면. 나보고 거지라 그러고.

F: 그러니까 힘든 거는, 남편이 나한테 나쁜 말 쓰는 거. 예를 들어서 화나면 막 욕하고. 나도 존중 같은 거 받고 싶은데, 남편이 왜 '너 말고 다른 여자도 많아. 너보다 더 이쁜 여자도 많아' 그런 거 애기하면 얼마나……(속상한지). 그런데 말하고 싶어도 또 때릴까봐 참는 거야. 그냥 여기만(가슴속만) 쌓이는 거야.

성적 폭력

성적 폭력은 다수의 이주 여성들이 겪고 있는 문제로 나타났다. 결혼중개업체를 통해 한국인 남편과 만난 여성들은 실질적인 교제 기간을 거의 갖지 못한 채 한집에서 살게 된다. 남성들은 결혼을 했으니 아내와 성관계를 갖는 것이 당연하다고 생각하며, 언어 소통이 잘 되지 않기 때문에 정서적인 친밀성을 형성하기가 사실상 어렵고, 사실 성장 배경도 다르고 나이 차이도 많이 나는 아내와 어떻게 대화하고 감정을 표현해야 할지 모르는 경우가 많다. 여성들은 '잘사는 나라'에 대한 기대감과 더불어 한국 남성과 로맨틱한 사랑을 하고 싶다는 막연한 기대를 갖고 한국에 온다. 그런데 사랑의 감정이나 친밀한 정서적 관계보다는 육체적 요구를 앞세우는 남편의 태도는 자신의 의사를 무시한 일방적 강요로 느껴진다. 따라서 자신이 존중받지 못한 채 강간을 당했다는 감정을 갖게 되는 것이다. 부부 간 대화를 통해 문제를 해결해 나갈 필요가 있으나 언어 소통이 잘 되지 않기 때문에 갈등을 해소하기가 쉽지 않다. 대다수의 한국인 남성들은 부부 관계 교육이나 성교육을 받은 경험이 없기 때문에 아내가 느끼는 정서를 잘 이해하지 못하며, 자신이 상당한 비용을 지불하고 국제결혼을 했지만 아내가 제대로 아내 노릇을 하지 못한다는 데 큰 불만을 갖게 된다.

> E : 왜 부부 관계는 사랑으로 느끼면서 같이, 뭐랄까 부부 사랑 나눠서 그런 게 있잖아요. 나는 하루 종일 논에서 일하고 밭에서 일하는데 몸이 지쳐 있고. 그런데 남자는 그냥 자기가 필요한대로, 그냥 느낌이 강간당하는 거 같아서…… 이거는 사랑으로 하는 게 아니라, 그냥 자기 마음대로만…… 솔직히 아직 정 같은 거 많이 없잖아요. 근데 정이 붙어야 되는데 정이 떨어져.
>
> 상담원 : 그 부분에 대해 뭐라고 하기는 어렵지만, 남편도 그런 부분에 대해 교육을 받은 일이 없는 거 같아요. 제가 전화 상담으로 자주 얘기했는데, 알아들으시더라구요. 알겠다고 하고.
>
> E : 선생님, 예를 들어서 '나는 힘들어, 지금 피곤해. 다음에 하면 안 될까' 이거 알아들었잖아요. 그런데 그거를 무시해. 알아듣는 거 하고 이해하는 거 하고 다르잖아요. 남편도 알아듣지만 이해 안 해. 이해 못해.

많은 이주 여성들은 남편의 성적 폭력에 대해 아예 언급하기를 꺼려했다. 그 자체가 매우 끔찍한 기억이기 때문에, 성폭력에 대한 진술이 이주 여성의 이혼이나 귀국 등을 위해 반드시 필요한 경우에도 제대로 진술을 하지 못하는 사례도 있다고 한다.

신체적 폭력

많은 면접 참여자들이 남편에 의한 신체적 폭력을 경험했다고 말했다. 상습적으로 폭력을 행사하는 남편의 경우 한국 여성들의 경험과 매우 유사한 사례가 나타났다. 즉, 남편이 알코올 중독이 많았고, 술이 깬 다음에는 용서를 빌다가 다시 술을 마신 후 폭력을 되풀이하는 전형적인 가정폭력 가해 남성의 특성을 보인다. 조선족 출신인 C씨의 경우 자신과 남편이 모두 재혼이었는데, 결혼해서 보니 전처 소생의 딸도 아버지의 폭력 때문에 집을 나갔고 같이 사는 아들도 아버지를 피하려고 집에 잘 들어오지 않는 상황이었다. 군 장교 출신인 남편은 검도나 망치 등의 흉기를 집안에 늘 갖추어 놓았고, 부인이 이것을 내다 버리면 또다시 새로 들여다 놓았다고 한다.

> C: 술만 먹으면 밤새 못 자게 해요. 술주정하고, 집에 가전제품 다 부수고. 술 먹고 나면 내가 부인이라는 걸 못 느끼나 봐요. 내가 두 번 쓰러져서 구급차로 실려 갔어요. 그런데 그때만 해도 손이 안 올라갔는데, 후에는 손이 올라가더라구요…… 나는 엄마 아버지한테 안 맞고 살아서 그런 걸 몰랐는데,…… 그 사람은 머리를 이렇게 딱 잡고 때려요. 너무 무서워가지고 나오는데 신도 못 신고 뛰쳐나왔어요. 길에 순경들이 다니다가 내가 막 우니까, 붙잡고 묻더라구요. 왜 그런가 하고……

남편의 외도로 인한 갈등이 신체적 폭력으로 이어지는 사례도 있다. 아내와 결혼은 했지만 가난한 나라 출신이라는 이유로 아내를 존중하지 않고, 다른 여자 친구를 계속 만나는 것에 대해 아내가 항의하거나 질문을 하면 화를 내면서 폭력을 행사하는 것이다.

상담원: 남편이 처음에는 잘 해 줬는데 언제부터 조금 이상하다는 걸 알았어요?

D: 사무실에 가면 집에 안 온다고 하고, 그냥 술 많이 먹고, 여자 친구 있고.

상담원: 그럼 두 분이 계속 싸우게 된 거는 남편이 다른 여자를 만나서 그런 거였어요?

D: 네. 화내고, 진짜 무서워요.

상담원: 처음에 손으로 때린 건가요?

D: 네. 손으로 귀 여기, 얼굴 엄청 많이 때려요.

상담원: 맞았을 때 경찰에 신고했나요?

D: 안 했어요. 제 그냥 생각에, 신고하면 사무실에 영향이 갈까봐.

상담원: 남편이 술을 좋아한다고 했죠?

L: 알코올중독센터에서 치료까지 받았는데. 그러니까 첫째는 목을 많이 졸라요. 그게 겁나더라구요…… 그래서 신고한 적도 몇 번 있거든요. 경찰이 왔다 간 적도 세 번인가 네 번인가 있어요.

상담원: 남편분과 계속 살 생각은 있으신 건가요?

L: 살아야죠. 아까 나이 얘기도 했지만 우선 경제 문제가 첫째이잖아요. 근데 나로 말하면 집도 있고 먹고 싶은 거 다 먹고. 그리고 중국에 아이들 생활비 딱딱 보내 주고 하니까. 이걸로도 나는 만족을 느끼니까 그나마 이렇게 살고 있는 거죠.

폭력이 반복적으로 일어나지만 이주 여성들은 이혼을 결심하기가 쉽지 않다. 어렵게 국제결혼을 했는데 이혼을 하면 생활 기반도 막연하고 다시 고향으로 돌아가기도 힘들기 때문이다. C씨의 경우 남편의 극단적인 폭력 때문에 쉼터에 피해 있다가도 다시 집으로 들어가 결혼생활을 잘 해보려는 시도를 여러 번 했다. 생명의 위협을 느끼면서 가정폭력 피해 쉼터에 세 번이나 입소한 끝에 이혼을 어렵게 결심한 사례였다. L씨나 D씨도 남편의 폭력 행위에 대항해 신고하지 못했는데, 그 이유는 남편이 하는 직업이나 사업에 지장이 생길 것을 우려하기 때문이다. 상습적으로 폭력이 자행됨에도 불구하고 이혼한 이후의 생활이 막연하기 때문에 어쩔 수 없이 남편을 다시 받아들이는 일을 반복하는 경험은 한국인 여성들의 가정폭력 피해 사례와 유사한 내용이 많다.

경제적 폭력, 재산상의 피해

많은 이주 여성들이 남편으로부터 생활비나 용돈을 받지 못했다고 호소했다. 남편이나 시어머니의 입장에서는 이주 여성들이 아직 한국 물정을 모르기 때문에 돈을 맡길 수 없다고 생각하고, 반면 이주 여성들은 실제로 가사 노동을 전담하다시피 하지만 시장을 보는 간단한 결정도 스스로 할 수 없다는 무력감, 자신이 불신을 받고 있다는 느낌을 갖게 된다. 생활비가 없으면 이주 여성들은 살림살이나 식사 준비 등의 가사 노동을 스스로 주체적으로 하지 못한다. 모든 사소한 지출을 시어머니나 남편의 감독 하에 해야 하는 상황은 이주 여성들을 더욱 위축시킨다. 자신을 아무것도 모르는 '어린아이'처럼 취급하는 남편이나 시부모 때문에 상처받는 여성들도 많다.

많은 이주 여성들은 자신이 일을 해서 돈을 벌고 싶다는 생각을 갖고 있다. 고향에서 일을 했던 경험이 있는 여성도 있고, 친정 부모를 부양하기 위해 돈을 벌어야 하는 여성들도 있다. 특히 태국, 베트남, 필리핀 등 동남아 지역은 전통적으로 부계 가족과는 다른 공계cognatic 또는 양변적 bilateral 가족 구조를 지니고 있으며 딸이 경제적으로 부모를 부양해야 한다는 의식도 강하다(김이선 외, 2006). 이주 여성들은 자연스럽게 자신이 돈을 벌어 친정 부모를 부양하고 싶어하지만, 반면 한국인 남편과 시부모는 '외국인 며느리가 친정으로 돈을 빼낸다'는 식의 부정적인 태도를 나타내는 경우가 많다. 또한 결혼 이주 여성들이 스스로 돈을 벌게 되면 남편이나 시부모를 공경하는 태도가 약해지고 '밖으로 나돌면서' 행동에 문제를 일으킬 것이라는 선입견을 보이기도 한다. 따라서 결혼 이주 여성의 경제 활동이나 소비 활동을 통제해야만 한다는 생각을 갖고 있는 것이다.

이와는 반대로 아내에게 돈을 벌어오도록 요구하고 아내의 수입을 남편이 관리하면서 자의적으로 통제하는 사례도 있다. H씨의 경우 한글을 배우고 싶었지만 그럴 기회도 없이 남편이 원하는 대로 청소 회사에 나가서 일하게 되었다.

H : 한국에 와서 4~5개월 있다가 남편 따라 회사(청소 회사)에 나가 일했어요.

상담원 : H씨가 일해서 월급을 받은 기간은 어느 정도인가요?

H : 1년 넘게 일했어요. 그래서 제 생각에는 돈을 많이 모았어요. 하루에 3~4만 원 일당이기에 한 달에 100만 원 정도 될 것 같아요.

상담원 : 그것을 남편이 전부 가지고 갔는데, 베트남에 송금해 주고 생활비로 한 달에 3~4만 원 정도씩 받았다는 건가요?

H : 한 달에 한 번이 아니고 가끔이에요. 베트남에는 300만 원 정도 보내줬어요.

상담원 : 그래요?

H : (남편은) 어떤 사람이 친정에 그렇게 돈을 보내 주는 사람이 있냐, 베트남에 그렇게 돈을 많이 보내 주는 사람은 자기밖에 없다, 그러니까 내가 돈 벌면 자기를 줘야 한다고 해요.

상담원 : 남편이 잘 해 준 적이 있는지요?

H : 잘해 준 적은 없었던 거 같아요. 왜냐하면 돈도 그렇게 벌어다 주는데 따뜻한 옷도 없고, 회사 사람들이 자기들 와이프보고 옷 있으면 저를 주라고 했어요. 속옷도 없어요.

여성이 사실상 부양자 역할을 하면서도 재산권이 위협받는 사례도 있다. 조선족 여성인 C씨는 남편이 알코올 중독으로 돈벌이를 제대로 하지 못하는 상황에서, 본인은 통역일로 가족을 사실상 부양하고 있었다. 부인이 어렵게 전세금을 마련해 놓으면 남편은 그 돈을 빼내어 술값 등으로 써버리는 일이 반복되는데, 부인은 아직 한국 국적이 없기 때문에 남편이 악의적으로 출입국관리사무소에 신고를 하면 꼼짝없이 곤경에 빠지는 일이 반복된다.

C : 원래 집을 내가 샀어요, 와 가지고. 살던 집이 경매에 들어가 가지고 공탁을 걸어가지고 집을 3천 몇백 만 원에 샀는데, 1년 반 후에 남편이 팔아버렸어요.

상담원 : C씨 이름으로 사셨나요?

C : 내 이름으로 못 사고 시동생 이름으로 샀어요. 남편은 신용불량자여서. 그런데 남편이 집을 파는 거예요. 그래서 다음에는 내 이름으로 해서 전세를 살았어요. 두 번째 맞고 집에서 나올 때, 내가 그 전세 계약서를 갖고 나왔어요. 또 무슨 짓을 할까봐. 그런데 그거 가지고 법무부에 저를 신고한 거예요.

중국 여자가 재산 뺏으러 와 가지고 그거 가지고 달아났다고…… 나를 정말 못된 사람을 해 놓은 거라. 그래서 이번에 세 번째 나올 때는 전세 계약서 아예 안 갖고 나왔어요. 다 가지라고. 그랬더니 그거가지고 나보고 대출받아 달라는 거예요. 자기가 돈이 없다고……

심층 면접에서 이주 여성의 가정폭력 경험은 그 양상이 매우 다양하다는 것을 알 수 있다. 사소한 갈등도 언어 소통이 원활하지 못해서 더 악화되기 쉬우며, 이주 여성들이 한국말이 서툴고 한국 물정을 모른다는 이유로 일방적으로 통제하고자 할 때 폭력이 발생할 가능성은 더욱 높아진다. 또한 한국에 다른 지원 집단이나 네트워크가 없기 때문에 이주 여성들은 삶의 자율성이 제한되어 있고, 따라서 법적인 체류 자격이나 주거 및 생계 유지 등에서 스스로 문제를 해결하기 어렵다. 따라서 가족 안에서 신체적 폭력이나 성적 폭력뿐 아니라 정서적인 폭력, 경제적인 폭력 등이 발생할 경우 이주 여성들에게는 자신의 삶을 송두리째 흔드는 큰 위협으로 느껴진다.

3. 이주 여성에 대한 문화적 편견 · 차별과 가정폭력

앞에서도 지적했듯이 결혼 이주 여성은 여성인 동시에 이주자라는 이중적인 소수자의 위치에 있다. 외국인, 그것도 한국보다 가난한 저개발국가 출신이라는 이유로 가족 안에서도 이주 여성들은 주변화, 소외되거나 차별받는다는 경험을 하게 된다. 더구나 한국 사회는 가족 단위의 이민을 허용하지 않는 정책을 고수하고 있고 노동 이주자들은 일정한 고용기간이 끝나면 본국으로 귀환하는 순환 인력으로 간주된다. 어떤 면에서 결혼 이주자는 일정 기간이 지나면 국적 취득이 합법적으로 가능하다는 점에서 노동 이주자들보다 더 유리한 위치에 있다. 그러나 남편과 동등한 배우자, 다른 가족과 평등한 가족원으로 존중받지 못한다면 이주 여성들이 사적 가족 안에서 경험하는 차별과 소외는 잘 드러나지 않고 은폐되기 쉽다. 매우 역설적이지만 이주민에 대한 차별과 소외가 사적인 가족 관계 안에서 발생한다면 그 피해는 오히려 더 심각할 수 있으며 정책적 개입도 어려워진다.

심층 면접에서 만난 여성들 중 합법적인 결혼을 한 다음에도 가족 내에서 동등한 가족 구성원으로 인정받지 못하는 사례가 매우 많았다. 남편들은 내국인 아내와 외국인 아내의 의미를 달리 생각하는 경향이 나타나는데, 즉 아내가 가난한 나라 출신이라는 이유로 멸시하거나 또는 '돈을 주고 사왔으니 내 마음대로 대해도 된다'는 식의 왜곡된 태도가 나타난다. 특히 한국 여성 배우자를 찾지 못해 혹은 이전 결혼에서 실패했기 때문에 이주 여성과 결혼했다고 생각하는 남성들은, 외국인 아내와 결혼한 것을 자신의 실패나 수치로 여기며, 그로 인해 아내를 무시하고 모멸하는 태도가 더욱 심해지는 것이다.

문화적 편견

외국인 여성과 혼인한 한국인 남편이나 가족들은 전반적으로 외국인 아내/며느리와 문화적 차이가 있을 수 있다는 생각을 구체적으로 하지 않는다. 눈으로 드러나는 언어와 음식 등의 차이는 인지를 하지만, 실제 문화적 차이에서 발생하는 문제점들을 오히려 이주 여성의 개인적 성격 때문이라고 생각하는 경우가 많다(한건수 2006 : 232~233).

아내가 외국인이기 때문에 한국 음식을 못하고, 말을 잘 못하기 때문에 자녀 양육도 제대로 하지 못한다는 선입견은 아내에게 모멸감을 주는 상투적 언사로 이어진다. 결혼 이주 여성들이 새롭고 낯선 환경에 처해 있다는 점은 간과한 채 무언가 마음에 들지 않은 일이 있으면 모두 '모자란 아내 탓'으로 돌리고 '아내의 성격이 드세다'고 불만을 표한다.

> 상담원 : 남편분은 상담할 때 얘기는, '그거 살림도 못하고, 내가 일하고 돌아오면 먹을 게 없고.' 그런데 F씨 얘기로는 남편이 돈을 안 주는 거예요. 재료가 없으니까 음식을 못한다는 거야. 쉼터에서는 정말 너무 잘 하시거든요. 한국 음식도 저희보다 훨씬 잘 하세요.

또한 많은 면접 참여 여성들이 '○○나라 여자들은 널렸다', '내가 더 젊고 예쁜 영계를 데려오겠다'는 등의 모멸적인 언사를 경험했다고 말했다. 시어머니도 한국인 며느리를 기준으로 삼고 자기 며느리의 부족한 점만을 이야기하는 사례가 많았다.

불안정한 아내 위치

외국인 아내를 맞이한 남성들은 이들이 가난한 나라 출신 여성이라는 이유로, 그리고 외국인 여성과 국제결혼한 것이 부끄럽다는 이유로 아내를 멸시하거나 경원시하는 경우가 많다. 일부 남성들은 다른 여자 친구를 두고, 이에 대해 아내가 추궁하면 화를 내고 폭력을 행사하기도 한다.

> G : 나는 많이 화나. 휴대폰 메시지 많이 오고, 자기가 전화받으면 끊어버리는데 여자 목소리인 거 같구. 그런 얘기를 하면 남편이 여자 친구 없다 그러면서 싸우고.

통역자 : (보충 설명) 2월 19일 이혼하러 갔다가, 이혼을 하지 않고 한 달을 더 기다려 보자고 해서 G씨가 혼자 베트남을 갔대요.

G : 갔다 오고 나서도 남편은 알 수 없는 그 여자하고 계속해서 연락을 하는 거 같았어요.

상담원 : 남편이 화가 나면 어떻게 하던가요?

G: 여자 친구 얘기 조금만 해도 화를 내고. 그냥 계속해서 때리는 거죠. 화나면 때리고. 칼도 들고.

G씨는 평소 새벽부터 시댁의 농장을 돌보고 또 동네 밭에 나가 일을 하면서 4만 원씩 일당을 벌어 시부모님 용돈도 드리고 베트남 친정에도 송금을 하곤 했다. 남편이 하루는 법원에 가야 하니 밭일을 나가지 말라고 했는데, 그것이 이혼 절차임을 G씨는 알아차리지 못했다고 한다. 한국말이 서툴고 한국의 법적 절차를 모르는 여성은 자신도 모르는 사이 이혼을 당한 셈인데, 이 여성은 이런 상태로 베트남으로 돌아갈 수 없으며 이혼 무효 소송을 원하고 있다.

G : 왜냐하면 이혼을 하려면 통역을 해야 되고, 예를 들어 판사가 '당신은 왜 이혼을 하려고 합니까', 이렇게 물으면 내가 한국말을 못하니까 베트남 말로 통역이 있어야 하는데, 그게 없었어요.

상담원 : 그래서 그게 이혼의 끝인 줄 몰랐나요?

G : (울먹이며) 네.

국제결혼 중 재혼이 차지하는 비중은 더욱 높아지고 있다. 한국인 남편이 재혼으로 외국인 여성을 맞이한 경우, 자신이 첫 번째 결혼에 실패한 이유를 이주 여성 탓으로 돌리면서 계속 갈등을 빚기도 한다. 심지어 다시 전처와 재결합을 원하니 고향으로 돌아가 달라는 요구를 하는 경우도 있다. 이처럼 이주 여성의 아내로서의 위치는 매우 취약한데, 여기에는 가난한 나라 출신의 외국인이라는 이유, 그리고 이주 여성의 국적 취득이나 모든 신분이 실질적으로 남편의 태도에 따라 좌우된다는 제도적 조건이 작용하고 있다. 이주 여성들은 사소한 일로 남편으로부터 '무시'당하고 평등한 배우자로서 인정받지 못하는 경우가 많다.

H : 신랑이 밤에 전 부인하고 자꾸 전화해서 맘에 안 들어요…… 통화하고 나서 항상 나한테 화를 내요.

상담원 : 어떤 식으로 화를 내던가요?

H : 남편이 때렸어요. 뭐 너 때문에 이혼했다고…… 내 생각에는 나 때문에 이혼한 것은 아닌데요…… (전처 소생의) 자식 이야기 물어보면 여기저기 때리고, (전처 가족과) 통화가 안 되어도 때리고, 한국말도 못 배우게 하고……

상담원 : 폭력을 당할 때 본인은 어떻게 했나요?

H : 그냥 맞기만 했어요. 크게는 아니고 살짝 까지기만 하고요. 신랑이, 한국 사람이 때리면 입원 정도 해야 때리는 것이지 이 정도는 아무것도 아니다……

상담원 : 방문 교육은 받아 보셨나요.

H : 알고 있었는데 하고 싶었지만 신랑이 못하게 해요. 한국말을 모르는 게 좋다고 해요.

L씨의 경우는 남편이 한국인 아내와 이혼한 뒤 조선족 출신인 자신과 재혼했는데, 갑자기 전처와 재결합하겠다면서 자리를 피해 달라고 요구했다고 한다.

L : (결혼한 다음에 보니까) 전처와 공개적으로 내왕하는 거예요. 내가 남편한테 따졌어요. 근데 우리 남편이 좀 솔직해요. 애들 엄마가 지금 다시 살아보자고 그래서 지금 전화한다고. 나로서는 충격이죠. 온 지 삼 개월밖에 안 됐는데 그럼 어떡하라는 건지…… 나중에 손자 손녀 재롱이라도 보고 싶다, 그러니까 어떻게 좀 내가 나가 줬으면 좋지 않겠냐, 이런 식으로 얘기하더라구요. 그래서 시댁에 알리니까 시댁에서는 펄쩍 뛰는 거예요. 전처가 이혼할 때 돈 많이 받아 나갔다면서……

경제적 불안정 및 재산권 불인정

남편이 사망하게 되면 당연히 배우자인 이주 여성이 상속자가 되는데, 시댁 가족들이 외국인 며느리의 재산 상속을 원하지 않아 위협을 가하는 사례가 있다. 이미 자녀가 있고 또 둘째 자녀를 임신 중인 여성에게 낙태를 강요하고, 약간의 위자료를 줄 터이니 고향으로 돌아가라고 협박을 했다는 것이다.

B : 남편 이름으로 된 땅을 남동생(시동생) 이름으로 바꾼다고 사인해 달라고 했는데, (쉼터에 있고) 집에 안 갔어요. 그래서 사인 못했어요.

상담원 : 아, 그랬어요.

B : 남편 보험까지 다 (내) 사인 있어야 하고, 같이 안 가면 그 쪽도(시댁 식구) 못 받는대요.

상담원 : 맞아요. 그러면 남편이 어떤 보험 들었는지 알고 있어요?

B : 잘 몰라요…… 진짜 무서워.

상담원 : 어떤 점이 가장 무서웠어요?

B : 그쪽 식구들이 원하는 것을 그대로 안 해 주면, 혼내면 되게 무섭대요.

상담원 : 특히 누가 많이 혼내요?

B : 시누. 온 식구가 힘을 다 합쳐서…… 나는 혼자.

공권력/제도적 차별

이주 여성들이 가정폭력의 위기 상황에서 경찰에 신고한 경우, 출동한 경찰이 외국인 여성이라는 이유로 정당한 대우를 하지 않는 경우도 있다. 조선족 출신으로 한국어를 잘하는 L씨는 남편의 폭력 때문에 여러 차례 경찰의 도움을 요청했다.

L : 어우, 나 진짜 화가 났어요. 경찰이 몇 번 우리 집에 왔는데, 내가 말이 억양이 이상하니까 좀 이상하게 탁 보더니 내 말을 들으려고도 안 해요. 그냥 남편한테 "또 술 드셨네요" 이런 식으로. 그러니깐 처음에는 나도 잘 몰라서 그냥 그러고 갔어요. 어떻게 갔는지 생각도 안나요. 다음에 또 남편이 때리고 목을 막 누르니까 내가 경찰에 신고했어요. 남편이 막 폭언하면서 또 소리를 지르더라구요. 그래서 "들으셨죠? 경찰 앞에서도 이렇게 말하는 사람인데 방금 전에 어떻게 했겠는지 알 만하죠?" 그러니까 제 말을 듣는 척도 안 하고 "그럼 살기 싫으면 합의 이혼하세요." 이러는 거예요. 그래서 "아니 가정폭력으로 내가 신고했는데 왜 합의 이혼하라고 하세요?" 이렇게 따졌어요.

이 여성은 다행히 상담원으로 활동하면서 가정폭력 사건에 대한 법률적 상식을 가지고 있었기에 경찰에 항의할 수 있었다. L씨의 경험에 따르면, 가정폭력 신고를 받고 출동한 경찰들은 아내가 외국인임을 알고 사건을 적당히 무마하려는 태도를 취하는 경우가 많으며 그 과정에서 사건을 가정폭력이 아닌 '주변 소란' 등의 가벼운 항목으로 기록하기도 한다. 이처럼 가정폭력을 신고할 경우 일선 경찰은 이주 여성보다는 지역에서 자주 접촉하는 한국인 가족의 입장을 먼저 고려하는 경우가 많다.

4. 맺음말

결혼 이주 여성의 피해 경험을 살펴보면, 결혼 이주의 과정에서 그리고 가족들과의 관계 형성 과정에서 이주 여성들을 통제하고 지배하려는 위계적 권력 관계가 드러난다. 지금까지 살펴본 바와 같이 가정폭력이 나타나는 양태는 매우 다양하다. 즉, 정서적 폭력, 성적 폭력, 신체적 폭력, 경제적 폭력, 그리고 문화적 편견으로 인한 모멸감과 억압, 가족 내부에서 외국인이라는 이유로 무시하고 억압하는 행동, 아내에 대한 성적 집착 혹은 아내에 대한 무관심과 유기 등 폭력의 유형, 가해자와 피해자의 행동 유형은 매우 다양하다. 그런데 그 많은 사례에서 공통적으로 나타나는 것은, 이주 여성의 취약한 지위, 특히 체류 자격의 불안정성이 남편에게 우월한 권력을 부여하게 된다는 사실이다. 한국 사회의 실정에 어둡고 언어도 서툰 이주 여성들이 안정적인 체류 자격을 획득하기 위해 남편에게 의존할 수밖에 없으며, 이러한 지배와 통제의 가능성은 남편과의 관계나 가족 관계 안에서 이주 여성의 입장과 발언권을 위축시킨다. 그렇다면 '안전한 이주'를 보장하는 제도적 환경 자체가 이주 여성의 가정폭력 문제에도 중요한 의미를 갖는다. 결혼을 결정하기 이전에 한국인 배우자나 한국에 대한 충분한 정보에 접근할 수 있도록 하고, 이윤을 추구하기 위해 결혼 성사율에만 집착하는 중개업체의 허위 정보 제공 등을 막을 수 있는 정책 보완이 필요하다.

1990년대 중반 이후 급증한 국제결혼은 중개업체에 일정한 돈을 지불하고 아시아 개발도상국 여성을 소개받는 식이기 때문에, 한국인 배우자나 가족들은 가난한 신부를 '돈 주고 사왔다'는 태도를 갖기 쉽다. 이처럼 잘못된 결혼 중개 과정을 통해 형성된 권력의 불균형은 이주 여성이 한국에 입국해 가족들과 생활하는 과정에서 더욱 강화될 위험이 크다. 이주 여성에게 순종적인 아내와 며느리 역할을 요구하면서, 한국 물정을 모른다는 이유로 생활비도 주지 않고 어린아이 취급을 하는 사례들이 많이 나타난다. 이처럼 이주 여성, 그리고 한국인 남편과 가족 간의 관계가 극단적인 권력 불균형 상태로 장기간 지속되는 것 자체가 매우 폭력적이고 정서적인 학대를 유발할 것이며, 또 신체적인 폭력 등으로 이어질 가능성도 높아질 수밖에 없다.

그와 더불어 가해자 남성에 대한 접근에서도 유의할 점이 많다. 한국인이자 남성으로서 이주 여성에 비해 우월한 위치에 있지만, 그러나 개별 사례를 살펴보면 스스로 자기 자신의 상처나 모멸감을 이기지 못하고 이를 폭력적으로 분출하는 문제가 나타난다. 상습적인 폭력 가해자들 중에는 경제적 빈곤과 알코올 중독 등에 장기간 노출된 사람이 많으며, 일부 사례는 단순한 폭력 가해자가 아닌 상담과 치료가 필요한 내담자로 보고 심층적으로 접근할 필요가 있다. 한국인 성폭력 · 가정폭력 가해자를 대상으로 하는 가해자 교육도 있지만, 국제결혼 가정의 폭력 가해자에 대한 개입은 좀 더 구체적인 맥락에 맞게 이루어져야 한다. 자존감이 약하고 사회적 네트워크에서 고립되어 있는 남성일 경우 문제가 더 심각하며, 남편의 훼손된 자존감과 폭력적 태도가 반복 · 증폭될 경우 자녀의 성격 형성이나 정서적 안정감에도 부정적 영향을 미칠 것이다.[7]

최근에는 이주 여성에 대한 가정폭력이 사회 문제로 부각되고 또 국제결혼 가족에 대한 지원이 필요하다는 인식이 확대되는 가운데 다양한 지원센터나 쉼터 등이 증설되는 과정에 있다. 결혼 이주 여성과 가정폭력 피해 여성에 대한 정책적 지원은 매우 필요한 일이지만, 그러나 이것이 국제결혼 당사자들의 문제 해결 능력과 책임성을 키워 주지 못한다면 오히려 상당한 부작용을 낳을 수도 있다. 면접 과정에서 만난 전문가와 실무자들은 쉼터나 지원센터가 늘어나는 것을 환영하면서도, 다른 한편 가해자나 피해자들이 제도와 정책에 부정적인 의미로 '적응'해 가는 것에 대해 우려를 표명했다. 예를 들면, 남편들은 아내에게 화를 낼 때도 '상처가 날 만큼은 절대 때리지 않는다'는 말을 한다. 상해가 입증되면 자신들이 범법자가 될 수 있다는 것을 알고 그러한 법에 '적응'하여 자신의 행위를 조절하면서도 결과적으로 폭력을 반복한다는 것이다. 역으로 이주 여성들은 피해자가 됨으로써 얻을 수 있는 이점들을 인지하고 피해를 과장하는 경우도 있다고 한다. 일선에서 일하고 있는 상담원들은 "이주 여성들이 자신이 입은 피해와 어려움을 솔직하고 정직하게 사실대로 이야기해 줄 때" 정말 필요한 도움을 줄 수 있다고 입을 모아 말한다.

가정폭력 피해의 치유는 결국 피해자가 무력하고 타자화된 위치에서 벗어나 스스로 삶의 주체가 될 수 있도록 지원하는 데서 출발하는 것이다. 남편의 폭력 행위가 발생하면 곧바로 이혼을 하고 고향으로 돌아가기를 원하는 여성들도 있지만, 다른 한편 이미 결혼을 한 상황에서 다시 이혼을 하고 고향으로 돌아갈 수 없다고 생각하는 여성들도 많다. 그런 여

7 심층 면접에서 만난 쉼터의 한 상담원은 가해 남성의 내면에 있는 상처와 그것이 자녀에게 미칠 악영향에 대해 우려하고 있었다.
상담원 : "F씨의 남편분이, 저희한테 한 번 얘길 해 주셨는데, 아버지가 장애인이셨대요. 어떤 장애인지는 얘길 안 해 주셨는데, 경제 활동이 어려우신 거예요. 어머니는 나가서 일을 많이 하시고. 그분도 어릴 때는 장애인의 아들이라고 놀림을 당하고, 그런 상처가 많으신 것 같더라구요…… 어떨 때는 '수철이(아들: 가명)도 내 아이가 아니다' 라고 말하고 그러니까. 평균적인 정서를 갖고 계신 거 같진 않아요. 수철이도 아빠에 대해 감정이 좋지 않은 거예요. 계속 엄마 아빠 싸우는 것만 보고, 그러니까 수철이가 자기 아빠 안 보고 싶대요."

성들은 일자리를 찾아 스스로 독립하고 또 자녀를 직접 양육하려는 희망을 갖고 있다. 폭력 피해 여성들이 다시 사회에 복귀하고 정상적인 생활을 영위하도록 하는 데 훨씬 더 많은 배려와 지원이 필요한 것이 이주 여성들의 현실이다.

마지막으로 결혼 이주 여성뿐 아니라 전반적인 이주 여성의 젠더 폭력 현실에 대한 관심과 정책 대응이 필요하다. 최근 이주민에 대한 정책이 지나치게 결혼 이주 여성과 이른바 다문화 가족 지원에 집중됨으로써 그 밖의 이주자들이 노출되어 있는 폭력의 문제는 간과되는 경향이 있다. 사실 '이주의 여성화' 흐름을 살펴보면 여성에게는 노동 이주와 결혼 이주가 명확하게 구분되지 않으며 생애 과정에서 이주를 전후하여 취업 및 결혼, 가족 형성이 자연스럽게 함께 진행된다. 한마디로 여성의 경험 안에서 결혼—노동—이주는 복합적으로 얽혀 있는 것이다(Piper & Roces, 2003).

결혼 이주 여성에 비해 노동 이주 여성들의 젠더 폭력 피해 실태는 잘 알려져 있지 않다. 2002년 국가인권위원회에서 실시한 실태조사 결과 이주 여성 노동자의 12.5%가 성희롱을 당한 경험이 있다고 응답했고, 성희롱 가해자는 고용주(또는 고용주의 남편), 한국인 직장 동료 등이었다. 이주 여성 노동자들은 직장 내에서 경험한 성희롱과 성폭력 피해를 드러내고 법적 구제 절차의 혜택을 받기가 매우 어렵다. 현재 고용허가제는 이주 노동자의 사업장 이동을 제한하고 있다. 그런데 사업장에서 성폭력 피해로 문제 제기를 하고 나면 더 이상 일하기 어렵고 또 새로운 일터를 찾는 것도 쉽지 않으며, 자칫 미등록 노동자로 어려움에 빠질 수 있기 때문이다.

지금까지 결혼 이주 여성의 가정폭력 문제를 좀 더 넓은 의미의 젠더 폭력의 차원에서, 그리고 여성이자 이주자라는 이중적 소수자 위치에 초점을 맞추어 다양한 실태를 살펴보았다. 이주 여성들의 젠더 폭력 피해는 이주 과정에서 형성되는 권력의 위계, 즉 '가난한 나라 출신'이자 '돈을 주고 사온 신부'라는 낙인, 그리고 문화 차이와 언어 차이로 인한 소통의 어려움 등으로 인해 더 증폭되기 쉽다. 결혼 이주 여성들에게 한국어를 배우고 한국의 가족 관습을 익히는 것은 필요하지만 결코 단시일에 손쉽게 해결될 수 있는 일은 아니다. 그런데 한국인 가족들은 이주 여성과 함께 가족으로 살아가기 위해 스스로 준비하고 변화해야 한다는 생각을 하지 않는 경향이 있다. 일방적 적응에 대한 요구는 곧 위계적 권력관계를 만들어 내며, 이는 곧 다양한 양태의 폭력으로 나타날 위험이 커지는 것이다. 그런 의미에서 폭력 피해자에 대한 상담과 쉼터 제공 등 정책 지원도 중요하지만, 더 핵심적인 것은 결혼 이주 여성들이 자신의 가족과 지역 안에서 독자적인 삶의 주체가 될 수 있는 기회를 제공하는 일이다.

참고 문헌

김민정(2004), 「외국인 이주노동자 성희롱 인식에 관한 연구 : 인도네시아, 필리핀, 베트남 노동자를 중심으로」, 강남대학교 석사학위 논문.

김민정 · 유명기 · 이혜경 · 정기선(2006), "국제결혼 이주여성의 딜레마와 선택 : 베트남과 필리핀 아내의 사례를 중심으로," 한국문화인류학회, 『한국문화인류학』, 39(1) : 159-193.

김이선 · 김민정 · 한건수(2006), 「여성 결혼 이민자의 문화적 갈등 경험과 소통 증진을 위한 정책과제」, 한국여성정책연구원 연구보고서.

김현미(2006), "국제결혼의 전 지구적 젠더 정치학," 『경제와 사회』, 제70호.

김현미 외(2007), 『고용허가제 시행 이후 몽골과 베트남의 이주 및 국제결혼 과정에 나타난 인권 침해 실태조사』, 국가인권위원회.

변화순 · 이미정 · 김혜영 · 황정미 · 이선형(2008), "결혼이민자 여성의 가정폭력 피해 현황과 지원체계 개선 방안," 한국여성정책연구원 연구보고서.

보건사회연구원(2008), 『2007년 가정폭력 실태조사』, 여성가족부.

설동훈 외(2005), 「국제결혼 이주여성 실태조사 및 보건 · 복지 지원 정책 방안」, 보건복지부.

_____(2006), 「결혼이민자 가족 실태조사 및 중장기 지원 정책방안 연구」, 여성가족부.

전북대 사회과학연구소 · 외국인노동자대책협의회(2002), 『국내거주 외국인노동자 인권침해 실태조사』, 국가인권위원회.

정희진(2003), "인권과 평화의 관점에서 본 여성에 대한 폭력," 『한국여성인권운동사 2: 성폭력을 다시 쓴다』, 정희진 엮음, 서울: 한울아카데미.

한건수(2006), "농촌지역 결혼이민자 여성의 가족생활과 갈등 및 적응," 『한국문화인류학』 29(1): 195-243.

Abelmann, N & Kim, Hyunhee(2005), "A Failed Attempt at Transnational Marriage: Maternal Citizenship in a Globalizing South Korea," in N. Constable ed., *Cross-Border Marriages: Gender and Mobility in Transnational Asia*, University of Pennsylvania Press.

Constable, Nicole(2005), "Introduction: Cross-Border Marriages, Gendered Mibility, and Global Hypergamy," in N. Constable ed, *Cross-Border Marriages: Gender and Mobility in Transnational Asia*, University of Pennsylvania Press.

Freeman, Caren(2005), "Marrying Up and Marrying Down: The Paradoxes of Marital Mobility for Chosonjok Brides in South Korea," in N. Constable ed. *Cross-Border Marriages: Gender and Mobility in Transnational Asia*, University of Pennsylvania Press.

Kim, Hyun-Mee(2007), "The State and Migrant Women: Diverging Hope in the Making of 'Multi Cultural Families' in Contemporary Korea," International Conference on "Knowledge Production and Challenges of Feminisms in The Global Era," Korean Women's Institute, Ewha Women's University (1-2 November 2007).

Piper, Nicola(2003), "Feminization of Labor Migration as Violence Against Women," *Violence Against Women*, vol. 9, no. 6, June 2003: 723-745.

_____(2006), "Gendering the Politics of Migration," *International Migration Review*, Spring 2006, vol. 40, no. 1133-1164.

_____(2007), "Rethinking the Migration-Development Nexus from a Gender Perspective: Insights from Asia," International Conference on "Knowledge Production and Challenges of Feminisms in The Global Era," Korean Women's Institute, Ewha Women's University, 1-2 November 2007.

Piper, Nicola & Roces, Mina(2003), "Introduction: Marriage and Migration in an Age of Globalization," Piper, N. & Mina Roces eds. *Wife or Worker?: Asian Women and Migration*, Rowman & Littlefield Publishers.

"아파도 쉴 수 없고 말할 수 없어요":
이주 여성 노동자의 일과 건강

정진주

2007년 현재 50만 명에서 60만 명[1]에 달하는 이주 노동자는 이제 우리 사회의 비중 있는 일원으로 정착되어 가고 있다. 이러한 이주 노동자의 증가 추세는 지구화 시대 아시아 지역에서 주로 나타나는 노동 및 고용 관계의 주요한 특징 중 하나이다. 최근의 아시아지역 노동의 특징은 기존의 정규직 남성 대신 비정규직 노동자, 불안정 고용의 증가, 여성 노동의 증가, 이주 노동의 증가로 나타나는데 그 중 이주 노동자의 증가가 매우 두드러지고 있다. 중국과 인도 등의 일부 아시아 지역에서는 우리나라가 1960~70년대 경험했던 자국 내 농촌 빈곤 지역에서 도시 산업화 지역으로 이주하는 국가 내 이동이 진행되고 있어 도시의 비공식 부문으로 취업하는 노동자가 증가하고 있다. 반면 국가 간 이주 노동이 가속화되고 있다. 특히 우리 사회의 이주 노동의 증가는 동남아시아 노동자의 일본, 싱

1 우리나라의 이주 노동자 수는 불법 체류 포함 여부, 산출 방식 등에 따라 다양하게 나타난다.

가포르 등지로의 이주처럼 빈곤 농업 국가로부터 산업 국가로 이주하는 국가 간 이동 유형의 양상을 띤다. 이주 노동자의 국내 유입은 우리나라가 최근 생산직을 포함한 3D 업종의 기피 현상, 상대적 임금 상승, 출산율 저하와 노령화에 따른 국내 인력의 감소 등의 조류가 지속되면서 이러한 현상들이 외국인 노동력의 유인 요인으로 작용해 왔다.

아시아 지역 내 국가 간 노동 이동은 이주의 여성화feminization of migration가 진행되어 국가 간 노동 이동의 50% 이상이 여성 이주자에 의해 이루어지고 있다(마츠이 야요리, 2005). 특히 가족과 함께 이동하는 동반 이주가 아닌 단독 취업 형태의 여성 노동자가 증가하고 있다. 아시아 내 주요 노동 유입국인 대만과 싱가포르의 외국인 노동자 중 60% 정도가, 일본은 45%가 여성 노동자(이혜경 · 정기선 · 유명기 · 김민정, 2006 ; 김현미, 2006)인 반면 한국은 이주 노동자 중 여성의 비율이 약 30%인 남대여소 현상이 특징적이다. 이는 우리나라의 이주 노동자 유입 자체가 애초에 주로 제조업의 3D 업종을 메꾸어 줄 인력을 중심으로 이루어져 타업종의 노동력 유입을 강력하게 제한했기 때문이다. 최근 들어 서비스업과 가사/간병/보육 등으로 외국인 노동자의 고용이 확대되어 여성 노동자의 비율도 상대적으로 증가했지만 가사 노동, 식당과 호텔직, 연예 · 유흥을 중심으로 이루어진 다른 아시아 국가의 외국인 노동자 정책에 비해 우리의 이주 여성 노동자 비율은 상대적으로 적은 편이다.

지난 15년간 이주 노동자의 수는 증가했지만 이들의 처우 개선은 매우 미약하다. 산업연수생 제도에서 심각한 문제가 되었던 브로커 비용의 문제를 정부가 해결하려는 의지를 보이지 않고, 이주 노동자의 고용허가제는 시행 이후에도 이주 노동자의 실질적인 인권 개선이 미흡하다는 비판이 제기되고 있다(구정희, 2006). 또한 여전히 이주 노동자들이 사업장 이동의 자유가 없고, 사용자에 종속되는 면이 강하며 노동자이면서도 노동자로서의 인정을 제대로 받지 못해 노동자의 기본권인 노동3권—단결권, 단체교섭권, 단체행동권—을 실현할 기회를 갖기 어렵다는 지적이 있다(이창익 · 정숙희, 2007). 그리고 고용허가제 시행 이후에도 크게 줄어들지 않고 있는 불법 체류자(미등록 이주 노동자)에 대한 대책도 없는 실정이다. 또한 이주 노동자의 노동 성격 자체가 고용이 불안정하고, 고용조건에서 심각한 차별, 저임금, 장시간 근로 시간, 각종 사회복지 및 사회안전망으로부터 배제되어 있다는 연구 결과와 함께 외국인 노동자를 돕기 위한 NGO가 증가하고 정부에 대해서는 외국인의 사회적 통합을 위한 방안 마련에 대한 필요성이 고조되고 있다.

그 동안 우리 사회는 외국인 노동자를 위한 고용 정책이 산업연수생 제도로부터 고용허가제까지 정책의 내용은 바뀌었고, 이주 노동자의 노동자성은 인정되어 가는 추세이나 그 과정에서 여성과 남성 이주 노동자는 국내 노동자와 마찬가지로 남녀가 차이나게 노동 세계에 편입되고 있다. 이주 노동자의 노동이 성별로 다르게 나타남에 따라 일하는 여성이 경험하는 건강 문제의 원인과 현황도 이주 노동자로서의 공통성도 있지만 이주 남성 노동자와 차이가 날 수밖에 없다.

기존의 연구에 의하면 이주 노동자는 영세 업종, 3D 업종, 사양 산업, 공해 유발 업종 등에 취업하여 산업재해를 당할 위험이 크다(임준, 2003). 소음, 분진, 불편한 자세로 장시간 노동 등 유해 환경에 노출된 경우가 많으며 32.2%의 이주 노동자가 산업재해로 인한 부상을 당한 경험이 있다고 한다(김철효 외, 2006). 이주 노동자는 수면이 대체로 불규칙하고, 정신 건강이 좋지 않으며 위십이지장궤양, 고혈압, 알레르기, 류머티스관절 질환 등을 주로 앓고 있는 것으로 나타났다. 또한 미등록 외국인에 대한 단속, 보호(구금), 강제 퇴거로 인한 심각한 정신적 스트레스, 불면증, 소화장애가 있는 것으로 나타났다(설동훈 · 홍승권, 2005;

심보선, 2007).

이제까지 이주 노동자에 대한 연구는 주로 임금 체불과 미지급, (성)폭행, 산재, 인권 침해 등과 같은 문제에 치중해서 이주 노동자에 대한 연구 범위를 확장할 것을 주장하는 사람도 있다(이정환 · 이성용, 2007). 그러나 산업 재해에 대한 연구가 상대적으로 많은 것에 비해 이주 노동자의 노동 환경과 관련된 건강 문제를 여성과 남성의 관점에서 살펴보거나 성별 분석을 하고 있는 경우는 거의 없다고 해도 과언이 아니다. 건강은 인간이 살아가는 데 기본적인 욕구이자 인권이며, 건강해야 일을 할 수 있고, 다른 사회적 관계나 활동을 맺을 수 있다는 점에서 매우 중요하다. 이주 노동자의 인권으로서의 건강권이 보장되기 위해서는 여성과 남성 이주 노동자의 현재의 상태와 이들의 요구 사항이 파악되어야만 사회 통합적인 방안이 마련될 수 있는 기초가 될 것이기 때문에 이에 대한 연구는 매우 중요하다고 볼 수 있다.

따라서 우리나라의 고용 정책에 따라 한국에서 일하게 된 여성과 남성 이주 노동자가 어디서 어떤 상태로 일하고 있으며, 이주 여성 노동자가 타국에까지 와서 경험하는 산업 재해 및 건강 문제는 무엇이고, 이들 이주 여성 노동자의 건강이 얼마나 보호되고 있는지에 알아보고자 한다. 특히 여성 노동자는 이주자로서 또 여성으로서 이주 남성 노동자와는 다른 경험과 차별을 받을 수 있다는 점에서 여성 노동자의 노동 환경과 이와 관련한 건강 문제를 살펴보고자 한다.

1. 정부의 이주 노동자에 대한 고용 정책의 변화

한국 정부의 이주 노동자 관련 체계가 공식화된 것은 1991년 연수 제도가 실시되면서부터이다. 산업연수생 제도가 실시되기 이전에 정부는 단순 기능 인력에 대해 원칙적으로 외국인의 국내 취업을 금지하고 있었다. 그러나 경영계의 요구가 계속되자 정부는 1991년 법무부 훈령을 발표했고,[2] 이후 외국 인력의 국내 유입이 본격화되었다(유길상 외, 2007). 초기 연수 제도는 해외에 진출한 한국 기업에 고용된 현지 인력의 기능 향상을 위해 외국 인력 기술 연수라는 명분을 가진 해외 투자 기업 연수생 제도 형식을 띠었다. 하지만 중소기업들의 인력난 호소와 불법 체류 이주 노동자가 급증하여 외국 인력 채용에 대한 필요성은 더욱 증가했다. 이를 위해 1993년 중소기업의 인력난을 해소하고자 산업연수생 제도의 전면화가 결정되었다.

산업연수생 제도가 중소기업 부분의 인력난을 해소하겠다는 취지로 시행되었다고 하지만 실제로 산업연수생 제도는 '노동자' 신분이 아닌 '연수생' 신분으로 노동력을 사용하기 위한 제도로서 노동 관련법 적용 회피를 정당화하는 기능을 하게 되었다. 산업연수생들의 노동력을 사용하는 과정에서 노동자가 아니라는 이유로 극심한 저임금과 임금 체불, 장시간 노동 강요, 고용주에 의한 폭력 · 학대와 인권 침해, 사업장 이동 제한 등 연수생들의 광범위한 혹사를 조래하는 문제가 발생했다.

또한 외국 인력 송출 업무에 대한 관리 감독이 철저하게 이루어지지 않는 현실로 인해 '브로커 문제' 즉 인력 송출 비리 문제가 심각했다. 보통 산업연수생들은 한국으로 오기 위해 중기협이 지정한 본국의 인력 송출 회사에 막대한 비용을 지불해야 했는데, 폭리의 브로커 비용을 감당하기 위해 주로 빚을 지게 되는 경우가 많았다. 한 명의 연수생에 대한 공식적

2 1991.10.26 법무부 훈령 제255호 '외국인산업기술연수생 사증 발급에 관한 업무처리 지침'을 발표했다. 단순 기능 인력에 대해서 외국인의 국내 취업을 금지하고 있었기 때문에 근로자가 아닌 산업기술 연수생이라는 명목으로 외국인 인력을 들여오기 시작했다.

비용은 340~1,300달러지만 실제로 연수생들의 68.5%가 1,500~10,000달러의 비용을 지불하고 한국으로 들어왔다(외국인이주노동자대책협의회, 2001). 이 비용은 이들이 한국에서 연수생 신분으로 받는 저임금으로는 연수 기간인 3년 동안 갚기에 불가능한 액수였다. 따라서 폭리의 브로커 비용 부담으로 생긴 빚을 갚아야 하는 경제적 부담은 산업연수생들이 초과 체류자로 남거나 불법 체류자의 길을 선택하는 기제로 작용했다.

이주 노동자의 인권 문제가 심각해지자 노동부는 1995년 2월 '외국인 산업기술연수생의 보호 및 관리에 관한 지침'을 제정(1995년 3월 1일 시행)하기에 이르렀다. 이 지침은 외국인 산업연수생에게 산재보험 및 건강보험을 적용하고, 근로기준법상의 강제근로 금지, 폭행 금지, 금품 청산, 근로 시간 준수 등 법적 보호를 부여하며, 산업안전보건법상의 안전과 보건 조치 및 건강 진단 등을 실시한다는 내용을 골자로 했다. 또한 1995년 7월 1일부터 산업연수생도 최저임금법 적용을 받게 되었다. 그러나 정부의 이러한 지침이 고용주들에 의해 잘 지켜지지 않았기 때문에 연수생들의 현실은 크게 개선되지 않았다(윤선오 외, 2005 ; 설동훈, 2003). 무엇보다 연수생은 고용 관계에서 사용자와 대등한 지위를 갖지 못하고 사업장을 자유롭게 옮기는 것도 불가능하기 때문에 자신을 보호하기 위한 최소한의 저항 수단조차 갖지 못했다.

이주 노동자들의 '노동자'로서의 법적 지위가 점차 개선되고, 이주 노동자를 '근로자'로 '대우'하는 정도의 정부 지침이 마련되었지만, 연수 업체들이 정부의 지침을 위반해도 강제할 법적 근거가 없었기 때문에 지침은 제대로 지켜지지 않았다. 이주 노동자들의 취약한 상황도 크게 달라지지 않았다. 이러한 한계 때문에 노동부는 이주 노동자를 근로기준법상의 '근로자'로 인정하는 법적 근거를 마련하기 위해 고용허가제 도입을 적극적으로 검토하게 되었다.

고용허가제는 오랜 시간 동안 많은 논쟁을 거쳤지만, 여전히 논란의 여지를 남겨둔 채 2003년 8월 '외국인 근로자의 고용 등에 관한 법률'의 제정 · 공포로 도입되었고, 2004년 8월부터 시행 중에 있다. 고용허가제는 내국인 구인 노력 의무를 다한 사업주에게 외국인을 고용할 수 있도록 하고, 외국인에게는 당해 사업장에의 취업을 전제로 취업 비자를 발급하는 것을 기본 골자로 한다. 불가피한 사유를 제외하고 이주 노동자는 최초 취업한 사업장에 계속 취업을 원칙으로 한다. 또한 이주 노동자는 3년간 국내에서 취업할 수 있고, 1년마다 계약을 갱신해야 한다. 무엇보다 고용허가제는 산업연수생 제도의 문제점을 개선하기 위해 이주 노동자의 '노동자성'을 인정하고 있다는 데 큰 의의가 있다. 그러나 일각에서 주장해 왔던 '노동허가제'가 아닌 '고용허가제'의 채택은 기존의 문제인 노동자의 작업장 이동 제한을 그대로 둠으로써 이주 노동자가 사용자에게 종속되는 현실을 크게 변화시키지는 못했다.

고용허가 제도는 이주 노동자의 '노동자'로서 법적 지위를 인정해 내국인과 동일하게 취업 기간 동안 근로기준법, 최저임금법, 산업안전보건법 등 노동 관계 법령을 전면 적용하고 있다. 그러나 여성들이 집중해 있는 가사 종사자의 경우에는 국내 여성 노동자와 동일하게 노동 관계 법령이 적용되지 않는다. 가사 종사자는 근로기준법상 '근로자'로 인정되지 않기 때문에 근로기준법상의 '근로자'에게 적용되는 모든 노동 관계 법령에서 제외되고 있다.

한편, 일반적인 이주 노동자 관련 정책과 별도로 외국 국적 동포들에 대한 정책들이 있다. 외국 국적 동포의 국내 취업과 관련된 공식적 정책으로는 '서비스 분야 취업관리제'가 2002년 12월부터 시행되었다. 이후 2004년 고용허가제가 시행되면서 이 제도는 외국 국적 동포를 대상으로 한 특례고용허가제로 변경되었다. 우리나라는 2001년까지 단순 기능 외국 인력의 국내 취업은 원칙적으로 금지하고 산업연수생 제도만을 인정해 왔는데, '취업관리제'는 서비스 분야에서 외국 국적 동포를 대상으로 국내 취업 활동을 허용하는 제도였다. 외국 국적 동포는 방문 동거 체류 자격으로 입국을 허가받고, 국내에서 노동부 고용안정센터를 통해 고용 계약을 체결한 후 취업 활동을 허가받아 취업 활동을 할 수 있었다. 단, 대상이 되는 외국 국적 동포는 "국내에 8촌 이내의 혈족 또는 4촌 이내의 인척이 있거나 대한민국 호적에 등재되어 있는 자 및 그의 직계존비속으로서 40세 이상인 외국 국적 동포"로 한정되었다. 그리고 2007년 3월부터 외국 국적 동포를 대상으로 하는 방문취업제가 시행되고 있다.

특례고용허가제와 방문취업제는 모두 건설업과 서비스 업종을 중심으로 주로 일반 이주 노동자들에게 허용되지 않는 분야에 대해 3년간 외국 국적 동포의 취업을 허용하고 있다. 그렇지만 특례고용허가제는 방문 동거 비자(F-1)로 입국 후 비전문 취업 비자(E-9)로 전환하여 취업을 허용하는 데 비해, 방문취업제는 외국 국적 동포가 본국에서 국내 취업 활동을 할 수 있는 방문 취업 사증을 발급받아 입국하게 된다. 이 때문에 특례고용허가제는 방문 동거 비자의 발급 대상이 되는 연고가 있는 동포로 그 대상이 한정되었으나 방문취업제는 국내 연고가 없는 동포에게도 쿼터 제한을 두고 방문 취업을 허가하고 있다.

2. 이주 노동자의 성별 분포 현황

자신의 나라를 떠나 한국에서 일하는 이주 노동자는 얼마나 되며 어떤 곳에서 일하고 있을까? 특히 이주 여성 노동자와 이주 남성 노동자는 각각 어떤 특성을 지니고 있을까? 이러한 질문은 앞서 서술한 한국의 이주

고용 정책과 매우 밀접한 관련을 갖고 있을 수밖에 없다.

법무부의 출입국·외국인 정책 통계에 따르면 2007년 현재 국내에 체류하고 있는 외국인 근로자는 511,303명에 이르며, 2004년 고용허가제가 시행된 이후 2005년부터 2007년까지 매년 대략 100,000명 정도씩 꾸준히 증가해 왔다. 전체적으로 볼 때 이주 여성 노동자는 31.0%, 이주 남성 노동자는 69.0%로 아시아의 이주 노동 유입국에서 남성이 여성보다 대체로 높은 비율을 보이고 있는 것에 비해 우리나라는 여성의 비율이 월등하게 낮은 편이다.

체류 자격별 이주 노동자의 분포를 보면 2007년 현재 전체 노동자 중에서 합법적으로 체류하고 있는 노동자는 82.9%이고 불법 체류 노동자는 17.1%이다.[3] 합법 체류자는 불법 체류자에 비해 임금, 노동 환경, 사회적 안전망으로의 편입 및 사회적 차별 정도가 불법 체류자에 비해 상대적으로 나은 조건에 있기 때문에 이주 노동자의 체류 자격은 중요하다. 합법적 체류 외국인 노동자 중 여성은 32.2%, 남성은 67.8%이고 불법 체류 외국인 근로자 중 여성은 24.8%, 남성은 75.2%로 불법 체류자도 남성의 수가 여성보다는 훨씬 많다. 그러나 일하고 있는 이주 노동자 중 성별로 불법 체류 자격 여성과 남성의 비율을 비교해 보면 그 차이가 훨씬 줄어든다. 전체 외국인 여성 노동자 158,316명 중 불법 체류자는 21,627명으로 13.7%인 반면, 남성은 전체 외국인 남성 노동자(511,303명) 중 불법 체류자(65,583명)의 비율이 18.6%인 것으로 나타나 입국 노동자 중 불법 체류자의 성별 비율은 그 격차가 약 5% 감소된다.

한편 노동부 고용허가제 관련 통계(외국인 고용관리 시스템)에 의하면,

3 불법 체류 외국인 근로자를 추산할 때 취업 활동이 가능한 비자로 입국한 외국인에 한정시키지 않고 전체 외국인 중 불법(초과) 체류하고 있는 전체 외국인으로 정의한다면, 2007년 4월 현재 불법 체류자는 전체 외국 인력의 46.7%를 차지하고 있다(유길상 외, 2007).

2004년 8월 고용허가제 시행 이후 고용 허가에 의거해 취업한 외국인 근로자는 2006년 12월까지 146,751명으로 여성은 38,788명이고 남성은 107,963명이다. 이 중 일반 고용 허가에 의한 외국인 근로자는 63,805명으로 여성은 8,004명(12.5%), 남성은 55,801명(87.5%)이다. 외국 국적 동포로 특례 고용 허가에 의한 외국인 근로자는 82,946명으로 여성은 30,784명(37.1%)이고 남성은 52,162명(62.9%)이다. 일반 고용 허가보다 특례 고용 허가에 의한 외국인 근로자의 경우에 상대적으로 여성의 비율이 높게 나타나는데, 이는 특례 고용 허가제 대상 업종에 서비스업이 포함되어 있어 다수의 외국 국적 동포 여성들이 이 분야에 취업하고 있는 점과 관련이 있다. 최근 음식업, 가사서비스업 등의 분야에서 외국 국적 동포 여성들의 취업이 눈에 띄게 두드러지고 있고, 2007년 3월 방문취업제 시행에 따라 외국 국적 동포에 대한 취업의 문이 더 확대됨에 따라 여성 외국인 근로자의 수와 비율은 더욱 늘어날 것으로 보인다.

외국인 근로자의 국적은 고용 허가 유형에 따라 상이하게 분포하고 있다. 고용 허가 유형에 따라 국내에 취업할 수 있는 외국인의 국적 조건이 다르기 때문이다. 우선 일반 고용 허가의 경우에는 우리나라와 송출 국가 정부 간 양해각서[4]가 체결된 국가의 외국인을 대상으로 고용 허가를 하고 있기 때문이다. 일반 고용 허가의 경우에 국적별로 보면 여성은 태국(30.4%)이 가장 많고 필리핀과 몽골 순이지만, 남성은 베트남(25.1%)이 가장 많고 필리핀, 태국 순으로 나타나 성별 차이를 보이고 있다. 반면, 외국 국적 동포를 대상으로 하고 있는 특례 고용 허가는 성별 차이가 거의 없는데, 한국계 중국인(여성 93.6%, 남성 94.2%)이 대부분을 차지하

4 2007년 9월 기준으로 MOU(인력송출 양해각서)를 체결한 국가는 모두 13개국이다. 양해각서는 송출 과정의 투명성, 이탈률 및 사업주 선호도 등 평가를 거쳐 매2년마다 갱신 여부를 결정한다(유길상 외, 2007).

[표 1] 2006년 고용허가제에 의한 국적별 외국인 근로자 현황

(단위: 명, %)

	전체		일반 고용 허가		특례 고용 허가	
	여	남	여	남	여	남
스리랑카	129(0.3)	5,225(4.8)	129(1.6)	5,225(9.4)		
인도네시아	582(1.5)	5,353(5.0)	582(7.3)	5,353(9.6)		
몽골	1,609(4.1)	8,027(7.4)	1,609(20.1)	8,027(14.4)		
필리핀	2,239(5.8)	12,338(11.4)	2,239(28.0)	12,338(22.1)		
태국	2,432(6.3)	10,836(10.0)	2,432(30.4)	10,836(19.4)		
베트남	1,013(2.6)	14,022(13.0)	1,013(12.7)	14,022(25.1)		
중국	1,931(5.0)	2,922(2.7)			1,931(6.3)	2,922(5.6)
홍콩	0(0.0)	3(0.0)			0(0.0)	3(0.0)
한국계 중국인	28,810(74.3)	49,155(45.5)			28,810(93.6)	49,155(94.2)
카자흐스탄	4(0.0)	3(0.0)			4(0.0)	3(0.0)
몰디브	0(0.0)	1(0.0)			0(0.0)	1(0.0)
키르기스스탄	1(0.0)	0(0.0)			1(0.0)	0(0.0)
우즈베키스탄	22(0.1)	52(0.0)			22(0.1)	52(0.1)
한국계 러시아인	9(0.0)	10(0.0)			9(0.0)	10(0.0)
러시아(연방)	7(0.0)	16(0.0)			7(0.0)	16(0.0)
합계	38,788 (100.0)	107,963 (100.0)	8,004 (100.0)	55,801 (100.0)	30,784 (100.0)	52,162 (100.0)

자료: 외국인 고용관리 시스템 DB 원시 자료. 국적/고용 허가 유형/성별로 분석했음.

주: * 일반 고용 허가는 MOU 체결 국가에서 비전문 취업 비자(E-9)로 입국하여 합법적으로 취업한 인원임. 입국 인원 기준 * 특례 고용 허가는 고용허가서(건설업은 취업허가인정서)를 발급받은 자(재외 동포)를 기준으로 산정 (2007년 2월까지).

고 있다. 고용 허가 유형에 상관없이 전체 외국인 근로자 중에서도 한국계 중국인이 큰 비중을 차지한다. 전체 여성 외국인 근로자의 74.3%가 한국계 중국인이며, 전체 남성 외국인 근로자의 45.5%가 한국계 중국인이다.

이주 노동자의 연령별 분포를 살펴보면 여성의 경우에 40~50세 미만이 34.5%로 가장 많고, 30~40세 미만이 28.1%, 50세 이상이 21.9%이다. 여성 이주 노동자의 56.4%가 40세 이상에 속한다. 남성의 경우에는 30세 미만이 33.3%, 30~40세 미만이 33.1%로 나타났다. 즉, 외국인 노

[표 2] 2006년 고용허가제에 의한 연령별 외국인 근로자 현황(성별 연령비)

(단위: 명, %)

	전체		일반 고용 허가		특례 고용 허가	
	여	남	여	남	여	남
25세 미만	1,840(407)	17,818(16.5)	1,838(23.0)	17,809(31.9)	2(0.0)	9(0.0)
25~30세 미만	4,163(10.7)	18,114(16.8)	2,745(34.3)	15,014(26.9)	1,418(4.6)	3,100(5.9)
30~40세 미만	10,884(28.1)	35,718(33.1)	3,141(39.2)	21.752(39.0)	7,743(25.2)	13,966(26.8)
40~50세 미만	13,395(34.5)	21,347(19.8)	255(3.2)	1,152(2.1)	13,140(42.7)	20,195(38.7)
50세 이상	8,492(21.9)	14,928(13.8)	11(0.1)	39(0.1)	8,481(27.6)	14,889(28.5)
분류 불능	14(0.0)	38(0.0)	14(0.2)	35(0.1)	0(0.0)	3(0.0)
합계	38,788 (100.0)	107,963 (100.0)	8,004 (100.0)	55,801 (100.0)	30,784 (100.0)	52,162 (100.0)

자료 : 외국인 고용관리 시스템 DB. 노동부 외국인력고용팀 성별 분석 자료 제공.

주: * 일반 고용 허가는 MOU 체결 국가에서 비전문 취업 비자(E-9)로 입국하여 합법적으로 취업한 인원임. 입국 인원 기준 * 특례 고용 허가는 고용허가서(건설업은 취업허가인정서)를 발급 받은 자(재외 동포)를 기준으로 산정(2007년 2월까지).

동자의 연령별 분포는 성별로 차이가 나는데 여성 이주 노동자는 주로 40세 이상의 연령대에 분포해 있고 남성은 40세 미만에 주로 분포하고 있다. 이는 우리나라 고용 정책이 여성 노동자에게 서비스업 종사자와 가사 종사자로서의 직업을 부여하고 있고, 남성은 제조업이나 건설업에 주로 문호를 개방하고 있는 현실과 관련이 있다.

이주 노동자의 연령 분포는 고용 허가 유형별로도 상이하게 나타난다. 일반 고용 허가자의 경우에는 성별에 상관없이 주로 40세 미만의 연령에 속하고(여성 : 96.5%, 남성 : 97.8%), 그 중에서도 30세 미만이 과반수 이상을 차지한다(여성 : 57.3%, 남성 : 58.8%). 반면 특례자는 30세 미만인 경우는 성별에 관계없이 5% 내외에 불과하고 40세 이상이 과반수 이상을 차지한다(여성 : 70.3%, 남성 : 67.2%). 전체적으로 볼 때 여성

이주 노동자가 남성에 비해 상대적으로 연령대가 높은 것은 주로 40대 이상의 연령대에 속하는 특례자들이 전체 여성 이주 노동자 중에서 다수를 차지하기 때문이다. 특례자들의 연령이 대다수 40대 이상에 분포하는 것은 일차적으로 외국 국적 동포의 국내 취업에 관한 정책적 변화—'서비스 분야 취업관리제'(2002년 12월 시행)—와 관련이 깊다. 또한 여성 특례자들은 음식점이나 가사도우미 같은 서비스업에 주로 종사하는데(84.6%), 이러한 업종에서는 젊은 여성 노동자보다는 30~40대 이상의 여성 노동자들을 선호하는 경향이 있다.

업종별 이주 노동자 현황을 2007년 기준으로 살펴보면 고용 허가에 따른 외국인 근로자의 취업이 허용되는 업종은 5개 업종으로 농축산업, 어업, 제조업, 건설업, 서비스업이다. 성별로 이주 노동자의 업종 분포를 보면 이주 여성 노동자는 주로 서비스업(73.7%)과 제조업(20.4%)에 종사하고 있는 것으로 나타나며, 이주 남성 노동자는 제조업(57.5%)과 건설업(31.1%)에 많이 종사하는 것으로 나타난다. 각 업종별 이주 노동자의

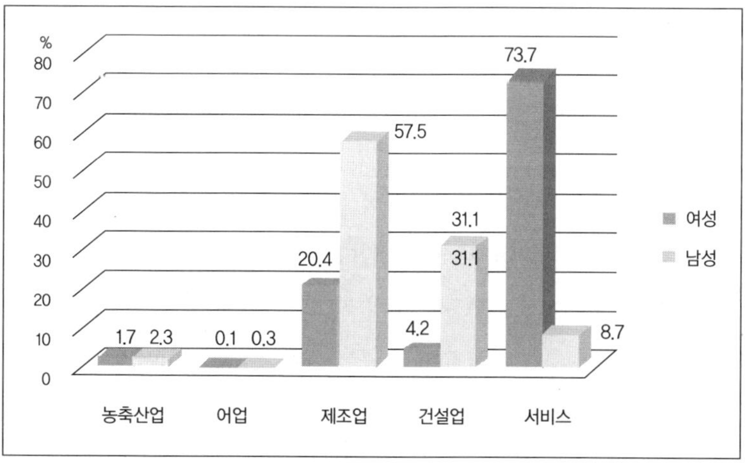

〈그림 1〉 **2006년 업종별 성별 이주 노동자 현황** (단위, %)

자료: 외국인 고용관리 시스템 DB 원시자료(2006년 12월 기준 누계). 노동부 외국인력고용팀 성별 분석 제공.

[표 3] 2006년 고용허가제에 의한 기업 규모별 외국인 근로자 현황

(단위: 명, %)

	전체		일반 고용 허가		특례 고용 허가	
	여	남	여	남	여	남
4인 이하	25,685(71.4)	20,169(29.1)	1,915(23.9)	13,916(24.9)	23,770(85.0)	6,253(46.0)
5~10인 이하	3,475(9.7)	15,561(22.4)	1,512(18.9)	13,276(23.8)	1,963(7.0)	2,285(16.8)
11~30인 이하	3,756(10.4)	21,340(30.8)	2,390(29.9)	18,358(32.9)	1,366(4.9)	2,982(22.0)
31~50인 이하	1,211(3.4)	5,857(8.4)	811(10.1)	4,832(8.7)	400(1.4)	1,025(7.5)
51~100인 이하	971(2.7)	4,239(6.1)	660(8.2)	3,535(6.3)	311(1.1)	704(5.2)
101~200인 이하	613(1.7)	1,705(2.5)	486(6.1)	1,448(2.6)	127(0.5)	257(1.9)
201~300인 이하	179(0.5)	379(0.5)	153(1.9)	342(0.6)	26(0.1)	37(0.3)
301~500인 이하	84(0.2)	118(0.2)	77(1.0)	94(0.2)	7(0.0)	24(0.2)
500인 이상	4(0.0)	12(0.0)	0(0.0)	0(0.0)	4(0.0)	12(0.1)
합계	35,978 (100.0)	69,380 (100.0)	8,004 (100.0)	55,801 (100.0)	27,974 (100.0)	13,579 (100.0)

자료 : 외국인 고용관리 시스템 DB. 노동부 외국인력고용팀 성별 분석 자료 제공.
주: 특례 고용 허가는 건설업이 제외된 수치임. (특례 건설업의 경우 기업 규모별 통계 산출 불가[5]) 일반 고용 허가는 MOU 체결 국가에서 비전문 취업 비자(E-9)로 입국하여 합법적으로 취업한 인원임, 입국 인원 기준. 특례 고용 허가는 고용허가서를 발급 받은 자(재외 동포)를 기준으로 산정(2007년 2월까지).

분포를 보면 서비스업의 여성 비율이 높고 대부분의 업종에서는 여성이 남성에 비해 낮은 비율을 차지하고 있다.

한편 이주 노동자가 근무하는 곳의 기업 규모별 분포를 보면 대다수의 외국인 근로자가 30인 이하 영세 소규모 사업장에 집중되어 있는 것이 특징이다. 여성은 91.5%가, 남성은 82.3%가 기업 규모 30인 이하 사업장

5 이 표는 특례 고용 허가로 건설업에 종사하는 41,393명이 제외된 수치임.

에 고용되어 있다. 특히, 여성 이주 노동자의 경우는 4인 이하 사업장에서 일하는 비율이 71%를 넘는 반면 남성은 29.1%인 것으로 나타났다. 이 또한 특례 고용 허가로 입국한 외국인 여성 노동자의 85.0%가 4인 이하 사업장에 종사하고 있다는 사실과 무관하지 않다.

결국 외국인 근로자의 기업 규모별 분포에는 두 가지 특징이 있는데, 첫째, 여성 이주 노동자의 4인 이하 사업장 고용 비율이 현저하게 높다는 점이다. 이는 여성 특례자의 85%가 4인 이하 사업장에 분포하고 있다는 점에서 기인한다. 둘째, 일반 고용 허가보다 특례로 고용 허가를 받은 외국인 근로자가 더 소규모 사업장에 고용되는 경향이 있다. 이는 특례 고용 허가를 통해 많은 여성 외국 국적 동포들이 소규모 음식업과 가사 서비스업에 주로 취업함에 따라 4인 이하 사업장 비중이 높게 나타나는 것으로 볼 수 있다.

이처럼 70%가 넘는 여성 이주 노동자들이 4인 이하 사업장에 분포하고 있다는 사실은 특히 이주 여성 노동자의 삶에 지대한 영향을 미치고 있음을 말한다. 근로기준법 전면 적용에서 제외되는 많은 여성 이주 노동자들이 기본적인 노동자로서의 권리를 실현하기 어려운 조건에 있음을 뜻하기 때문이다. 또한, 음식점과 같은 소규모 사업장의 사업주는 사회보험 가입에 대한 인식이 부족하여 가입하지 않거나 가입을 부담스럽게 여겨 기피하는 경우가 많기 때문에 많은 여성 이주 노동자들이 건강하고 안전하게 일할 권리의 사각 지대에 놓여 있다고 볼 수 있다.

3. 이주 여성 노동자의 산업재해 및 건강 보장 조치

이주 노동자 중에서도 여성 노동자는 자신의 나라를 떠나 한국에서 노동자로 일하면서 어떠한 건강의 위험에 처해 있으며 건강이 손상되었을 때는 어떠한 조치를 받고 있는가? 이러한 질문에 답하기 위해서는 이주 노동자와 국내 노동자의 건강과 관련한 주기적 조사가 이루어져 비교 분석이 되어야 하지만 안타깝게도 아직 우리나라에는 이러한 자료가 수집되고 있지 못하다. 따라서 기존의 연구 결과 및 산재보험 자료를 인용하여 이주 여성 노동자의 건강 상태를 간접적으로 추론해 볼 수밖에 없다.

먼저 이주 노동자가 일하면서 경험하는 건강 문제를 산업재해의 양상을 중심으로 살펴보자. 이주 노동자 중 누가 어떤 종류의 산업재해를 경험하여 산재보험의 적용을 받았는지의 여부이다. 여기에 여성과 남성 이주 노동자의 산업재해 및 건강 상태의 차이는 있는 것일까? 만약 명확한 차이가 발견된다면 그 이유는 무엇일까? 과연 우리 사회는 이러한 차이에 근거하여 이주 노동자의 건강을 증진시키기 위한 조처를 취하고 있는 것일까? 이러한 질문에 답하기 위해 기존 자료의 결과나 원자료를 분석해 보고자 한다.

먼저 이주 노동자의 건강 상태를 산업재해를 중심으로 살펴보자. 이주 노동자의 산업재해 현황을 알아보기 위한 공적 자료는 산재보험 자료이다. 그러나 산재가 발생하여 산재보험을 적용받은 이주 노동자에 대한 정보가 부족하기 때문에 한국산업안전공단(2007)에서 활용한 국정감사 자료를 성별로 재분석했다.

2006년 한 해 동안 산업재해를 경험하여 산재보험의 적용을 받은 이주 노동자는 총 3,407명이고 이 중 여성이 369명, 남성은 3,038명으로 전체 산재 노동자 중 여성이 10.8% 남성은 89.2%를 차지하고 있다. 국내 노동자의 경우 이주 노동자보다 노동자 수가 많아 산재 노동자가 더 많은 것으로 나타났지만 국내 노동자와 이주 노동자 간의 산재보험 적용을 받은 산재 노동자의 성별 차이는 유사한 경향을 보인다. 국내 노동자의 경우 2006년 산재를 경험한 총 노동자 수는 89,910명이고 여성이 15,130명, 남성은 74,780명으로 여성과 남성 노동자의 비율은 16.8% 대 83.2%였다. 이주 노동자와 국내 노동자 모두에게서 여성은 남성보다 산재보험 적용을 훨씬 적게 받은 것으로 나타났는데 두 집단 모두에서 남녀의 산재보험 적용 비율이 매우 흡사한 것을 알 수 있다. 즉 국내 노동자이든 이주 노동자이든 산재보험 적용에서 여성이 훨씬 적게 수혜를 받고 있으며 남녀 비율도 비슷하다.

여기서 제기할 수 있는 질문은 두 가지가 있을 수 있다. 첫째, 이주 노동자의 산재 발생률 및 산재보험 적용이 국내 노동자보다 더 높거나 낮은 것인가라는 것이다. 과학적 근거와 실태 조사를 통한 직접적 비교 연구가 없기 때문에 단정적인 결론을 내릴 수는 없다. 이 문제에 대해서는 앞으로 많은 연구 및 조사가 필요하다고 하겠다.

둘째, 이주 노동자 중 산재보험 적용을 받은 비율이 여성은 10.8% 남

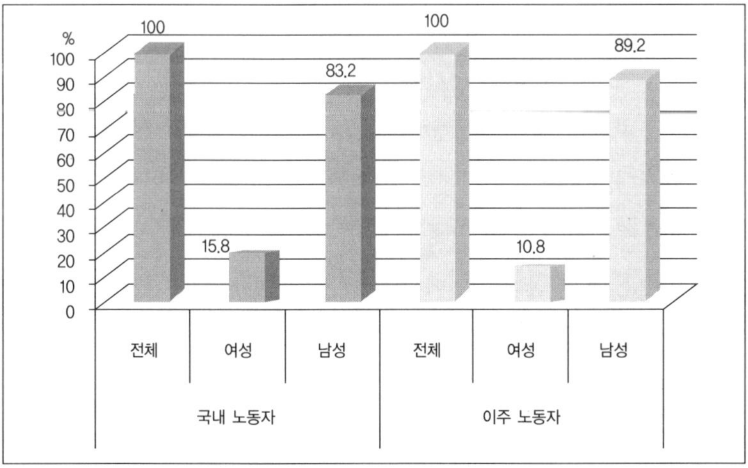

〈그림 2〉 국내 노동자(2006년)와 이주 노동자의 산재보험 적용 수혜자의 성별 비율(2004~2006년)

자료: 한국산업안전공단(2007).

주: 국내 노동자는 2006년, 이주 노동자는 2004~2006년 산재보험 자료로서 비율을 나타냄.

성은 89.2%인데 이러한 남녀의 차이는 무엇을 말하는가? 이주 여성 노동자가 이주 남성 노동자보다 건강하여 산재 발생이 적어 산재보험을 받을 필요가 없다는 의미인가? 아니면 이주 여성이 산재보험을 신청하지 못하는 어떤 조건이 남성보다 더 많다는 것인가? 또는 이주 여성이 산재보험을 신청해도 산재로 인정받는 데 이주 남성보다 더 어렵다는 말인가? 이와 같은 질문은 국내 노동자에게서도 남녀의 산재보험 적용률이 비슷하게 적용되기 때문에 국내 노동자에게도 적용되는 질문이다. 이 질문에 대해서는 더 많은 연구와 논의가 필요하겠지만 국내 여성 노동자와 마찬가지로 산재보험에 대한 정보 부족, 산재보험 신청을 위한 시간 부족, 산재보험 신청 절차의 복잡함, 산재 신청에서 승인까지의 긴 소요 시간, 산재와 업무 관련성 인정의 모호함, 산재보험에 대한 인식 부족, 산재 처리자에 대한 직장 내의 곱지 않은 시선, 해고의 위험 및 자진 퇴직, 산재보험 적용시 자신의 일을 해 줄 대체 인력의 부족 등이 남성과 여성에게 차별적으로 적용될 가능성이 높다고 하겠다(정진주 외, 2008). 더욱이 이주 여성 노동자의 한국어 구사 능력 부족, 정보 부족 등은 산재보험 신청 그 자체가 어려울 수 있는 여건이 될 것이다.

다시 말하면, 산재가 발생했다 하더라도 산재보험을 신청하기 어려운 조건, 예컨대 소규모 사업장에서 일하는 경우, 고용이 불안정하여 산재보험 신청이 부담이 되는 경우 등이 이주 남성보다 이주 여성에게 더 많다고 추정된다. 또한 산재 승인에서도 국내 노동자와 마찬가지로 산재보험 자체가 남성 중심적인 제조업, 광공업에 주로 치중되어 있어 서비스 및 가사업에 종사하는 이주 여성에게 불리한 조건으로 작용하고 있다고 할 수 있다. 이러한 상황은 국내 여성 노동자에게도 비슷하게 나타난다. 특히 이주 여성 노동자와 국내 여성 노동자의 고용의 불안정성 및 비정규직의 지위는 발생한 산재에 대해서도 보험 신청을 하지 못하는 경우가 많을 것이다. 다시 말해, 여성과 남성의 젠더별 경향성이 두 집단 간에 비슷하게 나타나고 있다는 것은 현재의 산재보험의 체계가 여성보다는 남성에게 더 유리한 방향으로 규칙이 만들어졌고 운영되고 있음을 시사한다.

이주 노동자의 체류 자격은 산재 발생 및 산재보험 적용에도 영향을 미친다. 2004년 8월부터 고용허가제가 시행되기 전에는 합법 취업자보다 불법 취업자의 수가 많았고 이러한 불법 취업자는 고용상의 불안정한 지위로 인해 열악한 노동 환경에서 일하면서도 아프거나 다쳐도 이야기를 할 수 없거나 제도적으로 보호받을 수 있는 기회를 갖지 못하게 된다. 합법적인 이주 노동자조차 노동권과 건강권을 보장받지 못하면서 생존을 위해 일해야 하는 경우가 많지만 불법 체류자의 경우는 산재보험의 적용을 받을 수는 있지만 치료 후에 본국으로 송환되어야 하기 때문에 사업주나 국가의 사회안전망에 의존하기가 어렵다.

체류 자격별 산업 재해 현황은 2002~2004년 자료로 파악해 볼 수 있

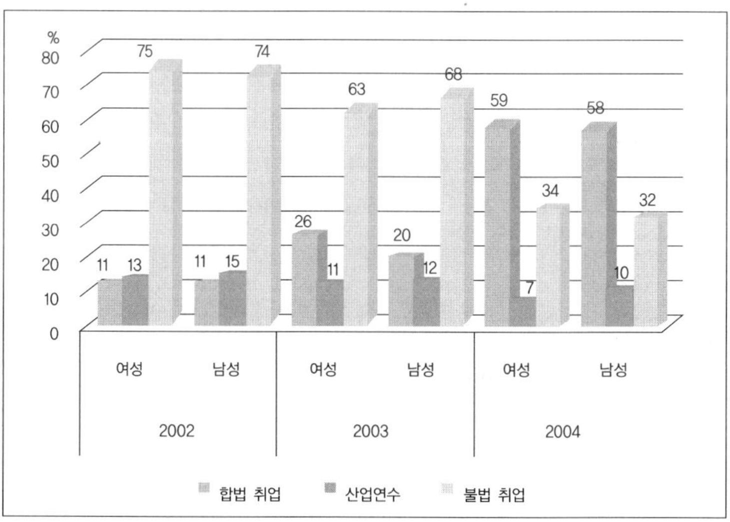

〈그림 3〉 체류 자격별 이주 노동자의 성별 산업 재해 비율(2002~2004년)

자료: 한국산업안전공단(2007)의 국정감사 자료를 성별로 재분석함.

는데(〈그림 3〉) 2002, 2003년 모두 불법 취업 이주 노동자가 산업연수생과 합법 취업자보다 산재가 높게 발생했다. 이는 이주 여성 노동자와 이주 남성 노동자에게서 공통적으로 나타난 현상이다. 즉, 성별과 관계없이 불법 체류라는 현실이 이주 노동자에게 노동 환경에서 더 빈번하게 위험 요인에 노출되고 산재보험 적용을 받고난 이후에는 강제 송환되는 이중고를 경험하게 됨을 말한다. 2004년의 경우 고용허가제가 실시된 이후 과거의 불법 취업자가 합법적 지위를 인정받았을 가능성이 높은 상황에서 합법 취업자, 불법 취업자, 산업연수생 순으로 산재 발생률이 높았다. 2004년 역시 이러한 경향은 여성과 남성 이주 노동자에게 공통적으로 나타났다. 즉 불법 취업이라는 법적 지위가 이주 노동자의 건강에서는 건강의 위험 요인이 된다.

이주 노동자가 경험하는 산업재해 유형은 성별로 어떠한 차이점을 가지고 있을까? 2006년 이주 여성 노동자와 이주 남성 노동자 모두 부상이 가장 많은 산재로 전체의 94.7%를 차지하며 남녀 각각 비슷한 비율로 나타났다. 그러나 업무상 질병은 이주 여성 중 3.5%, 이주 남성 중 2.4%로 이주 여성 노동자가 높았고 질병으로 인한 사망은 여성(1.6%)이 남성(0.4%)보다 더 높은 비율을 나타내고 있다. 단지 사고 사망은 남성(2.4%)이 여성(0.8%)보다 높은 것으로 나타났다. 이러한 성별 차이는 그 비율은 약간 다르지만 국내 노동자에게서도 그대로 나타나고 있다.

산재 유형 중에서도 국내 노동자와 이주 노동자 모두에게 업무상 질병보다는 부상이 많은 이유는 우리나라의 산재보험 제도가 전통적인 산재인 부상에 대해 적용률이 높고 다양한 요인과 그 증상이 복잡한 업무상 질병에 대해서는 적용 범위가 협소한 현실을 반영하고 있다. 또한 업무상 질병과 질병으로 인한 사망에서 여성의 비율이 남성보다 높다는 것은 남성 노동자의 경우 제조업, 광업, 건설업 등 사고 발생이 높은 업종에 종사

[표 4] 이주 노동자 성별 재해 유형별 산업재해 현황

(단위: 명, %)

연도	2004			2005			2006		
	합계	여성	남성	합계	여성	남성	합계	여성	남성
부상자	2,617 (96.1)	304 (95.0)	2,313 (96.2)	2,403 (95.5)	287 (93.2)	2,116 (95.8)	3,226 (94.7)	347 (94.0)	2,879 (94.8)
업무상 질병	33 (1.2)	8 (2.5)	25 (1.0)	40 (1.6)	17 (5.5)	23 (1.0)	86 (2.5)	13 (3.5)	73 (2.4)
사고 사망	67 (2.5)	7 (2.2)	60 (2.5)	62 (0.5)	3 (1.0)	59 (2.7)	77 (2.3)	3 (0.8)	74 (2.4)
질병 사망	7 (0.3)	1 (0.3)	6 (0.2)	12 (2.5)	1 (0.3)	11 (0.5)	18 (0.5)	6 (1.6)	12 (0.4)
총 재해자 수	2,724 (100.0)	320 (100.0)	2,404 (100.0)	2,517 (100.0)	308 (100.0)	2,209 (100.0)	3,407 (100.0)	369 (100.0)	3,038 (100.0)

자료: 한국산업안전공단(2007)의 국정감사 자료를 성별로 재분석함.

하는 경향이 높은 반면, 여성 노동자의 경우 업무상 질병과 질병 사망으로 이어지는 서비스업, 돌봄 노동 수행 업종 등에 더 많이 종사하는 현실을 그대로 반영하는 것이다. 그러나 2004~2006년 동안 부상자의 수는 감소한 반면 업무상 질병은 증가하여 이주 노동자의 업무상 질병의 위험도는 더 높아졌다.

노동자의 성별 · 특성별 산업재해 현황을 살펴보면 2006년 여성은 40대에서 33.6%가 가장 많이 산재가 발생한 반면 남성은 30대에서 37.7%가 발생하고 있다. 대체적으로 남성은 저연령층에서, 여성은 고연령층에서 산재가 발생하고 있는데 이는 남녀 이주 노동자의 연령대를 그대로 반영한다. 사업장 규모별 산재 발생을 보면 여성은 5인 미만 사업장에서 50.9%, 남성은 5~49인 사업장에서 56.0%가 산재보험을 받고 있는데 이 역시 여성이 남성보다 더 많이 소규모 사업장에 종사하고 있기 때문으로 보인다. 산재로 인한 요양 기간을 살펴보면 남녀 모두 29~90일이 가장 많았는데 전체적으로 볼 때 여성의 요양 기간이 남성보다 짧은 것으로

[표 5] 이주 노동자의 성별 산업재해 현황(2006년)

(단위: 명, %)

		전체	여성	남성
전체		3,407(100.0)	369(100.0)	3,038(100.0)
연령	20대 이하	1,053(30.9)	55(14.9)	998(32.9)
	30대	1,253(36.8)	109(29.5)	1,144(37.7)
	40대	639(18.8)	124(33.6)	515(17.0)
	50대	369(10.8)	63(17.1)	306(10.1)
	60대 이상	93(2.7)	18(4.9)	75(2.5)
사업장 규모	5인 미만	1,133(33.3)	188(50.9)	945(31.1)
	5~49인	1,839(54.0)	139(37.7)	1,700(56.0)
	50~299인	378(11.1)	38(10.3)	340(11.2)
	300인 이상	57(1.7)	4(1.1)	53(1.7)
근속 기간	6개월 미만	2,228(65.4)	271(73.4)	1,957(64.4)
	6개월~1년	597(17.5)	57(15.4)	540(17.8)
	1년~3년	564(16.6)	37(10.0)	527(17.3)
	3년 이상	18(0.5)	4(1.1)	14(0.5)
요양 기간	28일 미만	357(10.5)	66(17.9)	291(9.6)
	29~90일	1,720(50.5)	167(45.3)	1,553(51.1)
	90~180일	937(27.5)	92(24.9)	845(27.8)
	6개월~1년	290(8.5)	33(8.9)	257(8.5)
	1년 이상	8(0.2)	2(0.5)	6(0.2)
	사망	95(2.8)	9(2.4)	86(2.8)

자료: 한국산업안전공단(2007)의 국정감사 자료를 성별로 재분석함.

나타났다. 한국 노동자의 경우 2006년도 산재보험 수혜자 중 동일 질환인 요추부염좌의 경우 여성의 평균 요양 일수가 85.1일(중위수는 66일), 남성의 평균 요양 일수가 100.8일(중위수는 84일)인 것과 비슷한 경향을 보인다(정진주 외, 2008). 이는 국내 노동자에게서도 동일 질환의 요양 기간이 남성보다 여성이 짧다는 사실과도 유사하다. 외국의 연구 결과에 따르면, 여성이 남성보다 요양 기간이 짧은 이유는 동일 질환에 대해 여성보다 남성에게 장시간의 요양 기간을 주는 산재보험 심사자의 성 편견적 인식이 작용하기 때문인 것으로 밝혀지고 있다(정진주, 2008).

이제까지는 산재보험 자료를 이용하여 이주 여성 노동자의 산재 현황을 살펴보았다. 산재보험 자료를 분석하여 이주 여성 노동자의 직업과 관련된 건강 문제를 살펴보는 것은 매우 제한적일 수밖에 없다. 따라서 이주 여성 노동자가 실제 하고 있는 일 중 어떤 부분에서 스트레스를 받고 있는지를 살펴보고자 한다.

이주 여성 노동자는 직장뿐 아니라 다양한 사회적 환경 및 관계에서 스트레스를 받을 수 있지만 여기서는 직무 스트레스만 국한해서 살펴보고자 한다. 이를 위해 한국산업안전보건공단에서 2007년 발간한 자료(한국산업안전공단 · 한국산업안전보건연구원, 2007)를 재분석하여 건강에 영향을 미칠 수 있는 직무 스트레스 중 여성과 남성 이주 노동자는 각각 어떤 스트레스를 더 받고 있는지 알아보았다. 조사 대상자는 여성 122명(21.4%), 남성 449명(78.6%)을 대상으로 했고, 출신 국가별로 보면 여성은 중국 73.1%, 베트남 12.6%, 기타 14.3%, 남성은 중국 30.5%, 스리랑카 22.2%, 베트남 12.0%, 기타 35.3% 였다. 체류 자격별로는 여성 중 합법 체류자는 60.3%, 불법 체류자는 39.7%이고 남성은 합법 체류자 62.1%, 불법 체류자 37.9%로 체류 자격별로는 큰 차이가 없었다. 종사하는 직종은 성별 분리가 뚜렷하여 여성의 37.5%는 공장 노동자, 23.5%는 식당 종사자, 가정부/파출부는 14.7%, 기타 24.3%인 반면 남성은 70.0%가 공장 노동자이고 나머지는 다양한 직종에 종사하고 있었다. 한국인에게 맞춘 직무 스트레스 표준 설문지(한국산업안전공단 · 한국산업안전보건연구원, 2004, 2005)를 사용하여 8개 영역[6]을 분석한 결과 여성은 남성에 비해 직무 자율성의 결여, 관계 갈등, 비합리적 조직 체계, 일

6 직무 스트레스의 각 영역별 정의에 대해서는 한국산업안전공단 · 한국산업안전보건원(2004) 참조.

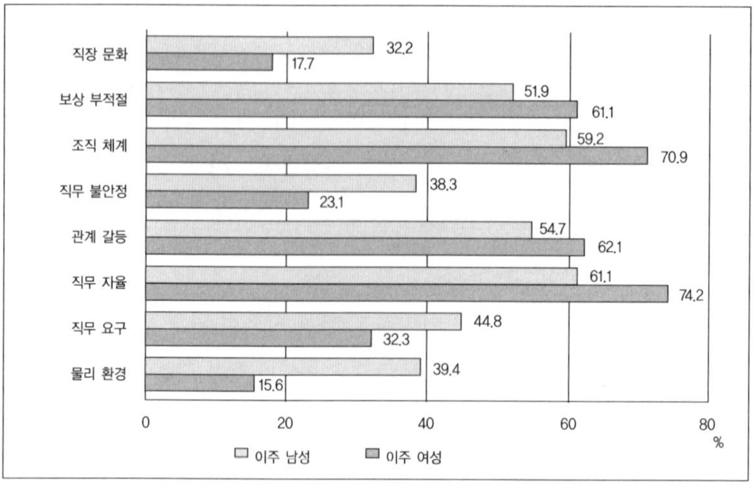

〈그림 4〉 이주 노동자의 성별 직무 스트레스 원인(2007년)

자료: 한국산업안전공단(2007) "이주 노동자의 건강 실태 및 건강관리 방안 연구" 원시자료. 성별로 재분석함.
주: 스트레스 지수는 각 항목별 100점 만점으로 점수가 높을수록 스트레스가 높은 것을 뜻함.

에 대한 보상의 부적절함에 대해 스트레스를 많이 느끼고 있는 것으로 나타났다. 이는 여성이 남성에 비해 자율적으로 의사 결정을 하기 어렵고 이주 여성이 속한 조직에서 합리적 의사 소통 및 운영에 문제가 있으며, 하는 일에 대한 정서적 · 물질적 보상이 적다고 보는 측면이 높은 것으로 보인다. 반면 남성은 물리적 환경이 쾌적하지 않으며, 직무에 대한 부담이 높고, 일자리 자체가 불안정하다고 느끼고 있는 반면 집단주의적 문화 및 회식 등의 자리가 부담스러운 것으로 나타나고 있다. 이러한 성별 차이는 더 많은 연구가 이루어져야 하겠지만 여성이 대체적으로 일에 대한 권한이 적고 남성에 비해 물질적 · 정신적 보상이 적다고 느끼고 있는 반면 남성은 공장 환경이 좋지 못하고 여성에 비해 집단적인 조직에 종사하는 비율이 높으면서 집단적 직장 문화에 대해 스트레스를 더 느끼고 있는 것으로 풀이해 볼 수 있다. 비슷한 환경의 한국 노동자에 대한 조사를 통해 비교 분석을 할 수 있다면 이주 노동자가 느끼는 스트레스 요인에 대해 더 명확한 해답이 나올 수 있겠지만, 아쉽게도 아직은 그런 자료가 없어 어려운 점이 있다.[7]

이제까지 살펴본 이주 여성 노동자의 산업재해 및 건강 상태는 수치화된 것으로 산재보험 체계의 성인지성 부족, 특정 집단을 대상으로 한 설문 조사의 한계가 반영되어 있기 때문에 이주 여성 노동자의 노동과 관련한 건강 문제를 좀 더 생생하고 현실적으로 이해하는 데는 한계가 있다. 따라서 여기서는 사회적으로 문제가 되었거나 노동자성을 인정받지 못해 산업안전보건관리 체계에서 배제된 이주 여성 노동자의 사례를 통해 이주 여성 노동자의 노동 현장을 좀더 생생하게 이해하고자 한다.

▣ 태국 여성 노동자의 '앉은뱅이병' 사건[8]

2004년 12월 경기도 화성시 소재 D사업장에서 일하던 태국 여성 노동자 8명에게 노말헥산을 사용해 작업하다 집단 중독되어 하반신 마비를 일으키는 다발성 신경병증(일명 '앉은뱅이병')이 발병됐다. 노말헥산은 주로 공업용 세척제나 타이어 접착제 등의 소재로 광범위하게 쓰이는 물질이지만 노출되면 상당한 위험에 처하게 된다. 이들 태국 여성 노동자는 소규모 공장의 열악한 노동 환경에서 일하면서 위해 물질에 장기간 노출되면서 치명적인 질환을 갖게 되었다.

LCD 부품을 세척하는 일을 했던 태국 여성 노동자는 9평 작업장에서 1인당 작업 공간이 1~2평에 불과했다. 환기 장비는 소형 환풍기만이 설치되어 노말헥산을 배출하기에는 역부족이었다. 밀폐된 장소에서 법적 기준치의 최고 6.8배에 이르는 고농도 노말헥산에 무방비 상태로 노출되어 온 것으로 드러났다.

이들 태국 여성 노동자는 한국에 가면 큰 돈을 벌 수 있다는 '코리안 드림'을 안고 거금 600만~1천 여만 원을 현지 브로커에게 안겨 주고 2002년부터 차례로 한국에 들어왔다. 집단적으로 완전한 중독 증상이 있기 전에도 여성 노동자들은 사업주에게 고통을 호소했음에도 불구하고 사업주는 도리어 강제 출국을 위협삼아 장시간 노동과 저임금을 강요했다.

이들은 보통 아침 8시 30분부터 밤 10시에서 11시까지 일했고 검사실에서 1년간 일해 왔던 한 노동자는 "아주 냄새가 독해서 어떤 사람은 검사실에서 쓰러지기도 했다. 타이 사람들은 기분이 안 좋은 경우나 멀미가 날 경우 '야동'이라는 약을 코에 대는데 작업장이 갑갑하거나 쓰러지면 이것을 코에 마시고 나서 상태가 좋아지면 다시 일을 했다"고 했다. "회사에서 몸이 너무 아팠지만 고향에다 편지해서 약을 보내달라고 했어요. 한국에서 돈을 벌어야 가족들을 먹여 살릴 수 있는데 불법 체류자라는 것이 밝혀졌으니……"라며 발병 이후에도 가족의 생계를 걱정하고 있었다. 어려움을 겪는 태국 노동자들이 도움을 받을 곳은 태국인을 위한 교회 정도인데 장시간 노동으로 교회조차 나오지 못해 다른 태국인으로부터도 고립되어 있었던 것으로 나타났다. 사태가 심각했음에도 사업주는 기본적인 의료 조치조차도 취하지 않고 있다가 사태가 악화되자 급기야는 환자를 남몰래 출국시켜 버렸다.

이 사건은 원시적인 수준의 산업재해조차 보호를 받지 못하는 이주 노동자의 현실을 그대로 보여 주는 것으로 국내의 한 신문사에서 2005년 1월 처음 알려져 안산외국인노동자센터 등 시민 종교단체의 도움을 받아 그 해결의 실마리를 찾게 되었다. 병원에 입원했던 5명과 2005년 1월 태국으로 이미 쫓겨난 불법 체류 신분으로 일했던 3명도 귀국하여 치료를 받게 되었다. 딸과 아들을 두고 온 추언춤(31)은 "우리가 아픈 것을 알고도 모른 척하는 것을 보고 한국인이 정말 미웠다"고 당시 상황을 털어 놓았다. 한국 정부의 산재 판정, 안산외국인노동자센터와 통역 자원봉사자들의 헌신적 도움, 이들을 치료하게끔 매달 30만 원의 생활비와 숙소를 제공한 경기도의 지원으로 잃었던 웃음을 찾게 되었다. 병원 입원 중 받았던 월급의 70%인 휴업급여로 새로운 인생을 시작할 수 있게 되었다. 2005년 노말헥산N-Hexane 중독에 의한 다발성 신경장애로 판명돼 치료를 받아온 타이 여성 노동자 8명은 2006년 6월 26일 산재 전문병원인 안산중앙병원에 입원한 지 꼭 1년 5개월 여 만에 고국으로 돌아가게 되었다.

한편 D사업장의 사업주는 1년에 6차례씩 안전 점검과 보건관리를 받아왔으면서도 노말헥산의 위험성을 전혀 몰랐던 것으로 밝혀져 산업안전보건 체계에 커다란 허점이 있는 것으로 드러났다. "노말헥산이나 시너나 그게 다 그거 아니냐"는 관리자의 인식대로 유해 물질을 보호받을 수 있는 보호구 지급이나 환기 장치도 설치되어 있지 않았다. 태국 여성 노동자에게 안전보건 교육도 시키지 않았고 사용 약품이 노말헥산이라는 사실도 알려 주지 않아 노동자의 건강을 위해 기본적으로 사업주가 취해야 할 조치에 대해 전혀 손을 쓰고 있지 않은 것으로 나타났다.

이 사건을 계기로 12개 노동시민단체가 모여 공동대책위원회를 설립하고 기자 회견 및 노동부에 대해 이주 노동자의 노동 환경 개선 및 안전보건 관리 강화를 촉구하고 나섰다. 노동부는 노말헥산 취급 사업장에 대한 특별 점검을 통해 367곳을 대상으로 검찰과 합동 점검을 벌여 기본적 안전 조치를 실시하지 않은 사업주 46명을 사법 조치했다.

태국 여성 노동자의 사건은 생계를 위해 한국에 와 열악한 노동 환경 속에서 사업주의 안전보건 관리의 미비, 노동부의 허술한 관리, 감독, 산재에 대한 치료 미비와 불법 체류자로서 강제 출국 등 복잡한 문제를 보여 주는 사례이다. 비단 사회적으로 문제가 된 이 사례뿐만 아니라 비슷한 환경에 처해 있는 이주 여성 노동자의 건강 문제는 아직도 더 많은 사회적 관심과 정책적 지원이 필요하다. 이주 여성 노동자의 이러한 상황에는 이주 노동자로서의 언어 소통의 어려움, 불안정한 체류 신분 등의 복잡한 문제가 개입되겠지만 이러한 문제는 이주 노동자를 포함하여 비정규직 노동자, 중소 영세사업장 노동자, 3D업종의 노동자 등 산업안전보건의 사각 지대에 놓인 불안정한 노동자의 모습으로 이해될 수 있다. 이러한 측면에서 본다면 불안정한 노동의 특성을 공유하는 이주 노동자와

7 한국인을 대상으로 한 전국적 조사가 있지만 연도가 다르고 이주 여성 노동자의 종사 직종이 제한되어 있어 실질적인 비교는 어렵다.

8 2005~2006년 일간신문 및 매일노동 뉴스를 '노말헥산', '타이(태국)'의 키워드를 사용하여 수집한 기사를 중심으로 사건의 개요 및 과정을 정리했다.

▣ 가사돌봄 종사자의 이야기[9]

"……돈은 많이 받았어요. 4년 전에 180만 원 받았으니까. 그래도 너무 힘들어서 사람이 살 수가 없더라고. 그래 돈을 더 준다고 해도 나왔어. 밤에는 돌쟁이를 재우면서 [중풍과 당뇨를 앓고 있는] 할머니도 간병하고 살림도 하고. 아침에는 눈뜨자마자 식구들 순서대로 밥상차리고, 할머니 목욕시키고, 그리고 돌쟁이 이유식 먹이고 나면 11시 넘어 한 숟가락 뜨고. 목욕 한 번 시키는게 얼마나 힘든데. 할머니가 중풍이라 몸이 굳어서 움직이지도 못하고, 그러니 온 몸이 땀으로 흠뻑 젖을 정도로 힘을 써야 간신히 목욕탕으로 옮기고 팔다리 주무르는 거까지 하면 힘이 하나도 없어요. 탈진하는 거지. 그래도 돌쟁이 우유부터 먹여야지. 그러고 나면 배는 고픈데 입맛이 없어요. 대충 먹고 집청소하다 짬짬이 할머니 보고, 돌쟁이 보고 또 저녁 준비하고. 밤늦게까지 식구들 들어오는 순서대로 상 차리고 치우고." (사례 1)

"잠을 못자는 거? 그게 제일 힘들어요. 애를 데리고 자야 되니까. 중간중간 깰 때마다 기저귀를 갈아 주거나 업고 재우느라 잠을 깊게 잘 수도 없고. 매일 잠을 푹 못 자, 자다가 깨다가 하니까 온 몸이 아픈데, 병원에 가면 푹 쉬라고만 하고. 어디가 나쁜지는 모르겠고. 여기서 비싼 돈 주고 약을 사먹으려고 해도 도통 무슨 약인지도 모르겠고, 성분도 모르겠고. 무슨 약 이름이 그렇게 어려워요? (잘 아는) 한국인 약사가 허리 아픈 데는 이 약을 먹으면 된다고 하는데, 약이 듣는 거 같지도 않고. 내 그래, 연변 친척들한테 약 좀 싸 보내라고 해서 먹고 있어요. 여기서 사먹는 것보다 헐하고." (사례 2)

"아픈 곳 많아요. 일할 때 허리하고 무릎이 너무 아파요. 이전 집에서는 대걸레로 바닥 청소를 하면 되는데, 한국인 집에서는 꼭 손걸레질을 시켜요. 백이면 백. 다른 건 다 참겠는데, 손걸레질만은 정말 싫어요. 시간도 많이 걸리고 힘들고……" (사례 3)

9 박홍주(2009)에 실린 내용의 일부를 사용하도록 저자로부터 면접 내용을 제공받았다.

국내 노동자 간의 연대 가능성이 높아질 것으로 기대된다.

이들 인터뷰 내용은 이주 여성 가사 종사자가 경험하고 있는 자신의 일과 건강에 관한 이야기이다. 이주 여성 가사 종사자는 개별적인 가사도우미 역할도 하지만 집세나 식대를 아끼기 위해 입주형 가사도우미를 선호하는 경향이 있다. 임금 수준은 80만 원~140만 원선이고 임금이 비싸질수록 육체 노동은 힘들어지고 집안 식구들을 보살피는 감정 노동의 강도는 높아진다. 특히 이주 여성의 경우 한국인의 사생활이 보호된다는 장점이 있어 '주인집'의 선호 대상이 되기도 하며 한편으로는 이런 면에서 국내 노동자와 '경쟁' 상대가 되기도 한다.

그러나 가사 노동을 하는 노동자와 주부들이 대부분 그러하듯 다양한 종류의 육체적 질환과 소진(탈진), 피로, 우울증 등 정신적인 증상을 호소하고 있다. 그러나 위의 사례에서 보듯이, 병원이나 약국에 가는 것조차 쉽지 않으며 업무와 관련하여 발생한 산재에 대해 한국 정부로부터 보호를 받지도 못하고 있다. 이는 단지 이주 여성 가사 종사자뿐만 아니라 한국인에게도 마찬가지로 적용된다. 가사노동 종사자는 '사적 공간'에서 발생하는 노동이며 노사 관계가 뚜렷하지 않아 노동자성을 인정받지 못해 산재보험 적용에서 제외되기 때문이다. 이주 여성 노동자의 상당수가 음식, 숙박업과 함께 가사노동 종사자로 일하고 있기 때문에 이주 남성 노동자에 비해 사회보험의 수혜를 받지 못하는 취약한 이주자가 많다고 볼 수 있다.

4. 이주 여성 노동자를 위한 사회안전망 및 안전보건 관리

1990년대 중반 이후 이주 노동자들의 직접적인 투쟁[10] 속에서 이주 노동자 관련 정책이 점차 개선되고 이주 노동자들의 '노동자'로서의 지위가 다소 증진되었다. 또한 미등록 이주 노동자(불법 체류자)와 산업연수생의 경우에도 법적 지위가 점진적으로 개선되었고 건강권 실현의 토대가 증진되었다. 그렇지만 변화된 제도와 정책들이 이주 노동자의 안전하고 건강한 노동을 위해 실제로 어떤 효과를 낳고 있는지에 대해서는 논쟁적이다(그레이, 2004). 따라서 현재 고용허가제 하에서 일하고 있는 이주 노동자들이 안전하고 쾌적한 환경에서 일할 수 있도록 해 주어야 할 산업안전보건 제도 및 건강 관련 제도가 어떻게 마련되어 있는지 살펴보자.

2004년 8월 고용허가제 시행으로 이주 노동자의 '노동자성'이 인정되기 때문에 근로기준법상 '근로자'에 해당하는 이주 노동자는 노동 3권 등 노동자로서의 기본적인 권리를 포함해 노동 관련 법이 정한 권리를 가지게 되었다. 따라서 이주 노동자는 법적으로는 쾌적한 노동 환경에서 안전하게 일할 권리가 있으며, 보건, 건강(의료) 등의 사회복지 서비스를 받을 수 있다. 고용허가제에 따라 취업한 이주 노동자(합법 취업자)는 근로기준법상 근로자로 인정되어 근로기준법의 적용을 받고, 근로기준법의 근로자 개념을 준용하는 최저임금법, 산업안전보건법, 산재보상보험법, 남녀고용평등법 등 노동관계법의 적용을 받는다. 또한 산재보험, 국민건강보험은 당연 적용 대상이 되고, 고용보험은 이주 노동자가 원하는 경우에만 임의 적용되며, 국민연금은 상호주의 원칙[11]에 따라 가입할 수 있다. 연수 취업자

10 1995년 1월 9일부터 17일까지 네팔인 산업연수생들은 명동성당 입구에 "우리는 노예가 아닙니다." "압수한 여권을 돌려 주세요." "제발 때리지 마세요" 등의 구호를 외치며 정부에 개선책 마련을 촉구하는 농성을 했다. 이에 정부는 '외국인 산업기술연수생의 보호 및 관리에 관한 지침'을 제정했다(설동훈, 2003). 이후 산업연수제의 폐해로 이주 노동자들의 산발적 농성이 지속적으로 발생했으며 외국인 노동자대책협의회를 결성하여 이주 노동자의 '인권 수호'와 '노동권' 확보를 주장했다(이창익 · 정숙희, 2007).

11 상호주의 원칙은 이주 노동자의 출신국과 한국 간의 사회보장 협정 체결에 따라 각국별로 다르게 적용된다.

는 산재보험을 제외한 3대 보험에서 임의 적용이나 상호주의 원칙이 적용되고, 산업연수생의 경우 국민연금과 고용보험 가입 대상에서 제외된다. 미등록 이주 노동자(불법 체류자)는 '근로자성'이 인정될 경우 근로기준법이 적용될 수 있어[12] 산업재해가 발생했을 때에 산재 보상을 받을 수 있지만[13] 건강보험, 고용보험, 국민연금 등 다른 사회보험의 혜택은 받지 못한다. 불법 체류자의 건강보험 가입이 사업주의 선택 사항이긴 하지만, 여타 사회보장 등과 마찬가지로 불법 체류라는 신분적 한계로 인해 실질적으로 가입이 어렵고 적용도 안 되어 혜택을 받기 어려운 상황이다.

이주 노동자가 안전하고 건강하게 일할 수 있는 토대가 되는 제도적 장치나 법적 권한은 고용허가제 실시 이후 많이 개선되었다. 그렇다면 현실적으로 이주 노동자가 산재보험과 건강보험에 얼마나 가입되어 있고, 그러한 적용을 받고 있으며, 이주 노동자의 건강권과 직결된 산업안전보건법에 의한 건강 진단 및 작업장 안전이 제대로 지켜지고 있는지를 살펴볼 필요가 있다.

한 연구에 따르면 건강보험을 소지하고 있는 것으로 보이는 이주 노동자는 전체의 30%가 되지 않으며(설동훈 외, 2005), 산재 발생시 산재보험으로 보상을 받는 경우는 16.9%에 불과하다(외국인노동자 의료공제회, 2003). 또 다른 연구에서는 이주 노동자의 산재보험 및 고용보험 가입자는 2.6%, 미가입자 28.7%, 모름 68.7%로 나타났고 건강보험에 가입된 노동자는 2.2%, 미가입 22.5%, 모름 75.3%로 사회안전망의 보호를 받

12 1998년 10월 대법원, 근기법이 5인 이상 사업장에서 일하는 미등록 이주 노동자(불법 체류자)에게 적용돼야 한다고 판결했다. 미등록 이주 노동자를 불법 체류자로 하는 것은 체류 자격에서는 등록되지 않았다는 의미일 뿐이고, 그것으로 인해 근로자임을 부인할 수는 없다. 따라서 불법 체류자라 하더라도 사용주와 사용 종속 관계를 맺고 있다면 근로기준법상의 근로자에 해당한다고 본 것이다.

13 1994년 3월 노동부는 불법 체류자에게 산재보험을 적용하도록 조치했다.

고 있는 이주 노동자는 매우 적은 것으로 밝혀졌다(임준, 2003). 이러한 조사는 성별 분리가 되지 않아 여성과 남성 이주 노동자의 차이를 볼 수 없지만, 전반적으로 이주 노동자의 사회보험 적용은 매우 저조하다.

우선 건강보험은 고용 허가에 따른 이주 노동자(합법 취업자)의 경우에 당연 적용 대상이지만 당연 적용 대상이 된다는 것이 100% 적용되고 있다는 의미는 아니다. 원칙적으로 건강보험(산재보험도)은 1인 이상 사업장의 건강보험 당연 적용에 따라 고용 관계가 성립하면 이주 노동자도 직장 가입자로 당연 적용된다. 일반 고용 허가를 통해 입국하는 이주 노동자는 미리 사용자와 고용 계약을 맺고 입국하기 때문에 대체로 '강제적'으로 직장 가입자가 된다고 볼 수 있다. 그렇지만 외국 국적 동포의 경우에는 방문 동거(F-1) 비자로 입국 후 취업을 위한 소정의 절차를 거쳐 비전문 취업(E-9) 비자로 전환하거나 방문 취업(H-2) 비자로 입국 후 교육을 받고 직업을 선택하여 채용되기 때문에 '자동적', '강제적'으로 건강보험에 가입된다고 볼 수 없다. 건강보험에 사업장 가입이 되지 않은 개인 서비스업이나 소규모 사업장에 이주 노동자가 취업한 경우에는 직장 가입자로 건강보험에 가입하기 어렵다. 사용주가 보험료 지불을 부담스러워하여 건강보험에 사업장 가입을 꺼리는 경우가 많을 뿐만 아니라 이주 노동자도 당장에는 아픈 곳이 없어서 보험료 납부 필요성을 인식하지 못하고 건강보험 가입을 회피하는 경향이 있기 때문이다. 이는 소규모 사업장에 종사하고 있는 이주 여성 노동자에게 더욱 심각한 문제가 될 수 있다. 또한 건강보험 하나만 따로 가입할 수 없고, 4대 보험에 모두 가입해야 하는 부담 때문에 이주 노동자들은 합법이면서도 건강보험에 가입이 안 되는 제도적인 맹점이 있다. 전체적으로 볼 때 개인 서비스업이나 소규모 기업에서 일하고 있고 일반 고용허가제가 아닌 특례고용제에 의한 이주 여성 노동자가 많은 한국 사회에서는 건강보험에 가입되는 비율이 한국 노동자는 물론 이주 남성 노동자보다 낮을 가능성이 높다.

한편 산재보험은 원칙적으로 근로기준법상 근로자이면 내 · 외국인, 합 · 불법 체류를 불문하고 당연 적용된다. 불법 체류인 경우에도 산업재해로 인해 치료가 필요하다면 치료와 보상이 가능하다. 산재보험 가입 대상은 상시 근로자 1인 이상의 사업 또는 사업장이지만 제외되는 경우가 있는데, 2,000만 원 이하 건설 공사, 5인 미만 농업 · 임업(벌목업 제외) · 어업 · 수렵업, 가사사용인 등이다. 이주 노동자들은 주로 3D업종, 소규모 영세 사업장에 고용되는 경우가 많고, 특례 고용 허가에 해당하는 동포 여성 노동자들의 경우에는 가사 종사자로 취업하는 수가 많기 때문에 산재보험 보장이 이주 여성 노동자에게 실질적으로는 더욱 어려울 수 있다. 더욱이 고용 허가를 통해 취업한 이주 노동자가 취업 허용 기간 중 산재를 당하게 되었을 때, 치료 및 요양 후 남은 취업 허용 기간의 근로에 대한 보장이 실질적으로 안 되는 실정이기 때문에 산재보험의 수혜와 남은 고용 기간을 맞바꿔야 되는 상황이 산재보험을 어렵게 만든다.

미등록 이주 노동자(불법 체류자)의 경우에 제도상으로는 산업재해를 당하면 산재보험으로부터 치료와 보상을 받을 수 있다. 하지만 불법 체류자들은 산재를 당해도 정작 산재 신청을 하지 않으려고 하는데 산재 보상과 관련해서 치료를 받는 이주 노동자 명단이 출입국관리사무소에 통보되기 때문에 불법 체류자들은 치료가 끝나면 강제 추방 조치되기 때문이다. 이 같은 상황에서 불법 체류 이주 노동자는 강제 추방에 대한 두려움으로 편안한 환경에서 산재 치료를 받기 어렵다. 산재 요양 기간을 정할 때 불법 체류 이주 노동자에게는 기본적으로 한 달씩 기간이 정해지며 필요한 경우에 한 달씩 연장되는 방식이다. 따라서 불법 체류 이주 노동자는 요양 기간이 연장되더라도 언제 추방 조치 당할지도 모른다는 불안감을 느끼게 된다.

따라서 원칙적으로는 근로기준법상 근로자이면 내·외국인, 합·불법 체류를 불문하고 산재보험이 당연 적용된다고 하지만 실제 이주 여성 노동자들이 산재보험의 보장에 충분히 접근할 수 있다고 보기는 어렵다. 사업주가 미등록 노동자를 고용한 사실이 적발되어 피해를 입는 것을 우려해 산재 처리 신청을 기피하거나, 산재보험을 적용하지 않고 회사에서 치료비를 부담하고 치료를 위한 시간을 보장하는 수준(일을 못하는 경우 휴업급여, 장해가 남을 경우 장해급여 등 산재보험에서 적용되는 다른 혜택은 없음)에서 사고를 처리하기 때문이다. 또한 산재보상보험에 가입하여 치료를 받더라도 정해진 휴업급여나 장애급여를 받지 못하거나 경제적인 어려움을 이기지 못해 사업장으로 복귀하는 경우도 많다(구정희, 2006).

한편 노동자의 건강을 지키기 위한 산업안전보건법은 근로기준법상 근로자로 인정되는 모든 이주 노동자에게 건강 진단을 받을 권리를 명시하고 있다. 이주 노동자의 약 90%는 분진, 유기 용제, 중금속 같은 유해 물질에 노출되어 있는 영세한 50인 이하 소규모 사업장에 종사하고 있어서 이들에 대한 건강 검진은 매우 중요하다. 그렇지만 유해 물질을 사용하는 사업장, 소규모 사업장에서 건강 진단이 사실상 잘 이루어지지 않는 실정이고, 특히 특수 건강 진단의 실시율은 매우 낮다. 10인 이하 영세사업장에서는 안전 기구 설비조차 미흡한 것이 현실이다. 또한 불법 체류자를 포함한 이주 노동자 40만 명 중에 6~7%만이 특수 건강 진단을 받고 있는 것으로 추정된다(대한산업보건협회, 2008). 특수 건강 진단도 형식적으로 이루어지고 있어 유해 물질 사용 사업장에서 일하는 이주 노동자의 건강 진단의 실효성이 우려되고 있다.[14] 앞서 설명한 태국 여성 노동자의

14 이주 노동자의 경우, 의료보험 자체에 등재가 되어 있지 않아서 실제 사업장에는 이주 노동자가 많지만 그들에 대한 건강 진단이 전혀 이루어지지 않는 경우가 많다. 특수 건강 진단과 일반 건강 진단에서 제일 중요한 것이 문진인데, 문진표가 한국어로만 되어 있어 한국어로 의사 소통이 미숙

노말헥산 중독 사례도 여기에 속한다고 볼 수 있다. 이러한 건강 진단이 이주 여성 노동자가 집중적으로 종사하고 있는 소규모 사업장 종사자에 적용되기 힘들고 많은 이주 여성 노동자가 가사 종사자라는 현실은 이들의 건강권을 지켜 주기에는 역부족인 현실을 말한다. 직장에서 자신의 건강을 지키기 위한 정보를 제공하는 안전보건 교육도 92.1%가 '받아 본 적이 없다'(임준, 2003)고 응답하여 한국말에 서투른 이주 노동자가 안전보건 교육에 포함되지 못해 자신의 작업과 관련한 최소한의 건강 정보를 얻을 수 있는 기회조차 박탈되고 있는 것이다.

요약하자면 2004년 고용허가제 시행 이후 이주 노동자는 국민연금, 건강보험, 고용보험, 산재보험에 당연 적용을 받거나 가입 대상이 되었다. 그렇지만, 고용주가 추가 부담을 우려하여 사회보험 가입을 꺼리는 경우가 많고 가사 서비스(가사 사용인), 건설업, 청소, 농업, 어업, 임업 등 현실적으로 건강보험 등 4대 사회보험에 가입하기 어려운 사업장이 많기 때문에 실제 이주 노동자들에게 사회보험 적용 비율은 높지 못한 형편이다. 특히, 특례 고용허가제와 방문취업제의 실시로 외국 국적 동포에 대한 국내 취업 기회가 확대되면서 동포 여성 이주 노동자들이 가사 종사자나 소규모 음식업에 취업하는 경향 두드러지게 증가하고 있다. 이런 경우 소규모 자영업자들의 4대 보험 가입에 대한 의식과 의지가 미비한 상황에서 여성 노동자들은 노동자로 인정을 받지 못하거나(가사 종사자의 경우 등), 건강과 관련된 기본적인 법적 권리조차 보장받기 어려운 사각 지대에 놓이게 된다.

한 외국인 노동자들에 대한 정확한 진단이 어렵다. 특히 특수 건강 진단의 경우 노동부에서 진단 대상의 인원만 정해져 있지 누구에게 실시하라는 것이 없어서, 누구든지 인원만 채우면 되는 경우가 많다. 특수 건강 진단 대상이 60만 정도 되는데 제도권 내에 있는 사업장만 건강 진단이 이루어지고 있고 열악한 환경에서 근무하는 소규모 사업장은 대부분 건강 진단을 받지 못하는 실정이다(대한산업보건협회, 2008).

5. 맺음말

이상 한국 사회에서 최근 급증하고 있는 이주 여성 노동자의 일과 관련한 건강 문제를 살펴보았다. 인간의 기본적 권리이면서 자본주의 사회의 중요한 자본재로 작동하는 건강이 이주 여성 노동자에게 나타나는 양상을 세밀히 살펴보기에는 현재까지의 연구 및 성별 분리 자료가 충분하지 않았으나, 그럼에도 불구하고 명확하게 드러나는 몇 가지 사실은 지적할 수 있다.

한국의 이주 여성 노동자는 노동 유입 자체가 불안정하고, 3D업종이나 노동자로서 권리의 보호가 힘든 업종인 서비스업이나 가사 종사자로 취업하고 있고 4인 미만 고용 사업체에 몰려 있어 노동 조건 자체가 열악한 곳에서 일하고 있다. 이러한 현실은 이주 여성 노동자의 건강에 대한 예방과 사고뿐만 아니라 질병 발생 이후의 사후 조치조차 제대로 이루어지지 못하게 하는 원인이 되고 있다.

그 동안 한국 정부는 이주 노동자 보호를 위한 법적 · 제도적 기반을 확대해 왔다. 이주 여성 노동자는 산업안전 보건관리나 산재보험의 적용 대상이 되었지만 이들이 주로 종사하는 사업체의 규모가 소규모 사업장이거나 가사 종사자라는 점, 고용주의 건강 보호에 대한 관심 및 투자 부족과 정부의 보호망 바깥에서 종사하는 이주 여성 노동자가 많다는 점 등은 이주 여성 노동자의 건강이 제대로 보호받고 있지 못할 뿐만 아니라 법에서 명시된 권리조차 보호받지 못하게 하는 경향이 높다는 것을 말한다. 특히 이주 노동자 중 여성은 남성에 비해 소규모 사업체, 서비스 산업에 종사하는 비율이 높아 업무와 관련한 건강 보호 수준이나 산재보험 적용에서 불리할 수밖에 없다.

한편 이주 여성 노동자는 종사하는 업종의 성격상 사고나 사고 사망보다는 직업성 질병이나 직업성 사망이 더 높은 경향이 있다. 이러한 사실은 이주 여성 노동자에게만 적용되는 문제가 아니라 국내 여성 노동자에게서도 동일하게 나타나고 있다. 이는 산재보험의 성격이 남성/제조업/대기업 중심으로 편재되어 있고 산재보험이 시행된 이후 그 틀 자체가 크게 변화하지 않아 여성이 일하는 곳과 여성이 노출되고 있는 노동 환경이 산재보험 속에 제대로 반영되고 있지 못하기 때문이다. 국내 남성 노동자와 국내 여성 노동자의 산재보험 수혜 비율이 9 : 1에서 8 : 2 정도인데 이주 노동자의 남녀 성비도 동일하게 나타나고 있다는 사실은 국내 노동자와 이주 노동자 모두 공통적으로 젠더 분리적인 직무 성격이 존재하고, 산재보험 체계가 여성의 일과 관련한 건강 문제를 제대로 인지하고 있지 못하고 있음을 간접적으로 보여 준다고 하겠다. 일하고 있는 곳의 업종, 직종, 직장문화 및 조직에 차이가 있어 직무 스트레스 및 건강 위험 요인도 다를 수 있기 때문에 이주 노동자의 여성과 남성의 차이가 나타나는 건강 영향 요인이나 결과를 염두에 둔 정책 및 사회적 관심이 필요하다고 하겠다. 이러한 관심은 국내 여성 노동자와 이주 여성 노동자의 연대 가능성을 열어 줄 수도 있다.

특히 이주 여성 노동자의 체류 자격은 이들이 일할 수 있는 곳이나 건강 보호를 받을 수 있는 정도를 규정하고 있다. 미등록 이주 여성 노동자의 경우 노동 조건이 더 좋지 못한 곳에서 일할 확률이 높으며 부당한 대우나 건강의 위험이 있어도 이를 사업주에게 이야기하여 조치를 취할 수 있는 가능성은 매우 낮아진다. 심하게 아픈 경우 산재보험을 적용받았다 하더라도 치료 후 본국으로 송환되는 시스템 속에서 산재보험에 접근하기는 더욱 어렵기 때문이다.

이러한 현실에서 이주 여성 노동자의 건강 문제를 사회적 차원에서 부각시키고 단지 보호의 차원이 아닌 인권의 차원으로 바라보고 이들의 권리를 실현할 수 있는 기반 마련이 중요하다. 인권은 '무엇을 할 수 있을 권리'와 '무엇을 당하지 않을 권리'를 포함한다. 이주 여성 노동자의 건강을 위해서는 노동의 질 향상과 안전보건 예방 조치 시행을 통해 이주 여성 노동자의 노동 조건이 개선되어 건강에 침해를 받지 않고, 건강에 문제가 발생했을 때 치료, 치료 중 생계 유지, 복귀하여 일할 수 있는 권리와 같은 충분한 보호를 받을 수 있는 방향으로 법과 제도적 장치가 나아가야 한다. 이를 위해서는 이주 여성 노동자의 현실을 알 수 있는 기본적인 연구와 성별 통계 및 자료가 우선적으로 마련되어야 한다. 정부가 다문화 사회를 위해 상당한 예산을 투여하고 있는 현실에서 우리 사회가 필요로 하는 이주 여성 노동자의 노동 조건과 건강 보장도 다문화 사회를 위한 중요한 영역으로 자리매김되어야 할 것이다.

우리 사회는 성장 위주 및 경쟁 · 효율성의 논리에 입각해 전반적으로 노동자의 건강에 관한 관심 및 투자가 미비하고, 노동자 건강 보장의 법적 책임을 지고 있는 사업주의 무책임을 묻는 수준도 매우 저조하다. 이러한 현실에서 국내 노동자도 아니고 이주 남성 노동자와는 또 다른 노동 현실에서 일하고 있는 이주 여성 노동자의 건강권에 대해 이야기하고 방향을 찾는 것은 쉬운 일은 아니다. 그러나 노동자 건강에 관한 우리의 척박한 현실을 국내 노동자와 이주 여성 노동자의 조그마한 발걸음이 함께 한다면 지금보다 더 나은 세상을 만들어 나갈 수 있을 것이다.

참고 문헌

고혜원 · 이철순(2004), "외국인 고용허가제 도입 과정," 한국정책학회, 『한국정책학회보』, 13(5) : 17-43.

구정희(2006), 『고용허가제 실시 이후 외국인 이주노동자의 의료 이용 실태에 관한 연구』, 성공회대학교 시민사회복지대학원 석사학위 논문, 미간행.

그레이, 케빈(2004), "'계급 이하의 계급'으로서 한국의 이주노동자들," 고려대학교 아세아문제연구소, 『아세아연구』, 116 : 97-128.

김철효 · 설동훈 · 홍승권(2006) "인권으로서의 이주노동자 건강권에 관한 연구," 『지역사회학』, 7(2) : 93-129.

김현미(2006), "국제결혼의 전 지구적 젠더 정치학: 한국 남성과 베트남 여성의 사례를 중심으로," 한국산업사회학회, 『경제와 사회』, 60 : 10-37.

노동부(2002), 『외국인 근로자 권익 보호 대책』, 서울: 노동부.

대한산업보건협회(2008), "산업보건 좌담회- 산업보건 측면에서의 외국인 근로자의 건강관리," 대한산업보건협회, 『산업보건』, 237 : 72-92.

마쓰이 야요리(2005), "국제 이주노동의 여성화," 『여성이 만드는 아시아』, 서울: 들린아침.

박수진 · 이시나(2002), "일하며 기르며 송금하며: 한국 사회 이수 여성노동자의 사례연구," 카톨릭대학교 성평등연구소 , 『성평등연구』, 6 : 191-216.

박홍주, 『이주여성 가사노동자의 경험을 통해 본 돌봄노동의 의미 구성과 변화』, 이화여대 여성학과 박사학위 논문, 미간행.

변정필(2003), "이주노동자 샤말타바 인터뷰: 사업장 이동의 자유가 없으면, '고용허가제도'도 노예제도에 다름없다," 한국노동이론정책연구소, 『현장에서 미래를』, 제90호.

설동훈(2003), "외국인 근로자의 산업재해 실태와 예방을 위한 정책 제언," 한국산업안전보건공단, 『안전보건』 166 : 16-23.

____(2003), "한국의 외국인 노동운동, 1993-2003 : 이주노동자의 저항의 기록", 『진보평론』, 가을, 17 : 246-269.

____(2005), "이주노동자 복지의 현황과 전망," 한국사회복지협의회. 『계간사회

복지』 봄호, 164 : 41-54.

설동훈 · 홍승권 · 고현웅 · 김인태(2005), 『외국인 노동자 보건의료 실태조사 연구』, 서울: 국제보건의료발전재단.

심보선(2007), "온정주의 이주노동자 정책의 형성과 변화: 한국의 다문화 정책을 위한 시론적 분석," 사회역사학회, 『담론 201』, 10(2): 41-76.

외국인이주노동자대책협의회(2001), 『외국인 이주노동자 인권백서』, 서울: 다산글방.

유길상 · 박영범 · 어수봉 · 박성재(2007), 『외국인 고용허가제 시행 3주년 평가 및 제도 개선 방안 연구』, 서울: 노동부.

유길상 · 이규용(2001), 『외국인 근로자의 고용 실태와 정책과제』, 서울: 한국노동연구원.

윤선오 · 박명호 · 권장수(2005), "이주노동자 현황 및 개선 방안," 한국복지행정학회, 『복지행정논총』, 15(2).

이정환 · 이성용(2007), "외국인 노동자의 이주 특성과 연구 동향," 한국인구학회, 『한국인구학』, 30(2) : 147-160.

이혜경 · 정기선 · 유명기 · 김민정(2006) "이주의 여성화와 초국가적 가족," 한국사회학회, 『한국사회학』, 40(5) : 258-298.

임준(2003), 『이주노동자 산재보험 적용 실태 및 산재보험의 차별 금지를 위한 정책 방향』, 노동건강연대 정책토론회자료집, 서울: 노동건강연대.

임형준(2005), 『이주노동자 노동안전보건 실태조사 분석 결과』, 이주노동자 직업병 실태조사 보고 자료집, 노동건강연대 · 아시아의 친구들 · 안양이주노동자의 집.

정기선(1998), "외국인 노동자의 사회문화적 적응," 『한국사회와 외국인노동자』, 서울: 미래인력연구센터.

정진주 · 김형렬 · 임준 · 정최경희 · 나성은(2008), 『산재보험급여 지급의 성불평등 연구』, 서울: 한국여성정책연구원.

천희란 · 정진주(2008), "젠더와 건강: 성인지 보건정책을 위한 시론," 보건행정학회, 『보건행정학회』, 18(2): 130-150.

한국산업안전보건공단 · 한국산업안전보건연구원(2004), 『한국인 직무 스트레스의 측정 도구의 개발 및 표준화 연구 최종보고서(2차 연도)』, 인천: 한국산업안전보건공단.

____(2007), 『이주 노동자의 건강 실태 및 건강관리 방안 연구』, 인천: 한국산업안전보건공단.

Ehrenreich, B. & Hochschild, A.R.(2002), *Global Woman: Nannies, Maids, and Sex Workers in the New Economy*, New York: Metropolitan Books.

통계 자료

노동부, 고용허가제 DB(외국인 고용관리 시스템 상의 원시 자료).

법무부, 2005-2007 출입국관리통계연보.

한국산업안전공단(2007), "이주 노동자의 건강실태 및 건강관리 방안 연구" 에서 사용된 원시 자료.

신문 기사 자료

한겨레신문, 매일노동뉴스, 2005년-2006년 기사를 '노말헥산', '타이(태국)' 의 키워드를 사용하여 수집, 사용함.

아시아 여성 재현, 전통과 경계 사이*

양민석

현대는 문화 콘텐츠가 범람하는 시대이다. 문화 콘텐츠는 이제 TV나 영화뿐 아니라 게임기에 이르기까지 매체와 세대를 가로질러 소비되고 있다. 이러한 문화적 관심은 산업적 관심과 맞물려 있다. 디지털 정보화로 대변되는 기술력의 발전과 더불어 '문화의 지구화'가 가속화되며 산업화할 수 있는 문화 콘텐츠에 대한 관심이 증대되고 있는 것이다. 새로운 문화 콘텐츠를 개발하고 유통시키기 위한 목적으로 기존의 전통문화의 원형을 복원하고, 주도적 문화 흐름을 생산하는 문화텍스트에 대한 방대한 정보를 수집하고 분석하는 작업들이 전 세계적으로 확산되고 있다.

문화 콘텐츠[1] 개발에 대한 이와 같은 관심은 문화산업을 창출하고 그

* 이 글은 「아시아 문화 콘텐츠에 나타난 민족주의와 여성 재현의 탈식민적 독해」(『여성학논집』 2007년 24집 2호에 수록)를 수정 · 보완한 것이다.

1 문화 콘텐츠는 한마디로 정의하기 쉽지 않은 개념이다. 문화 콘텐츠가 주목되고 있는 영역에 따라 개념 정의 역시 차별적인 내용을 갖는다. 핵심어에 대한 접근부터 시작하면, 문화 콘텐츠는 '문화'와 '콘텐츠'의 합성어로서 문화적 속성과 콘텐츠적 속성이 생산적으로 결합한 것을 문화 콘텐

수익을 극대화하기 위한 노력의 일환으로 문화 콘텐츠가 앞으로 국가의 경쟁력을 향상시킬 수 있는 최대의 요소가 되고 있다는 인식을 반영한다. 다시 말해서 문화의 지구화가 확산되고 있는 국면에서 문화산업은 부가가치가 크기 때문에 관련 산업에도 많은 영향을 미칠 수 있다. 그 경제적 가치를 잘 활용하면 국가 경쟁력이나 국가 브랜드 평가에서 기대 이상의 효과를 가져다 주기도 한다. 문화와 경제가 접맥되어 창출되는 이와 같은 이익과 효과들은 '굴뚝 없는 공장'으로 표현되는 문화산업의 현장에서 문화 콘텐츠 개발을 더욱 가속화시키고 있다. 아시아 지역에서도 저장되고 축적된 지식으로서의 문화가 아니라 기존의 문화 정보와 지식을 새롭게 가공하고 재구성하는 작업, 즉 새로운 문화 콘텐츠를 개발하고 가공하여 유통시키는 작업과 능력의 중요성이 강조되고 있다.

전 지구적 시장 체계 속에서 한국을 포함한 아시아는 경제 위기와 문화 개방을 겪으면서 일상 공간의 사회경제적 · 문화적 환경과 의식의 변화를 급격하게 경험하고 있다. 그것은 신자유주의적 소비주의와 문화산업 그리고 일상생활의 식민화가 가속화되어 가는 과정이기도 하다. 이 과정 속에서 주목해야 할 것은 여성들에 대한 문화적 상징 폭력이 다양한 형태로 행사되고 있다는 것이다. 그럼에도 불구하고 경제적 이윤 창출의 당면 과제 앞에서 여성의 실제적 경험과 일상 세계와 차별적인 여성의 모습과 특성들이 문화상품 또는 문화 콘텐츠 개발을 통해 재생산되고 있다.

츠라 이를 수 있다. 문화의 다양한 개념들 중에서 정리해 보면 '문화'는 삶의 제반을 그려내는 일체의 것을 의미하며, 동시에 그것을 바탕으로 한 의식적인 창조물을 의미한다. '콘텐츠'는 일반적으로 문자, 소리, 영상 등의 정보를 제작하고 가공해서 소비자에게 전달하는 정보 상품으로 정의할 수 있으며, 원작자가 누구인지 어떤 가공 과정을 거쳐 만들어졌는지가 명확해서 저작권 주장이 가능한 '콘텐츠 재화(contents-good)'적 인식이 강조된다. 문화는 변화무쌍한 현재적 요구로부터 자유롭지 못하고 현실초월적이기보다는 좀 더 적극적이고 능동적인 자세로 자신의 영역을 개방하고 확장하고 있다. 그러한 적극적이고 능동적인 변신의 매개가 '콘텐츠'라고 할 수 있다. 그러므로 문화와 콘텐츠의 관계는 서로 길항하는 관계가 아니라 상보적 · 유관적 관계라 할 수 있다(박기수, 2006: 5-6 참조).

문화의 지구화를 통한 다원적 문화의 형성과 다른 한편 전통의 복원을 통한 민족문화에 대한 또 다른 강조 속에서 아시아의 여성은 문화의 지구적 통합과 민족적 정통성이라는 뒤섞이지 않는 변별성에 따라 모순적 표상으로 재현되고 있다. 문화 콘텐츠를 통한 여성 재현의 양상들을 분석하는 것은 '우리 것'과 '타인의 것'의 범주 속에서 여성들이 문화적으로 또는 정치적으로 어떻게 위치지어지는가에 대한 고찰이다. 나아가 전통과 경계를 넘어서 공유되는 아시아 여성의 경험이 새롭게 구성해 낼 수 있는 문화적 가능성에 대한 탐색이기도 하다.

문화 콘텐츠 개발의 추세와 가속화를 아시아 여성의 관점에서 이해해 볼 때 다음과 같은 질문들이 필요할 것이다. 문화산업에서 개발하고 있는 문화 콘텐츠 속에 나타나는 여성들은 어떤 모습과 이미지로 재현되고 있는가? '전통'의 이름으로 복원되는 여성들은 누구이며, 그들의 어떤 면들이 강조되고 재구성되는가? 아시아의 문화산업으로 대표되는 '한류韓流'에서 콘텐츠화되고 있는 여성 표상의 내용은 무엇인가? 문화 콘텐츠 속에 나타난 아시아 여성의 문화적 기호는 '아시아의 여성성'과 여성의 정체성에 어떠한 영향을 미치는가? 또한 아시아 여성을 탈식민적 관점에서 재인식시킬 수 있는 잠재된 문화 콘텐츠의 내용은 무엇인가?

이와 같은 연구 문제들은 매우 광범위한 범주들을 포함한다. 이러한 문제 의식들에 다가가는 시도로서 여기서는 아시아의 문화 콘텐츠 산업을 조망하고, 그 안에서의 여성 재현을 민족주의와의 맥락에서 파악한다. 우선 한국의 사회 변동과 그에 따라 변화되는 여성 표상의 사회사를 중심으로, 여성들의 특수한 역사적 경험이 문화산업과 콘텐츠 개발을 통해 어떻게 재현되고 있는지 살펴본다. 이것은 사회발전기와 변동기에 특히 부각되는 민족주의가 여성의 문화 표상에 개입해 온 과정에 대한 추적이 될 것이다. 또한 '우리' 민족이라는 동일성의 범주 속에서 주류에 속하지 못하는 여성들의 또 다른 '타자화'에 대한 문제 제기이기도 하다. 여기에서 민족주의는 정치 기득권 세력의 이데올로기로 작용하는 '국가민족주의'와, 지구화가 가속화되고 있는 현 시점에서 새롭게 등장하는 '문화민족주의'를 포함한다. 더불어 점차 강한 위세를 드러내고 있는 문화민족주의에 대한 논의를 진전시켜 전통문화 콘텐츠와 대중문화 콘텐츠에 나타난 여성 재현의 양상을 '신화'와 '한류'를 중심으로 살펴본다.

1. 아시아 문화 콘텐츠 산업의 현황

한국의 산업은 무역의존도가 65%에 이르며 수출이 경제 성장의 주요한 비중을 차지하고 있다. 최근에는 '문화산업비전 21' 등 정부의 강력한 문화산업 육성 정책과 민간 분야의 관심에 따라 게임, 애니메이션, 영화 등 문화 콘텐츠 산업의 일부분에서 세계 시장 진출의 가능성이 점차 커지고 있다. 이것은 문화 콘텐츠 산업[2]을 21세기 수출 유망 품목으로 개발하

2 문화 콘텐츠 산업은 문화, 문화산업, 그리고 콘텐츠의 의미 연관 속에서 정의되는 개념이며, 지역과 국가에 따라 각 용어들이 다양하고 복잡하게 인식되고 있기 때문에 문화 콘텐츠 산업의 개념 역시 정의하기가 용이하지 않다. 문화 콘텐츠 산업의 개념을 개별 국가 단위로 살펴보면 다음과 같다. "영국에서는 일반적으로 문화 콘텐츠 산업이라고 지칭하는 산업들을 '창조산업creative industries'이라고 새로이 정의하여 문화산업과 혼용하고 있다. 캐나다의 경우에는 '예술산업art industry'이라는 개념을 사용하고 있는데 문화예술의 전반적인 분야들을 포함하고 있어 상당히 포괄적인 성격을 지니고 있다. 미국과 호주 두 국가에서는 저작권의 보호를 받은 생산물을 생산, 배급하는 저작권 산업을 중심으로 문화 콘텐츠 산업을 분류해 놓았다. 일본에서는 문화 콘텐츠 산업이라는 용어를 사용하여 다른 국가들의 콘텐츠 산업을 연구하고 있다." 국내에서는 '문화산업진흥기본법'과 '문화예술진흥법'에 근거하여 "원천적인 생산 요소로서 예술성 · 창의성 · 오락성 · 여가성 · 대중성이 체화된 부호, 문자, 음성, 음향 등의 자료 또는 정보를 대상으로 한 기획 · 개발 · 제작 · 생산 · 유통 · 소비 등과 이에 관련된 서비스를 통해 경제적 부가가치가 창출되는 산업"이라고 정의될 수 있다. 특히 "급속히 발전하는 정보통신 기술과 접목함으로써 다양한 유통 과정이 파생되는 이른바 창구 효과window effect를 통해 연쇄적으로 수익이 창출될 수 있는 가능성"을 지닌 산업이 문화 콘텐츠 산업이라 할 수 있다(주수현, 2006: 183).

여 해외 시장을 적극 확대해 가려는 정책적 관심 속에서 본격화되고 있다(최홍섭, 2003 : 141).

이러한 문화 콘텐츠 산업은 경제와 문화의 결합을 통해 새로운 자본 축적과 시장 개척의 주요한 기반이 된다. 더불어 신자유주의의 경제 정책과 정치 이데올로기의 확대 속에서 지역문화 환경에 대한 글로벌 자본주의의 영향력을 강화시키는 주요 통로가 되고 있다.[3] 신자유주의에는 경제적 차원만이 아니라 문화적 차원이 내재적으로 결합되어 있기 때문이다.

신자유주의에 결합된 문화적 차원이란 신자유주의가 문화적 변화를 초래했다는 단선적 결정론을 의미하는 것이 아니라 신자유주의가 문화적 축적 체제이기도 하다는 것이다. 즉 신자유주의는 자신을 강력하게 재생산하기 위한 규칙과 과정을 내포하고 있는데, 인간의 노동력의 재생산을 포함한 축적 체제의 재생산은 생산 양식뿐만 아니라 생활 양식, 주체화 양식 등과 관련될 수밖에 없다. 그러므로 신자유주의 축적 체제의 조절 양식은 경제적 문제일 뿐 아니라 정치적 문제이고 문화적 문제이기도 하다(원용진, 2001 : 138). 이것은 신자유주의의 문화적 관련이 단순한 경제적 이윤 확장의 차원을 넘어 필연적인 내적 전개의 과정으로 진행된다는 것을 보여 준다.

이렇듯 글로벌 자본의 지구화와 함께 신자유주의적 문화 지배가 신자유주의의 내적 운동 방식을 통해 전면화되고 있다. 전 지구적 자본주의의

3 신자유주의는 1970년대 이후 서구 경제의 장기적 침체를 극복하기 위한 것으로 케인스주의에 입각한 복지국가들이 위기에 빠지면서 등장한 자본 축적의 새로운 전략이다. 시장에 대한 국가 개입을 축소시키고 시장의 활성화를 꾀하며, 전 지구적으로 자유방임주의 경제 정책을 통해 '개인 이익의 극대화'를 보장하고자 한다. 사회복지 등 공적 영역이 축소되고 자본에 대한 탈규제 정책으로 화폐, 금융자본의 지구화가 전면화한다. 결국 신자유주의 지구화란 산업, 금융의 거대 기업이 주도해 가는 것이며, 그 활동에 최대한 자유를 보장해 주고자 하는 것이 신자유주의의 정치적 기획과 이데올로기이다. 결국, 개인과 국가는 시장 전체주의 안에서 경제적 효율성에 의거한 성장과 경쟁을 원칙으로 무한 경쟁하게 된다.

흐름이 노동 중심에서 정보력과 지식 그리고 창의력이 주도하는 지식 기반 경제로 전환되면서 문화 콘텐츠 산업은 핵심 산업으로 부상되었고, "21세기의 생존을 넘어 탁월한 시장 전략을 수립하기 위한 마지막 대안"으로 평가되고 있다.

아시아에서 대표적으로 한국, 중국, 일본 3국의 문화 콘텐츠 산업은 세계 시장에서 아직 우월한 지위를 확보하지 못하고 있다. 현재 세계 시장에서 약 10% 정도의 비중을 차지하고 있는 일본도 인구의 노령화와 역동성 부족 등의 문제로 장기적인 문제점을 갖고 있다고 평가된다. 반면 미국은 문화 콘텐츠 산업 전체 시장에서 40%의 점유율을 보이고 있다. 특히 아시아 시장에서 다른 중심축이 형성되기 이전에 시장에서의 우월한 지위를 확보하기 위해 다각도의 전략이 실행되고 있다. 이것은 미국이 이미 경쟁력이 확보된 아시아 시장에서의 독점적 절대 우위를 통해 경쟁력을 장기화하려는 의도와 연관되어 있다(최홍섭, 2003 : 143).

미국 문화 콘텐츠 산업의 아시아 시장 장악은 앞서 살펴보았듯이 경제적 차원의 문제로 축소될 수 없으며, 미국 문화의 아시아 지역 확산은 결국, 미국적 관점의 지배를 의미한다. 이것은 또한 미국의 이해 관계 속에서 아시아 대중의 삶의 조건과 방식이 규정되고 아시아의 역사와 정치문화적 특수성이 탈각되어 가는 과정이기도 하다. 왜냐하면 문화 콘텐츠의 기표記標와 기의記意가 표현하고 있는 정신관은 아시아 지역, 예컨대 한국 사회 구성원들이 공유하고 있는 전통적 기호 체계와 경합하고, '아시아적인 것'을 주변화시키며, 상대적 우위성을 확보해 가기 때문이다.[4] 이러한

4 "존 레논의 〈이메진〉을 산요Sanyo 콤팩트 디스크 플레이어를 통해 즐기며 흑백 사진에 박힌 존 레논의 백랍 같은 얼굴의 엷은 미소를 보며 우주적 평화와 휴머니즘의 코스모폴리탄 세계를 상상한다. (……) 존 레논의 노래는 영국이라는 과거 제국주의 국가의 전유물로 당연시된 인류의 보편적 이상이 별다른 자기 반성 없이 담겨 있음에도 불구하고, 그의 노래를 즐기는 제3세계 주민인 우리들은 그가 설파하는 저항의 메시지, 제1세계의 이상향을 우리의 이상향으로 되바꾸어 믿기에 이르렀다.

문화적 식민화에 대응하여 아시아에서는 지구지역화의 의미가 다시금 '다문화주의'와 '아시아적 가치'[5]가 각축을 벌이는 지적 · 정치적 헤게모니의 양상으로 나타나고, 그에 따라 아시아는 또 다른 비서구로서의 지역성을 만들어 가고 있다.

아시아가 만들어 가는 비서구적 지역성이란 예컨대 한국의 경우, 서구 중심 세계 문화의 맥락에서 '우리'를 부활시키려는 일종의 문화 본질주의적 성격을 띠는 국가민족주의,[6] 또는 신자유주의적 자본 논리에 근거한 문화민족주의(이동연, 2006 : 264)를 들 수 있다.

2. 국가민족주의는 여성을 어떻게 재현하는가?

민족주의는 한국 사회를 움직이는 주요한 축이 되어 왔다. 근대화와 지구화의 과정을 거치며 한국인의 정체성은 한편으로는 신민족주의적 상상의 공동체와, 다른 한편으로는 국경을 초월하며 지구적 위력을 발휘하는 상상에 의한 문화적 공동체[7]를 통해 재창출되고 있다. 이와같이 민족과

그만큼 팝뮤직은 일상화된 코스모폴리탄 문화 공간을 창출해 내고 있다"(김성례, 1993: 83-84).

5 '아시아적 가치'란 개념은 "미국을 비롯한 서구가 자기 이외의 지역에 대한 정치, 경제, 문화적 지배를 합리화하기 위해 동원하는 형이상학적 수사이며 다른 한편으로는 개발독재국의 정치가들이 기득권을 고수하기 위해 동원하는 이데올로기적 장치"(이승환; 황경식, 1999: 77 재인용)로 규정하고 있다. 그러나 "아시아적 가치가 의미 있는 용어이기 위해서는 그 속에 내포되어 있는 가치 체계들이 아시아에만 특이하거나 고유한 가치들일 필요가 있다. 그렇지 않고 그 같은 가치관이 인간 사회가 역사의 어느 시점, 특히 전근대에 일반적으로 공유하는 가치관이거나 아니면 어떤 사회이건 전근대에서 근대에로의 전환기에 보이는 일반적 가치들이라면 그것을 굳이 아시아적 가치라 이름하는 것은 합당하지 않다"(황경식, 1999: 78).

6 김성례는 이것을 '신민족주의'로 일컫는다(김성례, 1993: 99).

7 현 시기를 탈식민 시대라 일컫고, 서구와 아시아의 문화적 혼종성이, 통일된 민족국가 시대의 종언을 상징한다는 주장(Errington, 1989; 김성례, 1993: 94 재인용)처럼 이제 민족과 국가의 공간적 일치가 와해되며 민족성은 국가의 경계를 넘어 문화적 정체감을 통해 '상상의 공동체'로 재창출된다는 것이다.

문화가 경합하면서도 혼융되는 문화의 재정치화가 이루어지고 있는 한국의 지구지역적 문화 지형을 고려할 때, 한국 여성들은 자신의 정체성을 어디에 뿌리내리고 있을까. 결론부터 말하자면 그들은 어디에도 온전하게 포함되지 못하는, 재창출된 새로운 '경계'에 서 있는 존재들이다. 왜냐하면 그들은, 그곳의 진정한 '원주민'인 적이 없었기 때문이다. 다시 말해서 한국의 민족주의가 기반하고 있는 전통과 국가에 자신을 정체화하면서 사회적 주체로 행위해 온 것은 남성이었기 때문이다. 다른 한편 다문화주의의 경계 해체 속에서도 여성은 주체적 의지와 무관하게 봉건적 잔재가 남아 있는 국가 가부장제가 규정하는 여성성의 범주를 통해 규정되는 존재이기 때문이다. 이러한 규정 속에서 서구적 문화를 수용하고 소비하는 주체의 변화에도 불구하고, 여성은 자신의 존재 규정성을 전근대적 준거를 통해 확인받는 모순적 상황을 목도하며 혼란을 겪게 된다. 그간 지역 내에서도, 중심으로부터 배제되어 온 한국 여성들의 삶은 이렇게 또 다른 '주변'에서의 '타자화'를 경험하게 되는 것이다.

문화 혼종성의 경험 속에서도 여성을 전근대적 방식에 따라 규정하고 움직여 온 한국의 민족주의는 사회적 변동에 따라 그 성격과 작동 방식이 변화되며 영향력을 미쳐 왔다. 다시 말해서 문화 콘텐츠를 중심으로 살펴보면 근대화의 시기에는 '유교적 가부장제에 근거한 민족주의'가 작동되었으며, 1990년대 이후 지구화의 시기에는 '신자유주의적 자본 논리에 근거한 문화민족주의'[8]가 그 배경이 되고 있다. 원천적으로 '문화를 매개

8 문화민족주의는 식민지 근대 시대의 문화제국주의의 개념과는 상이한 차별성을 갖는 개념이다. 즉 "식민지 근대나 산업자본주의 시대의 문화민족주의는 문화제국주의에 저항하는 이데올로기로 기능했다. 특히 일본을 제외하고 식민지 경험을 겪었던 대부분의 아시아 국가들에서 민족문화는 제국주의와 군사주의에 저항하는 문화운동의 유산을 가지고 있다. 1970년대 한국의 청년문화 운동은 민족문화 형식을 유신 체제에 대항하는 중요한 저항의 형식으로 활용했다"(이동연, 2006: 264).

로 민족주의를 재구성하는 기획'을 의미하는 문화민족주의는 지구화로 진입하는 시기에는 민족문화의 유산을 지배문화에 대한 저항의 형식으로 활용했던 저항적 청년문화나 민족 또는 민속문화와는 다른 성격을 보여준다.[9] 전 지구화의 시기에 문화민족주의는 "대중문화 산업의 '아시아화'를 위해 과거 저항적 민족주의의 유산들이 현실 문화 자본가들의 세계화 의지와 혼합되어 버리는 것으로서 [……] 1970년대 청년문화 운동가들이나 386 정치 세력들의 연대와 문화적 신민족주의 경향을 지적할 수 있다"(이동연, 2006: 265). 따라서 문화 콘텐츠 산업에 나타난 여성 재현의 내용과 방식도 한국 민족주의의 이와 같은 성격 변화에 따라 시기적인 특성을 보이고 있다.

국가 이데올로기의 권력 작용과 '타자화'된 여성 재현

국가의 재건을 위해 강력한 민족 단결이 요청되었던 1960년대에는 유관순의 참혹한 애국심이 영화와 소설을 통해 이데올로기적 문화 콘텐츠로 부활했으며, 산아제한의 시대적 과제를 수행해야만 했던 시기에는 모든 드라마가 두 자녀 이하만 출산하는 여성상을 강조하여 재현하기도 했다. 이러한 문화적 재현을 통해 전달되고 수용되는 여성의 사회적 표상이 자연스럽게 받아들여졌던 근거는 '우리'의 정체성과 '나'의 정체성이 '민족'이란 이름 아래 하나로 포섭되는 문화적 과정에 매개된 권력 작용 때문이었다. '한국인'이란 민족 정체성이야말로 서구 지향의 근대화 계획이 한국

9 이동연은 이 시기의 문화민족주의가 기존 민족주의 담론의 두 가지 가설에 대한 수정을 요구한다고 지적한다. "하나는 문화민족주의가 국가주의 담론을 넘어서는 권역의 문화공동체를 지향한다는 점과 다른 하나는 이것이 저항적 민족주의와 문화적 상업주의의 구분을 모호하게 만들어 버린다는 점이다"(이동연, 2006: 265).

사회에서 만들어 내는 많은 갈등과 문제들을 합리화하고, 반대 세력을 타자화하여 배제하는 수단이 되었기 때문이다(김은실, 2000: 107, 115).

1970년대 대중문화에 나타난 여성의 영상적 표상들은 한국 사회의 가장 일상적인 권력을 나타내면서 동시에 사회 변화의 움직임을 세밀하게 표출시키고 있다. 즉, 한국 현대사에서 가장 냉혹한 시대인 1970년대는 유신 체제 하의 경제 개발과 사회운동으로 여성에 대한 사회적 억압이 한층 심화되었던 시기이다. 한국 여성은 사회 구조의 가장 약한 고리로서 정치경제 구조의 밑바닥에 편입되면서 산업화의 주변부로 산업예비군으로 동원되었던 것이다. 또한 이 시기는 자본주의적 성산업의 확산에 따라 성적 욕망의 흐름이 다양한 문화적 재현들을 통해 나타났던 시기로서, 문화산업에 나타난 여성의 성 정체성은 산업예비군으로서의 역할이 강조되었던 근대화 초기 시기인 1960년대와는 커다란 차이를 보인다. 『영자의 전성시대』, 『미스 양의 모험』 등의 소설이나, 〈별들의 고향〉과 같은 영화들에서도 여성의 섹슈얼리티라는 모티브는 문화산업을 통해 주요한 콘텐츠로 자리 잡고 있다.

더불어 정치적 억압과 경제적 압축 성장으로 요약되는 1970년대는, 주간지들이 다수 창간되고 상업 방송사가 확대되는 등 1960년대부터 변화한 대중매체가 만들어 낸 대중문화가 본격적으로 확산, 수용되기 시작한 시기이기도 하다(윤선희, 2005: 139, 145). 이러한 매체의 변화는 다양한 문화산업의 확장과 대중적 수용을 용이하게 하는 기제로 작용했다.

또한 제조업에서 점차 중화학공업으로 이동해 가기 시작한 산업 구조는 여성들을 서비스산업으로 내몰아 갔으며, 여성의 역할에 대한 사회적 요구도 국가의 근대화를 확립하고 민족의 부흥을 이루어 내는 산업 역군들을 지원해 주는 것이었다. 이때 생산, 소비되었던 문화산업들은 여성의 섹슈얼리티를 주요한 코드로 콘텐츠화하는 작업들을 활발하게 전개했으며, 이러한 문화산업 속에서 소설이나 영화, 가요를 통해 재현된 여성들의 섹슈얼리티는 주체적인 성 정체성의 형성이 아니라 남성의 시선에 의해 구성된 섹슈얼리티였다. 이 시기 여성들의 성에 대해 보수적이고 억압적으로 작용했던 가부장제는 다른 한편으로 과도한 섹슈얼리티를 요구하고 드러내는 이중적 모순을 보여 주고 있다. 이 시기의 대중문화 속에서 여성들은 근대화로 표상되는 억압적 현실에서 도피의 대상으로, 산업 역군인 남성들의 위안부로 존재하고 재현되었던 것이다. 이들은 "독재 정치의 억압감, 산업화 정책의 비인간성, 이로 야기되는 각종 사회 부조리가 난무하는 사회에서 힘겹게 살아가는 피곤한 남성들의 심신을 달래 주기 위해"(윤선희, 2005: 144) 존재했던 타자화된 여성들이었다.

영상매체가 재현하는 아시아 여성과 다문화주의

한국에서는 1992년, 근대화의 진행으로 농촌을 떠난 여성들의 성별 분업sexual division of labor을 대체하고, 결혼하지 못한 농촌 총각들을 장가보내기 위한 목적으로 지방자치단체들이 추진한 행정 주도형 국제결혼이 시작되었다. 그러나 이 과정에 상업적인 중개업자들이 깊이 관여했으며, 최근의 국제결혼은 상업적인 국제결혼 중개업체의 증가로 알코올 중독, 폭력 등 사회적 문제를 갖고 있거나, 결혼을 위한 자립적 능력이 없는 남성들도 브로커의 중재를 통해 결혼하는 경우가 생겨났다. 그럼에도 불구하고 국제결혼을 통해 아시아에서 한국으로 이주하는 여성들은 해마다 증가하고 있다.[10]

10 한국의 경우, 결혼을 통해 한국 사회로 유입되는 여성의 숫자는 1990년부터 2005년까지 15년의 기간 동안 260배가 증가해 159,945명에 달한다. 2006년 한 해의 국제결혼은 한국 전체 결혼의 13.6%를 차지하는데 이는 8쌍 중 한 쌍은 국제결혼이라는 것을 의미한다. 한국 사회의 여성 결혼

결혼 이주 여성들이 증가하고 있으나 그들에 대한 사회적 편견과 이미지로 인해 이주 여성들은 이주국의 시민으로서 주인 의식을 갖지 못한 '타자화'를 경험하고 있다. 타자화는 일상의 주요한 권력 관계에서 나타나고 있는데, 이주 여성과 같은 소수집단은 '타자화' 과정을 통해 사회적으로 올바른 이해와 정당성을 인정받지 못하고 항상 주류집단의 시각과 관점을 통해 이해되고 규정된다. 타자화의 배경에는 이주 여성들에 대한 사회적 인식에 영향을 미치는 미디어를 비롯한 문화 매체들의 작용력이 크다.

그러나 텔레비전, 영화 등 미디어의 스크린에서 재현되는 이주 여성들의 이미지는 그들이 일상 속에서 경험하고 있는 다양한 문제들을 제대로 보여 주지 못하고 있다. 오히려 스크린 속의 이주 여성들은 대부분 한국 문화의 가부장적 규범 틀 속에 잘 적응하고 동화되는 정형화된 모습으로 재현된다. 서로의 차이를 인정하는 공존이 아니라, 주류사회의 사회 통합에 대한 일방적인 기대가 반영되어 있는 것이다.

얼마 전 종영된 드라마 〈황금신부〉는 결혼 이주로 한국에 정착한 베트남 여성이 주인공이었다. 주인공은 남편의 병을 완쾌시키고, 반목하는 집안을 화해시키는 중요한 역할을 한다. 또한 한국 전통 음식의 전수자가 되기 위해 남편의 전 애인과 경쟁하게 되며, 결국 한국 문화와 전통을 이어가는 소중한 존재가 된다. 주인공은 여러 난관에도 불구하고 물질적 욕망이 없는 순수하고 희생적인 헌신하는 전통적 여성상을 확보하는 데 '성공'하고 가족으로 받아들여짐으로써 한국 사회의 완고한 가부장적 질서를 유지시키는 존재로 재현되고 있다. 다시 말해서 드라마 속의 이주 여성은

이민자의 국적을 보면 중국 혹은 조선족(한국계 중국인)이 66%로 가장 많고, 다음이 베트남으로 18.7%를 차지하며, 일본이 4%, 필리핀이 3.2%를 차지한다(한국염, 2006).

가부장적 사회에서 한국 여성들이 이제까지 감내해야 했던, 그리고 점점 가치를 상실해 가고 있는 의무와 부담들을 떠맡아 가고 있다.

이러한 재현 방식을 통해 이데올로기적으로 미화되고 있는 결혼 이주 여성의 순수하고 아름다운 심성의 미덕은 시사교양 프로그램 〈러브 인 아시아〉에서 더욱 극명하게 드러난다. 이 프로그램은 이주 여성들을 가족 안에서의 아내, 며느리, 엄마로서의 역할을 통해 재현함으로써 이주 여성들을 가족 안으로 포섭하는 방식을 취하고 있다. 그에 따라 가족에 대한 환상과 이데올로기를 강화하고 이주 여성의 정체성을 가족을 위해 '감동적'으로 지나치게 헌신하는 '가족 구성원의 역할' 속에 국한하여 보여 준다.[11] 〈러브 인 아시아〉는 국제결혼으로 인해 국민국가의 경계 안으로 들어온 아시아 이주 여성의 모습과 타자로서의 아시아가 '우리'로 포섭되는 과정을 보여 준다. 외국에서 이주해 온 여성으로서 그녀의 정체성이 가질 수 있는 문화적 차이나 혼성성, 그에 따른 갈등이나 문제들이 배제되고 전통적인 여성의 역할을 잘 수행하고 있는 섯반이 상조되는 것이다.

국제결혼을 통한 결혼 이주는 기존 성역할에 힘입어 온 사회 체제의 유지를 목적으로 한 국가 정책과 이데올로기의 전개 과정과 맞물려 있으며, 드라마와 같은 문화적 기제를 통해 확산되고 있다. 미디어 매체에서 재현되는 이주 여성의 표상은 기존의 가부장적 사회 체체와 성격을 더욱 굳건히 지켜 나가는 전통적 · 헌신적 여성으로, 아시아 여성에 대한 서구적 편견을 스스로 재생산하고 있다.

11 프로그램을 통해 재현되는 이주 여성은 개별 국가 또는 인종에 대한 차별적 시선에 의해 '이산인으로서의 타자성'을 획득하기보다는 오히려 '가족 구성원의 역할'로 환원되는 가족 이데올로기에 의해 타자성을 획득한다고 하겠다. 여기서 '국제결혼 가정'은 사회적으로 이질적 가족 단위이지만, 혈연주의에 입각한 가족 이데올로기에 의해 해체 위기에 있는 농촌 가족을 재생산하는 기제가 되고 있다. 그러나 가족으로 포섭된 이주 여성들은 가정 내 역할에서는 안정감을 갖지만 공동체 외부와 관련된 것에는 무능력한 존재로 규정된다. 다시 말해 사회적으로 불안정한 위치를 갖게 된다 (이경숙, 2006).

3. 여성 문화 콘텐츠에 나타난 문화민족주의

애니메이션 〈왕후 심청〉의 여성 재현

한국의 문화 콘텐츠 산업에서 재현되고 있는 여성 표상은 현대적인 내용뿐만 아니라 전통적인 모티브를 콘텐츠화하는 작업을 통해서도 이루어지고 있다. 이것은 각국의 문화 콘텐츠 산업이 자국의 문화 확산을 위해, 자신들만의 독특한 문화적 인물들을 개발하고 내세워, 자신들의 문화적 우수성을 알리려는 전략과 맞물려 있다. 한국에서도 이러한 부분에 대한 의지가 문화 콘텐츠 산업에서 이미 사라진 역사적 인물들 또는 전통적 가치들을 다시 불러오고 있다.

한국적 가치를 대변할 수 있는 대표적인 인물들과 문화적 규범이나 가치의 콘텐츠화는 〈명성황후〉, 〈유관순〉, 〈춘향〉 등을 통해 이루어지고 있다. 대부분 다양한 패러디와 리메이크 작업이 병행되고 있으며, 문화상품의 영역도 뮤지컬에서 애니메이션까지 다차원적이다.

이러한 다차원적인 방식으로 전통문화가 콘텐츠화하고, 그 안에서 여성의 재현이 문화민족주의적 차원에서 변형되는 대표적인 예로 『심청전』을 들 수 있다. 심청은 고전소설로 시작하여 윤이상의 오페라 심청과 유니버셜 발레단의 발레 심청, 서울예술단의 뮤지컬 심청, 그리고 신재효의 판소리 사설에서 판소리 판각본계 소설의 심청, 황석영의 소설에 등장하는 심청 그리고 넬슨 신의 애니메이션의 심청에 이르기까지 다양한 장르와 변형 과정을 통해 새로운 인물들로 되살아나고 있다. 장르와 작업의 성격에 따라 심청의 재현은 때로는 효행을 대표하는 전통적 여성상을 보여 주고 있지만, 때로는 황석영의 『심청』처럼 한국으로부터 중국과 일본까지 이주하는 공간적 배경을 바탕으로 광대, 창녀, 권력자의 아내와 같은 다양한 인물로 재창조되기도 한다. 또한 '렌화', '로터스', '렌카' 등의 이름으로 호명되는 심청의 다양한 인물 변형은 효행이란 전통적 가치를 담보하는 여성상으로부터 이주를 통해 확보된 다양한 문화적 가치를 포괄하는, 즉 혼종적인 문화 정체성을 안고 있는 여성의 재현을 보여 준다.

애니메이션 〈왕후 심청〉은 할리우드의 유명한 한국계 애니메이션 감독인 넬슨 신과 북한의 4·26 아동영화촬영소가 공동 제작한 극장용 장편 애니메이션으로 이미 잘 알려져 있다. 문화 콘텐츠 영역으로 확장된 『심청전』은 그 수용자 대상군이 한국을 벗어나 전 세계적으로 설정되어 있다는 점에서 고전소설 작품들이 문화 콘텐츠 산업으로 상품화할 수 있는 길을 터 주고 있다는 평가를 받고 있다(김용범, 2005 : 374-375).

그러나 심청의 문화 콘텐츠화 작업은 문화상품의 시장 확대와 이윤 창출의 주요한 관심과 한국 문화의 확산이라는 문화민족주의적 관심 속에서 진행되고 있어 정작 이런 과정을 통해 재현되고 있는 주인공 심청은 전통적 가치를 표상하고 있는 전형적인 인물에서 어느 정도 벗어나 있다. 심청을 "문화적 코드로 입상화하여 한국뿐 아니라 전 인류의 효의 보편적인 원형으로 세계성을 획득"[12]할 수 있게 한다는 문화민족주의적 관심은 심청을 발 빠르게 디즈니 애니메이션들과 비교하게 하고 효과적인 전략들을 가감시키게 한다.

이러한 비교들 속에서 원작 『심청전』의 심각한 서사들은 온화한 코드로 바뀌고, 존재하지 않았던 동물 캐릭터의 등장과 의인화가 이루어지고,

12 "우리의 전통적 윤리 규범이기도 하거니와, 사회적 이데올로기인 효의 대표적 캐릭터인 '심청'이란 존재는, 우리 민족의 원형적 심리의 외연과 내포라는 자장 속에서는 매우 중요하지만, 문화적 존재로서 그 산업적 가치나 세계적 문화 기호로서의 '심청'의 존재는 미약하다. 그 원인은 두말할 나위 없이 '심청'이라는 캐릭터가 세계 시장에서 문화적 친근성을 획득하지 못한 까닭이다. 무엇보다 우리가 우선해서 성취해 내야 할 것은 '심청의 문화적 코드로 입상화立像化'이다. '심청'을 우리뿐 아니라 전 인류의 '효'의 보편적인 원형으로서 세계성을 획득할 수 있게 하는 연구가 더욱 심도 있게 이루어져야 할 것이다"(채희윤, 2005: 319-320).

용궁의 분위기도 밝고 온화한 공간으로 만들어 애니메이션의 희극적 요소를 극대화시켜, 인신 공양의 끔찍한 행위를 희석시킬 수 있도록(채희윤, 2005 : 340) 변형된다. 심청의 재현도 〈미녀와 야수〉의 벨과 〈인어공주〉 애리얼의 차별적 성격을 중층적으로 포괄하는 양상으로 재구성된다. 〈왕후 심청〉을 〈미녀와 야수〉 및 〈인어공주〉와 비교하고 적절한 전략들을 차용하려는 시도는 아이러니하게도 배경과 표현 방법만 한국적이지 재현된 여성상은 별다른 차별성이 없는 결과를 가져왔다. 아시아 여성의 문화 재현에서 항상 그렇듯이 심청 애니메이션에서도 여전히 효성이 충만한 여성 이미지가 부각되지만 심청은 더 이상 아시아 여성의 특수한 지역적 경험을 반영하기 힘든 개성 없는 캐릭터가 되어 버렸다. 이와같이 혼종적 정체성을 드러내고 있는 심청의 재현은 아시아 여성의, 예컨대 한국 여성의 특수한 경험에 대한 온전한 이해를 탈각시킨다.

지향하는 가치에서도, 심청이 내포하는 대표적 전통 가치인 효는 서구 문화와의 차별성을 강조할 수 있는 포기할 수 없는 모티브로 선택되고 있으나 시공時空을 떠나 '보편적 효의 원형'이 되기 위해서는 벨의 효행적 행동보다 더욱 심화된 효열로 부각되어야만 하는 책무를 안고 있다. 이렇듯 애니메이션 속에서 새롭게 창출된 심청은 별다른 변별력을 갖지 못한 채 힘겨운 인물 경합을 해야만 하는 것이다. 심청을 비롯한 애니메이션 여주인공들의 인물 경합은 문화민족주의를 배경으로 한 문화산업 자본의 경합을 대변하는 것으로 이 과정 속에서 심청의 존재 의미는 본래적 원형을 상실한 채 모자이크적으로 재구성되고 있다.

이렇게 심청처럼 아시아에서 열녀와 효녀들이 수행해 온 효행이란 행위는 그 사회적 배경에 대한 이해 없이 '지향해야 하는 아름다운 전통 가치'로서만 강조되고 문화 콘텐츠로 개발되고 있다. 상품화할 수 있는 핵심 요소들을 콘텐츠로 개발하는 문화 콘텐츠 산업의 논리는 '아름다운 희생'의 역사 속에 남존여비, 여아 살해 등 효와 폭력의 밀접한 관련이 있었다는 역사적 배경(정재서, 2003: 23)에 대한 이해를 사상시킨다. 또한 심청의 고전 설화가 가부장제 사회에서 아버지를 통해서만 자신의 정체성을 이룰 수 있었던 아버지와 딸의 관계를 바탕으로 하며, 이런 점에서 심봉사와 심청의 부녀 관계가 '자기 희생적 효'를 매개로 한 화합적 관계가 아니라 딸로 하여금 '자발적인' 죽음의 길로 들어서게 만든 대립적 성격을 내포하고 있다(윤인선, 2002: 134)는 관점 또한 허용하지 않고 있다.

심청의 아버지에 대한 효가 과거 국가 발전을 위한 다양한 희생을 위해 개발되었듯이, 현재 부활되고 있는 심청의 효는 경쟁력 있는 문화 콘텐츠로서의 역할을 부여받고 있다. 이렇듯 문화 콘텐츠로 부활되고 있는 심청의 효 안에서 국가민족주의와 문화민족주의가 접맥되고 있는 것이다.

문화 콘텐츠를 통해 변형된 신화 속의 여성

신화는 주요한 문화 원형으로, 지역적 전통 및 역사와 관련되어 있다는 점에서 문화민족주의의 원천적 내용들을 담보하고 있다. 또한 문화 콘텐츠 산업의 측면에서도 스토리텔링의 원천 자료로서 자주 주목되고 있으며, 문화 생산에 대한 활용도가 높다. SF 소설, 게임, 영화, 드라마 등 다양한 매체들을 통해 신화가 활용되고 가공되고 있다. 엔터테인먼트의 성격이 강하고 매체 관련성이 높은 문화 콘텐츠 산업에서는 부단히 창의적이고 상상력을 자극할 수 있는 새로운 문화 원천을 요구하기 때문에 신화는 이런 점에서 상상력의 보고로서 가치를 부여받는다. 단적으로 '신들의 이야기'로 정의할 수 있는 신화는 문화 콘텐츠 산업의 기술적 토대와 결합되면서 그 무궁무진한 상상의 세계를 전개한다. 이렇듯 변화되는 전 지구적 문화 환경 속에서 전통의 깊숙한 공간에 잘 보관되었던 다양한 신들의 이야기는 지구지역적 변화 요구에 따라 변형되며 움직이는 생명력을 얻고 있다.

문화 콘텐츠는 그것이 창출해 낼 수 있는 재화적 가치가 중요하게 고려되는데, 이런 점에서 재화로서의 기능과 문화로서의 기능을 동시에 수행하게 된다. 문화적 역량을 어떻게 산업적 메커니즘과 생산적으로 결합해 나갈 것인가, 문화적 역량을 중심으로 문화 콘텐츠의 생산력과 영향력을 극대화할 것이냐 등의 현실적 고민이 있을 수 있다. 신화가 문화 콘텐츠 산업의 주목을 받고 있는 이유 중의 하나가 이러한 측면에서 유용한 대상이 되기 때문이다. 신화는 문화적 방식으로 세계의 신비를 설명하거나 많은 세월이 걸러낸 상징과 이야기라는 문화적 정수를 내포하고 있다. 이런 점에서 신화는 문화적 역량을 바탕으로 재화적 가치를 창출해야 하는 문화 콘텐츠와 상관성을 갖는다. 즉, 신화는 기존의 문화적 역량을 토대로 해야 하는 문화 콘텐츠의 특성과 부합하며, 동시에 재화적 가치로만의 편향을 견제할 수 있는 중요한 요소로서 기능할 수 있기 때문이다(박기수, 2006 : 7).

그러나 신화가 다양한 매체를 통해 문화 콘텐츠로 개발되면서 재화적 속성이 강고해지고 세속화하면 본래적 의미의 문화적 역량이 퇴조하게 된다. "신화가 세계의 신비를 설명한다는 최초의 기능을 상실하면 차츰 민담이나 전설로 격하되고 나아가 소설 등의 문학작품 속에 나타난다. 개별적이고 표면적인 신화는 변모하고 해체되어도 인간의 상상력에서 그 신화적인 바탕은 변함없이 유지"(최애리, 2004 : 174)된다는 주장도 있지만, 이것은 신화의 원천 콘텐츠로서의 가치와 의미를 두고 상정할 수 있는 평가이다. 문화 콘텐츠의 급속하고 획기적인 변형들은 신화의 재화적 가치를 높일 수 있지만, 지역과 공동체 구성원에게 뿌리내리는 신화의 본래적 의미는 사라지고 다른 '서사'가 존재하기 때문이다. 특히 신화가 문화 콘텐츠 산업의 생산성을 전제로 논의되고 민첩하고 효과적으로 가공되고 개발되기 시작하면 대중성이 좀 더 확실하게 담보될 수 있는 성격으로 변형된다.

대표적인 사례로 신화 그 자체를 대중적인 문화 콘텐츠로 전환시킨 『만화로 보는 그리스로마 신화』를 들 수 있다. 이 콘텐츠는 대부분의 사람들이 그리스로마 신화를 인지하고 있지만 그 자세한 내용과 전개를 알지 못한다는 점에서 학습의 성격을 띠고 만화의 매체를 빌려 새롭게 생산되었다. 다시 말해서 그리스 로마의 지역적 특성과 전통을 반영하는 신화는 만화라는 대중적인 콘텐츠로 전환되어 지리적으로 상당한 격차가 있는 아시아의 한 지역에서 마치 그 지역의 문화적 토양으로 빚어진 듯한 신들의 이야기로 재탄생된 것이다. 이처럼 대중적 접근이 용이해지고, 총 20권까지 1,500만 부 이상 판매되며, 세대와 연령차를 넘어 신화 열풍을 주도할 만큼 지대한 영향력을 미치고 있다. 그리스로마 신화의 여신들은 각각 고유한 역할과 이미지를 갖고 오늘날 여성들의 다양한 원형이 되고 있으나, 『만화로 보는 그리스로마 신화』는 이러한 원형적 의미가 전달되기보다는 신체적 특징과 역할 재현에서 전형적인 남성성과 여성성의 시각적 표상을 강조하고 있으며, 흥미로운 이야기 전개를 위해 사랑, 질투 그리고 증오 등 갈등을 중심으로 한 인간 관계가 주요한 흐름이 되고 있다. 여신들은 자주 갈등의 원인을 제공하는 역할을 위임받는다.

일본의 경우, 문화 콘텐츠 산업을 통해 신화가 생산적 전환을 이룬 것은 미야자키 하야오의 애니메이션에서 발견할 수 있다. 〈모노노케 히메〉, 〈바람계곡의 나우시카〉, 〈센과 치히로의 행방불명〉 등 미야자키 하야오 감독의 연작물들은 신화를 콘텐츠화하여 생산적인 변용을 가한 경우이다. 더불어 어린 여자 주인공이 전형적으로 등장한다. 일본 건국 신화에서는 그리스로마 신화의 가이아와 유사한 여신들이 등장한다. 무라마쓰 다케오는 여신 아마테라스의 원초적 이미지를 분석하며, 아마테라스가 본래 태양신을 모시는 주술사靈巫였고, 태양신의 처가 되었다가 태양신으로 승화되었다고 보았다. 이렇듯 아마테라스는 여성 사제로서의 원형을 갖는다. 또한 야마가미 이즈모는 아마테라스와 그리스의 대지모신인 데메테르를 비교하여, 농경과 목축이 시작된 시기로부터의 대지모신의 이미지를 갖고 있음을 주목했다. 여신 형상의 변모와 변형은 이후 사회경제적 변화에 따라 다채롭게 달라지기도 했으나, 근대 이후 여성의 존재로 고착되어 인식되었다(송정화, 2004 : 130-132).

이렇듯 태양신과 사제, 대지모신의 이미지는 만들어 내고 생성하며 생명력을 갖도록 한다는 힘의 상징적 원형이다. 미야자키 하야오의 〈모노노케 히메〉에서는 강한 여신의 이미지를 갖는 여자아이가 나오지만 건국신화에 나오는 위대한 대지모신과 같은 웅장한 이미지는 아니다. 그러나 〈모노노케 히메〉가 인간과 자연, 인간과 인간이 어떻게 조화를 이루며 살아갈 것이냐와 같은 근원적인 질문을 끊임없이 이끌어 내는 역할을 주도하고 있기 때문에 일본의 여신에서 발견되는 생명력의 원천 콘텐츠가 변형된 형태로 자리하고 있다고 볼 수 있다. 적어도 여신의 이미지와 역할 표상이 성 고정 관념에 의한, 또는 일본 사회의 전통 문화적 준거 틀을 벗어나 좀 더 존재론적이고 창조적인 의미를 애니메이션이라는 문화 콘텐츠 산업을 통해 보여 주고 있는 것이다. 이런 점에서 미야자키 하야오의 애니메이션 연작들은 여성 재현의 관점에서 새로운 가능성을 열어 주고 있다.

반면 한국의 건국 신화를 문화 콘텐츠화한 〈주몽〉, 〈연개소문〉, 〈태왕사신기〉 등은 중국의 동북공정과 '남성성'에 대한 향수를 공통 분모로 갖고 있다. 중국의 동북공정과 잃어버린 남성성을 현재적 과제로 부각시키는 점, 그것을 신화나 신화화된 인물을 통해 극복하는 전형을 보여 주기 때문이다. 이러한 문화 콘텐츠들은 그것을 통해 향유자들의 지지와 충성을 이끌어 내고자 하는 시도와 맥락적으로 맞닿아 있다(박기수, 2006 : 16). 이렇듯 현실적으로 예민한 역사적 과제에 대한 관심을 드라마의 오락성을 매개로 촉발, 유지하여 드라마의 상업성을 극대화한다는 것은 문화 콘텐츠 산업의 전형적인 전략이라 할 수 있다. 이런 신화의 문화 콘텐츠화 속에서는 역사적 영웅의 신화화가 이루어지며, 그 주인공은 대부분 남성들이다. 여성들은 드라마를 이끌어 가는 강한 '남성성'에 인간다운 면모를 더해 주기 위한 역할을 부여받는 등 부차적인 존재로 재현된다. 예컨대 소서노와 같은 상대적으로 강한 여성상의 등장도 역사적 사실과는 차별적 양상으로 표현되며, 드라마적인 상상력 속에서 결국은 어떤 형태로든 영웅의 강한 남성성을 더욱 신화화하는 기제로 마무리된다.

"신화는 사실에 입각한 정보를 주기 때문이 아니라 유효하기 때문에 진실"(암스트롱, 2005 : 16)이라는 언술처럼 신화는 오래된 다른 세상의 이야기지만, 현재 해당 지역에 함께 존재하는 유의미한 현재성을 내포한다. 문화 콘텐츠를 통해 변형된 신화 속에 나타난 여성에 대한 협소한 이해는 이러한 신화의 위력과 함께 오히려 더 강고해질 수 있는 것이다.

한류 여성 아이콘의 문화 혼종성

민족주의를 배경으로 부단히 변형되는 한국의 여성 표상은 문화 콘텐츠 산업 속에서 이와같이 다양하게 재구성되고 있다. 앞서 보았듯이 여성들은 한편으로는 다양한 사회 발전의 시기에 여성에게 부여된 사회적 역할 표상을 중심으로 재현되고 있다. 다른 한편으로 여성들은 전통적 가치의 표상인 동시에 타문화의, 예컨대 서구적 표상들을 함의하고 있는 문화적 혼종성을 갖는 다중적 존재가 된다.

상품화에 대한 관심 속에서 개발되고 있는 아시아의 문화 콘텐츠들은 세계 시장을 겨냥한 문화상품의 경제성에 주안점을 두고 있다. 따라서 아시아의 특수한 역사성과 문화적 경험들이 서구적 욕망과 시각을 통해 재단되는 경우가 많으며 이와같이 개발된 문화 콘텐츠들이 '아시아적인 것'에 대한 기존의 고정 관념과 왜곡된 내용들을 강화시켜 갈 우려가 있다. 특히 문화 콘텐츠 속에서 재현되고 있는 여성 표상들은 열녀나 효녀와 같은 가부장적 전통 속에 규정된 여성 이미지를 정형화하고 있는 경우가 많다. '한류'와 같은 대중문화 콘텐츠 속의 스타들 역시 서구적 여성 이미지를 대변하고 있어 아시아 여성을 또 다른 방식으로 '타자화'시키는 측면이 있다.

지구화가 본격적으로 논의되기 시작한 1990년대부터 한국 경제도 경제적 자본 추구를 통한 국부國富의 증강 전략에서 문화산업을 중심으로 한 문화자본 증식에 관심을 두기 시작했다. 다양한 경로를 통해 부각되기 시작한 영화, 드라마, 대중음악, 게임 등 문화 콘텐츠 산업은 한류의 부상과 함께 더욱 가속화되었다. 다양한 매체를 통해 생산되고 아시아 여러 지역으로 확산된 한류의 문화자본, 즉 문화 콘텐츠들은 국가의 이미지를 향상시키고, 그것을 통한 경제적 부가 이익의 확보로도 이어졌다.[13]

이렇게 생산된 다양한 문화 콘텐츠들 속에 나타난 여성 표상은 드라마 〈대장금〉에서와 같이 한국의 전통문화를 대변하는 모습으로, 또 다른 한편으로는 전통문화의 상징적 역할에도 불구하고 아시아의 여성성으로 표현되는 편협한 스테레오타입과는 차별적인 모습으로 나타나기도 했다. 〈대장금〉은 이란에서도 85%라는 놀랄 만한 시청률을 기록하면서 조선

13 2000년도 초기에 한국 기업이 중국으로 진출하기 전 한국 드라마가 먼저 중국에서 방영되었고, 한국인에 대한 호감과 친근감의 상승 효과를 통해 드라마를 통한 한류 문화자본은 한국 기업의 국가 경쟁력을 높여 주고, 중국 내 정착에 감성적 토대를 마련해 주었다고 볼 수 있다.

시대라는 현실적인 시간적 격차를 넘어서 또한 전통과 문화가 다른 아시아의 다양한 지역에서 공감대를 형성하고 있다. 〈대장금〉의 여성상이 이러한 폭넓은 공감대를 형성할 수 있는 것은 〈대장금〉의 여성 아이콘이 현실 속 여성들의 욕구와 기대를 담보하고 있기 때문이다. 다시 말해서 현재의 여성상은 전통적 윤리와 규범의 틀을 벗어나 새롭게 상상되기를 원한다. 역사 속에 주변인으로 전혀 부각되지 않던 궁녀들을 주인공으로 세우고, 그들이 문제를 풀어가는 방식도 권위나 폭력의 방법이 아닌 연대와 배려의 선택이었음을 보여 주는 여성 서사는 현실 속에서 전망할 수 있는 여성들의 가능한 모습이기 때문에 더욱 설득력을 갖는다.

반면 대중문화 콘텐츠에 스타로 등장하는 여성 아이콘은 '문화적 기호'로서의 상징적 의미를 담보하며 한류 연예 자본의 다양한 확대, 재생산의 구성체가 된다. 또한 일본이나 중국 등 '현지화'된 마케팅이나 판매 전략 등은 스타에 대한 팬덤 문화를 형성하고, 여성 스타 아이콘의 상징적 기호를 선호하고 흉내내는 문화 혼종적 경향을 강화한다. 이러한 문화 혼종성은 한류 여성 아이콘의 문화 혼종적 성격에서 비롯된다고 할 수 있는데, 이동연에 의하면 예컨대 '보아'는 당초 글로벌 스타로 기획되고 키워지면서 보아의 문화정체성과 표상 역시 한국과 일본 그리고 미국 등의 스타와 팝문화를 벤치마킹하여 자연스러운 내면화를 시도한 경우라 할 수 있다. 깔끔하고 순수한 틴에이저 귀족 이미지를 갖고 있는 보아에 비해 성적 이미지의 코드를 지향하는 이효리의 경우 스타일과 이미지 전략의 차별성에도 불구하고 문화자본의 흉내내기를 통한 문화 혼종성은 공통적 경향성을 띤다. 단지 보아가 '글로벌 스타일'로, 이효리가 '국지적 스타일'로 타문화의 원본을 지구지역화하고 있을 뿐이다(이동연, 2006 : 223).

이러한 문화 혼종성은 문화 콘텐츠 산업이 문화자본을 적극적으로 증식시키는 과정에서 비롯되는 경향으로, 모방을 통한 서구 문화적 혹은 타문화적 콘텐츠의 수용과 그것을 통한 문화적 친밀성과 접근 용이성의 확보를 목적으로 한다고 할 수 있다. 다시 말해서 이러한 모방은 "특정한 문화 주체의 모방이라기보다는 글로벌한 음악산업 내에 편입된 연예 제작 시스템의 복제라는 것이 더 적절"(이동연, 2006 : 229)할 것이다.

이처럼 자본 확장을 위한 자본 시스템의 복제라는 의미가 투영되어 있는 한류 여성 스타들의 문화적 아이콘은 지역의 차별적 특성을 제대로 반영하지 못하는 것이다. 또한 여성 스타가 보여 주는 여성 표상 역시 글로벌 차원 혹은 국지적 · 지역적 차원에서 유사한 몇 가지 전형들을 창출해 낼 뿐 실상 지역적 정서와 배리된 모습이다. 이러한 여성 아이콘의 모방적 확대는 마치 글로벌한 문화적 기준에 스스로를 참여시키고 있다는 착각과 함께 현실적 토대로부터 스스로를 더욱 유리시키는 결과를 초래한다.

이것은 아시아 여성 주체를 아시아 여성의 지역적 경험과 무관한 방식으로 재생산해 내는 문화 작업이 되며, 급변하는 아시아의 문화 변동과 지구지역적 맥락의 경계에서 주체적으로 움직이는 행위자로서의 아시아 여성의 존재를 포착할 수 없게 한다. 그러므로 여성과 관련한 아시아 문화 콘텐츠의 개발은 지구지역적 상황에서 변화하고 있는 아시아의 특수한 정황들과 그 안에서 삶을 형성해 가고 있는 여성들의 구체적인 경험을 토대로 모색될 필요가 있다.

4. 맺음말: 아시아 여성의 '숨겨진 서사'를 발굴하는 문화 콘텐츠

아시아의 문화산업 발전과 민족주의와의 연관성을 파악하고, 문화산업 또는 문화 콘텐츠 산업을 통해 재현된 여성 표상에 민족주의가 어떻게 개입되고 있는지를 고찰했다. 이것은 아시아 문화 콘텐츠 산업의 성격과 그와 상관적으로 진행되는 여성 재현의 내용들을 포착하는 데 여전히 중요한 단초를 제공한다. 여기서는 문화 혼종성의 경험 속에서도 여성을 전근대적 방식에 따라 규정하고 움직여 온 한국의 민족주의가 사회적 변동에 따라 그 성격과 작동 방식을 변화시키며 영향력을 미쳐 온 과정을 추적했다. 다시 말해서 문화 콘텐츠를 중심으로 살펴보면 근대화의 시기에는 '유교적 가부장제에 근거한 민족주의'가 작동되었다. 1990년대 이후 지구화의 시기에는 '신자유주의적 자본 논리에 근거한 문화민족주의'가 그 배경이 되고 있음을 알 수 있었다.

또한 전통문화 콘텐츠와 대중문화 콘텐츠에 나타난 여성 재현의 양상을 '신화'와 '한류'를 중심으로 분석했다. 우선 신화의 문화 콘텐츠화에 대한 관심이 무엇을 토대로 하고 있으며, 문화 콘텐츠로 개발되는 아시아의 여성 신화가 재현하는 여성 그리고 여성 표상은 어떤 특성을 갖고 있는지 살펴보았다. 또한 신화의 원천 콘텐츠를 OSMUOne Source Multi Use하는 수익 창출 과정과 신화의 문화 콘텐츠에 나타나는 여성상의 연관적 맥락을 검토했다.

'한류'와 관련된 대중문화 콘텐츠 속에서 아이콘으로 등장하는 여성 스타들의 재현과 이미지는 한국이란 지역적 공간에 토착화된 연관성만 갖는 것은 아니다. 한류를 소비하는 수용자의 관점에서 볼 때, 다양한 한류 문화 속에 나타나는 여성 재현은 문화적 감성의 공유 차원에서 이해되어야 하기 때문이다. 또한 이렇게 수용된 여성 표상 혹은 재현의 내용들은 '일류日流'나 '화류華流' 등 아시아 여러 지역의 문화 트렌드에 영향을 미치며, '아시아 여성'이라는 기표에 대한 의미 구성을 이루어 낸다. 이렇게 재현되고 만들어지는 여성 표상이 어떤 특징을 갖고 있는지, 어떤 시선과 관점에 의해 선택되고 콘텐츠화되는지, 그 과정에서 주변화되거나 사상되는 여성 표상의 다른 측면은 없는지 살펴보고자 했다.

상업성과 매체 연관성이 더 강고한 문화 콘텐츠 산업은 그 특성으로 인해 콘텐츠 개발에서 '문화적 가치'보다는 '재화적 가치'를 우선시한다. 문화 콘텐츠 산업의 이러한 지향성 속에서 생산 또는 가공된 여성 표상은 '심청'의 사례에서 보듯이 '효'라는 전통적 가치를 주요하게 실천하는 여성상과 디즈니 애니메이션의 '벨' 또는 인어공주 '애리얼'의 이미지가 보여 주는 전형적 서구 소녀의 표상을 함께 갖고 있다. 중국판 『심청전』으로, 『서유기』, 『삼국지』 등에 견줄 수 있는 중국의 여성 설화 『홍루몽』이 디즈니 애니메이션 〈뮬란〉으로 다시 창출되며 갖게 된 여성 재현의 성격도 이와 흡사하다. 이러한 문화 혼종성은 한류 문화 콘텐츠 산업에 등장하는 여성 아이콘 분석에서도 발견할 수 있었다.

문화 콘텐츠 산업에서 보이는 여성 표상의 문화 혼종성은 문화적 경계가 더 이상 특별한 의미를 갖지 못하는 문화적 지구화의 한 측면을 반영하는 것이다. 차별적인 문화 간의 간극이 좁아진다는 것은 문화 콘텐츠의 공유, 결국 경계를 넘는 문화적 확산과 횡단이 지구화 시대 시공간의 압착 속에서 확산되고 있음을 의미한다. 이렇듯 디지털 기술의 발달과 전파 및 방송산업의 융합 등으로 문화 콘텐츠 산업이 다양한 매체 영역 속에서 활성화되고 있다. 특정 사회의 특정한 시기에 공유되었던 여성의 표상과 상징들의 복원과 재현은 이제 동시적이고 공시적으로 이루어지고 있다.

문화 영역에 현재와 같은 기술 발달과 활용이 진행되지 않았던 시기에는 자국 문화 이외의 문화를 접하는 것은 주로 여행이나 또는 문화상품의 수입을 통해 이루어졌다. 다문화의 경험도 문화적 경계가 약화된 다양한 혼종적 문화를 경험했다기보다는 우리 것과 다른 문화들을 단편적 또는 부분적으로 경험했다고 해야 할 것이다. 그러나 지구화로 인한 시공간의 압착은 다양한 문화가 시기와 장소를 구분하지 않고 혼종적으로 존재하게 하는 문화 횡단적 경험을 갖게 한다. 이제는 문화 경험에서 특별한 공간적 이동이나 시기적 변수들에 대한 고려가 필요 없게 된 것이다.

더욱이 디지털 및 정보 기술을 바탕으로 한 문화 콘텐츠 산업의 확장은 이러한 문화적 이동의 의미를 더욱 용이하게 만들며, 문화자본의 탈국적성과 문화 정체성의 혼종화를 가속화시키고 있다. 문화와 문화 콘텐츠의 이동이 문화 수출 또는 수입을 통해 국경을 넘어 소개되고, 수용되는 차원이 아니라 기획되고 생산되는 콘텐츠를 통해, 누구나 문화적 디아스포라인人이 될 수 있기 때문이다. 예컨대 한류의 '현지화'와 '토착화' 전략들이 그것이다. 한류의 현지화 전략은 현지인을 스타로 가공하는 것과 한국의 스타들이 제작 단계부터 현지화하는 것, 그리고 특정한 문화 콘텐츠의 제작과 유통을 다국적화하는 것이다(이동연, 2006 : 265). 이제는 〈겨울연가〉의 드라마를 보고, 촬영 장소에 가거나, 그 주인공들이 방문을 통해 이루어지는 경험뿐만 아니라, 자신이 곧 그 지역의 그 주인공이 될 수 있는 콘텐츠의 기획들을 통해 문화적 경험의 차원이 더욱 가깝게 확대된 것이다.

여성 재현의 문제도 '심청'의 다양한 리메이크처럼 변형된 콘텐츠의 새로운 기획을 통해, 전통적이면서도 다문화가 혼종된 존재로서 콘텐츠 안에 다양한 이주의 경험들을 포괄하는 새로운 인물들이 창조될 수 있다. 그러나 문화 콘텐츠에 나타나는 이러한 문화적 혼종성을 통해 문화 콘텐츠 산업을 둘러싼 문화민족주의의 경합이 강화될 것이며, 여성들의 혼종적 문화 정체성 또한 더욱 심화되어 갈 것이다. 혼종성 그 자체가 부정적이라기보다는 문화자본의 상업적 이윤 추구를 위해 문화민족주의가 강화되고, 그 안에서 아시아 여성들의 표상과 정체성이 여성 자신의 현실적 현장적 경험들과 유리되며 전개되는 것이 문제라는 것이다. 이주 여성들 간에도 우리가 살펴본 드라마나 시사교양 프로그램에 재현되는 전통적 여성상은 〈미녀들의 수다〉에서 보여 주는 것 같은 자유분방하고 재기발랄한 현대적 여성상과 동시대에 존재하고 있다. 이주 여성 표상의 이러한 혼종적 재생산은, 국제결혼의 문제점, 가정폭력, 그리고 생계 부양자, 헌신적 돌봄 노동의 의무에서 벗어나기 힘든 결혼 이주 여성들의 현실 경험들로부터 관심과 시선을 거두어 간다.

실상 아시아 여성들에게 현재의 문화적 지구화는 국가의 경계를 넘는 이주와 다문화 그리고 디아스포라의 정체성 속에서 좀 더 현실적으로 다가온다. 이와같이 아시아 여성들을 둘러싼 사회적 현황과 정체성에 대한 질문들 그리고 문화적 차이에 대한 왜곡과 편견, 그에 대한 좀 더 구체적인 이해와 파악을 위해서는 그와 관련한 문화적 재현의 내용들을 살펴보아야 한다. 일상 속에서 가깝게 접할 수 있는 대중매체로서 영상문화 및 연극 등 공연문화는 인간의 의식을 결정하고 사회적 편견과 이데올로기의 영향력을 확산시키는 주요한 기제가 된다. 또한 사진, 음악, 회화 등 예술 영역의 문화적 텍스트들은 아시아 여성들이 살아가고 있는 사회를 설명하고 그 이해를 위한 원천적 자료로서의 의미를 갖는다. 이러한 문화 영역 속에서 인종과 종교, 다양한 문화적 전통 및 풍속들이 어떻게 이해되고 어떤 방식으로 재현되고 있는지 좀 더 면밀한 분석이 차후 연구에서도 요청된다고 할 것이다. 이것은 나와 다른 타자와의 '차이'에 대한 사회적 인식과 태도를 드러내 보여 주며, 관계에 대한 의식, 자아 정체성에 대한 고민과 문제들을 깨닫게 하는 계기를 마련하기 때문이다.

앞에서 살펴보았듯이 텔레비전 드라마나 시사교양 프로그램에서는 이주 여성들을 있는 그대로의 모습이 아니라, '착한 며느리, 순종적인 아내'라는 정형화된 이미지 속에서 재현되고 있다. 그뿐만 아니라 '낭만적인 사랑과 감동적인 가족애'를 통해 반드시 행복한 결말로 이어지는 재현의 구성 방식은 현실적인 모습과 차이가 있다. '운명적인 사랑과 가족애'

라는 판타지는 삶의 공간을 함께하고 있는 이주 여성들에 대한 잘못된 이미지를 양산하고 있다. 이러한 판타지 속에서 이주 여성들은 오히려 '우리'가 될 수 없는 현실적인 문제를 안고 있다.

반면 아시아 여성들을 대상으로 한 독립 다큐멘터리 영화들은 이주 여성들의 목소리를 직접 들음으로써 텔레비전을 비롯한 대중매체가 야기한 이주 여성들에 대한 편견을 깰 수 있게 한다. 이주 여성들의 삶을 일방적인 관점과 입장 속에서 정형화하지 않고, 있는 그대로 보여 주는 재현 방식을 통해 우리는 이주 여성의 실제적인 모습과 국제결혼으로 대두되는 문제들을 공유할 수 있게 된다.

또 다른 한편에서는 최근 미디어로부터 소외된 사람들이 직접 미디어 제작 주체로 활동할 수 있는 기회를 제공하는 프로그램들이 진행되고 있다. 예를 들어 '이주 노동자 미디어 교실', '이주 여성 영화 제작 워크숍 media workshop for women migrants' 등이 그것이다. 이러한 미디어 작업들은 이주 여성들이 한국 문화를 수동적으로 받아들이는 대상이 아니라 문화를 형성해 나가는 능동적 주체로서 존재할 수 있게 한다. 이것은 적응과 동화의 관점에서 미화되고 정형화된 일방적 통합의 틀을 벗어나 이주 여성 스스로가 만들어 가는 자신의 이야기를 경험하고 공유할 수 있다는 점에서 그 의미가 크다.

여성 재현의 관점에서 볼 때 이처럼 다양한 시도와 가능성들은 주변화되거나 사상된 아시아 여성들의 '숨겨진 서사'를 좀 더 적극적으로 선택하고 재현할 수 있는 통로를 마련해 주고 있다. 또한 문화 수용자들의 주체적이고 창의적인 움직임들을 고려할 때 전통과 경계를 넘어 다문화를 형성하고 있는 아시아 여성들의 문화 횡단적 경험은 현실을 바탕으로 한 문화 콘텐츠의 생산으로 이어지게 될 것이다. 문화 콘텐츠의 '재화적 가치'란 공감과 설득력을 근간으로 할 때 확보될 수 있기 때문이다.

참고 문헌

김만수(2005), "'낯설게 하기'의 관점에서 본 현대문화," 미디어문화교육연구회, 『문화콘텐츠학의 탄생』, 다할 미디어.

김성례(1993), "탈식민시대의 문화 이해," 『비교문화연구』, 창간호 : 79-111.

____(1994), "탈식민 담론과 대중문화," 『아시아문화』, 10 : 393-399.

김영순(2005), "문화자본과 콘텐츠의 만남," 미디어문화교육연구회, 『문화콘텐츠학의 탄생』, 다할 미디어.

김용범(2005), "고전소설 『심청전』과의 대비를 통해 본 애니메이션 〈왕후 심청〉 내러티브 분석," 『한국언어문화』 27 : 373-399.

김은실(2000), "한국 근대화 프로젝트의 문화 논리와 가부장성," 임지현 외, 『우리 안의 파시즘』, 삼인.

문학과 비평연구회(2003), 『탈식민의 텍스트, 저항과 해방의 담론』, 이회.

박기수(2006), "신화의 문화콘텐츠화 전환 연구," 『한국문예비평연구』 20 : 5-22.

박준규(2006), "〈겨울연가〉와 디아스포라적 정체성," 『한류와 21세기 문화비전』, 청동거울.

백승국(2004), 『문화기호학과 문화콘텐츠』, 다할 미디어.

송정화(2004), "여성 신화 연구사 개관 및 동아시아 여성 신화의 전망," 『기호학연구』, 15 : 119-165.

암스트롱, 카렌(2005), 『신화의 역사』, 문학동네.

원용진(2001), "포섭, 수렴 그리고 응전: 신자유주의 시대의 한국 대중문화," 『사회과학』, (40)1 : 111-138.

윤선희(2005), "1970년대 대중문화와 여성의 재현 : 대중가요 음반의 영상기호 분석," 『한국방송학보』, (19)3 : 135-176.

윤인선(2002), "〈버림받은 딸〉 심청," 『한국언어문학』 49 : 113-139.

이동연(2006), "한류 문화자본의 형성과 문화민족주의," 『한류와 21세기 문화비전』, 청동거울.

이상훈(2003), 『디지털 기술과 문화콘텐츠 산업』, 진한도서.

정재서(2003), "동아시아 문화 담론과 성," 한국여성연구원 편, 『한국의 근대성과 가부장제의 변형』, 이대출판부.

주수현(2006), "문화콘텐츠산업의 성장 요인 분석," 『관광학연구』, 30(7) : (통권 54), 181-200.

찬드라 탈파드 모한티(1998), 『경계 없는 페미니즘』, 여이연.

채희윤(2005), "문화콘텐츠로서의 〈심청〉의 가능성에 대한 시론," 『현대문학이론연구』, 26 : 319-344.

최애리(2004), "현대 영화에 나타난 중세 신화의 요소들," 『문학과 영상』 봄·여름, 173-210.

최홍섭 외(2003), "한·중·일 3국간 문화콘텐츠산업에서의 협력 방안," 조선대 『지역발전연구』, 8(1) : 139-162.

한국문화콘텐츠진흥원(2004), 『문화원형 콘텐츠 총람 2003』, 한국문화콘텐츠진흥원.

Sturm, Gabriele u.a. (Hrsg.)(2001), *Zukunftraeume: Geschlechterverhaeltnisse im Globalisierungsprozess*, Koenigstein/Taunus, Ulrike Helmer Verlag.

Robbins, Derek(1991), *The Work of Pierre Bourdieu: Recognizing Society*, Open University Press.

Wilson, Rob & Dissanayake, Wimal (1996), *Globallocal: Cultural Production & the Transnational Imaginary*, Duke University Press.

내 문화, 당신의 문화를 넘어서 우리의 문화 생성을 위한 철학*

윤혜린

우리는 타자의 렌즈를 통해 우리 자신을 바라볼 때,
우리의 실천에서 지엽적인 것과 비본질적인 것을,
그리고 한결 더 넓게 혹은 깊게 공유하고 있는 바를 깨닫는다
—마사 너스봄(1996)

이 시대를 사는 사람이면 누구나 '글로벌global'이란 용어를 자주 듣게 된다. '글로벌'은 글로벌 마케팅, 글로벌 기업뿐만 아니라 글로벌 스탠더드, 글로벌 NGO, 글로벌 드림 등 매우 광범위하게 형용사로 쓰인다. 간략하게 그 뜻을 풀이하면 우리의 경제적 · 사회적 행위와 의식에 범세계적 차원에서 작동되는 힘들이 영향을 미치고 있다는 것이다. 그리하여 한 국가의 국민으로서, 경제 활동의 주체로서, 시민 사회의 일원으로서, 그리고 가족 구성원으로서 우리 개인이 활동하는 지평이 물심양면으로 매우 확장되고 있다.

이 모든 현상을 포괄하기 위해 우리가 21세기의 지구화globalization 맥락 안에서 살고 있다고 할 수 있다. 지구화는 경제, 정치, 사회, 문화 어

* 이 글은 『철학』 제95집에 실렸던 "문화 횡단의 맥락에서 본 문화 상대화와 문화 상대주의 사이의 개념적 공간에 대한 여성철학적 성찰"이란 논문을 보완 · 확장한 것이다.

느 한 영역에 국한되어 진행되지 않는다. 매우 복합적이고 다면적인 시대적 부호로서 기능한다. 그리하여 국가 및 문화의 경계를 넘어 새롭게 형성되고 있는 일상 세계 안에서 개인과 사회는 새로운 문화적 좌표 설정에 들어갈 수밖에 없기에 어떠한 문화 의식이 글로벌 시민의 자원으로 개발되어야 하는가가 문제이다. 당대의 문화 지평이 문화권 내의 단일하고 규범적인 완결 구조가 아닌 상이하고 다양한 문화권 간의 대립과 소통 속에서 생산되는 다중적이고 복합적이며 개방적인 구조를 갖는다면 우리의 문화적 정체성 역시 열린 구조를 구현할 수밖에 없다.

이 글에서 나는 문화의 열린 구조에 대한 성찰과 새로운 문화 의식의 형성 과정에 대한 인식의 거점을 확보하기 위해 문화 변동의 과정에 있는 지구화를 성찰하고, 그것을 토대로 하여 문화 '상대화'의 방법론을 제안한다. 이때 '상대화'란 현재 자신이 소속한 문화권의 의식, 가치, 관행, 지향성 등을 탈脫시공간화해 보는 것이다. 지금 자신에게 익숙하고 올바른 것으로 보일지라도 우리가 다른 시간대에 다른 공간에서 삶을 산다면 상이한 생각과 행동을 하게 되리라는 것을 짐작해 볼 수 있다.

이러한 사유 실험을 통해 자기 집단문화 기준이나 중심성을 해독하고 상대방과의 문화적 차이를 수용하는 성찰적 자원을 확보할 수 있다. 이렇게 이해된 상대화는 타문화에 대한 이해와 관용을 심화시킨다. 그리고 문화들 간의 차이를 인정함에도 불구하고 지구 시민으로서 우리가 이상적인 문화적 규범을 추구하려는 최소한의 공통된 노력을 기울이기 위해 필요한 문화 지향성에 대한 숙고와 상호 토론을 진행할 수 있다고 생각한다.

그렇지만 진취적인 다문화 이해를 위해서 문화 상대화를 방법론적으로 채택하는 인식적 틀이 윤리적 · 규범적 상대주의까지 수용하지는 않는다는 점을 유의할 필요가 있다. 보통 나와 다른 사고나 가치 지향을 갖는 타인이나 다른 사회, 다른 문화권에 대한 열린 태도를 취한다는 것을 모호하게 받아들여서 이를 문화적으로 성숙한 입장으로 오해하기도 한다. 상대방의 문화가 형성되어 온 역사와 그들의 경험을 존중하는 것과 모든 문화적 관습이나 문화적 실천을 정당화하는 것은 별개의 문제이다. 상대주의는 자칫하면 규범의 해체로 치달을 수 있다.

따라서 우선은 상대주의의 여러 오류들, 즉 문화가 하나의 통일적인 전체로서 본질적 내용이 있다는 가정에 문제 제기할 필요가 있다. 또한 상대주의는 자신의 입장조차도 상대주의의 대상이 됨으로써 스스로를 유지할 수 없게 되는 자기 논박성을 직시하면서 문화권 내 메타 비판이 존재하게 할 뿐만 아니라 문화권 간의 치열한 토론을 통해 공통의 규범적 차원을 추구하는 이상을 포기하지 않는 태도가 필요하다. 그럴 때만 상대화는 문화적 차이 간에 교차적으로 소통하면서 문화적 규범성을 추구하는 인식적 노력이 될 수 있을 것이다.

1. 문제 의식의 출발 지점

얼마 전 안타까운 소식이 인터넷 뉴스에 실렸다(김남일, 2007). 한국으로 귀화한 파키스탄 남성이 한국인 아내와 이혼한 후 자신의 고향 사촌과 재혼했으나 8촌 이내 혈족과의 결혼을 금지하는 한국 법에 저촉되어 아내의 비자 발급이 거부된 것이다. 파키스탄의 관습이나 문화로 볼 때는 아무런 문제가 되지 않는 일이 그가 국경을 넘어온 삶을 살고 있기 때문에 그 가족에게도 우리 사회에도 문화 충격의 계기가 되었다.

우리는 다문화 사회 현상을 접하면서 다양한 생활문화나 생활 양식의 유입에 대해 어떤 태도를 가져야 할 것인가를 고민한다. 예를 들어 파키스탄 출신 남편과 결혼한 한국 아내의 경우 돼지고기를 먹지 않는 음식

문화라든가 무슬림으로서 엄격하게 견지하는 종교문화에 대해 서로 조정하고 해결책을 강구한다.

하지만, 위의 사례는 국가 간에 법과 제도가 직접 충돌하는 새로운 상황이기에 더 근본적인 질문과 해법을 모색해야 함을 시사한다. 한 국가를 넘어서 지구적으로 보장되는 보편적 인권 항목으로서 '이동의 자유'는 국가마다 특수한 문화적 권리 주장도 동반하는가? 그래서 국경을 넘어 이동하더라도 원래의 사회 공동체 안에서 익숙했던 문화적 관습이나 제도, 관행, 습속 등을 유지할 권리가 있는 것인가? 아니면 "로마에 가면 로마법을 따르라"는 격언처럼 국적을 바꾼 순간부터 새로운 문화 공동체의 일원으로서 포괄적 의무를 지게 되는 것인가?

국경을 넘는 일은 사람의 몸만 이동하는 것이 아니라 그 사람이 속했던 공동체의 문화가 앞으로 속할 새 문화와 전면적으로 만나게 된다는 신호이다. 지구화로 인해 "국가 간의 경계선은 점점 더 투명하고 투과성이 높아짐으로써 갈수록 무의미하게 되고 있다"(Hunter, 2002)는 제임스 헌터James Hunter의 진단은 경험적이고 심층적인 근거를 필요로 한다.

헌터는 정보와 세계 자본의 자유로운 운동 속에서 정치 권력을 구분하던 경계선이 변화하고 있다고 보지만 정치 · 경제적 국가 주권의 축소가 문화 · 심리적 국가 주권의 축소를 동반하는지는 의문이다. 물리적 경계는 약화되고 있지만 이 편 저 편을 여전히 가르고 있는 상이한 문화들이 설정하는 장벽은 더욱 더 공고해지면서 영향을 미칠 수 있기 때문이다.

다시 전술한 파키스탄 출신 한국인의 사례로 돌아가 보자. 그 남성의 입장에서는 이미 임신까지 한 아내와의 별리 상태가 매우 불행하여 이 문제의 해결에 위해 한국의 국가인권위원회에 진정을 했다. 그렇지만 그 사안은 한국의 민법 중 8촌 이내의 혈족과 혼인을 불허하는 규정을 개정해야 하는 입법 관련 사항이어서 조사 대상이 아니라는 이유로 기각당했다고 한다.

파키스탄인 아내의 경우는 어떠한가? 기사에서는 한 줄의 언급도 없었기에 맥락적으로 추측해 볼 수밖에 없지만 일차적으로 그녀의 결혼은 자율적 선택인가를 물을 수 있다. 사촌과의 결혼, 그것도 장자가 의무적으로 떠맡게 되는 가족 부양의 문화 전통에서 그녀의 주체적 선택 혹은 행위성은 어떻게 작동한 것일까? 결혼하기로 둘이 함께 결정한 것일까? 가족은 운명 공동체로서 한 국가에 함께 귀속되어야 하는 것이라는 믿음을 공유하는 것일까? 좀 더 나아가 파키스탄 식의 결혼 관습은 얼마나 견고하게 공동체적인 것인가? 그리고 친여성적인가?

이러한 물음들은 하나의 사례를 바라보는 입장이 누구의 관심과 가치관을 반영하는가에 따라 해석의 지점은 달라질 수 있고 무엇이 문제인가를 설정하는 지평 자체가 이동한다는 사실과 연동하여 연속적으로 제기된다.

나는 몸이 국경을 넘고 문화 사이를 횡단함으로써, 어느 순간 탈경계화의 경험을 하다가 다시 어떤 계기에 재경계화되는 혼란 상태가 서로 교차하며 우리의 의식과 생활이 영향을 받는 상황에서 좀 더 시야를 넓혀 이러한 현상을 통해 드러나는 사회의 문화적 규범과 공동체적 수용, 그리고 문화 의식의 형성 과정을 성찰하고자 한다. 이를 위해서는 개인과 사회, 사회와 사회가 연관되는 다각도의 상호 작용에 주목할 필요가 있다. 또한 문화적 정체성의 문제를 시대적 국면 변화와 더불어 탈(脫) 절대화하면서 상대화하여 새롭게 고찰해 보는 것이 필요하다고 생각한다.

당대의 문화 지평이 문화권 내의 단일하고 규범적인 완결 구조가 아닌 문화권 간의 긴장과 갈등, 소통의 상호 작용 속에서 생산되는 다중적이고 복합적이며 개방적인 구조를 갖는다면 우리의 문화적 정체성 역시 열린 구조를 구현할 수밖에 없다. 더 나아가 '문화'가 지구적으로/지역적으로 구성해 가는 일시적이고 잠정적인 기호라는 존재론적 지위를 가질수록 우리는 새로운 문화적 의식을 성찰적으로 자리매김할 필요가 있으며 그 인식적 지점을 소수자 지향적인 여성주의적 관점 및 가치와 연관시켜 통합시킬 때 상대주의의 범람 및 혼란으로부터 면역력을 가질 수 있다고 생각한다.

2. 지구화에 대한 기본적 이해

다중적 국면 속의 지구화

오늘날 우리는 급속하게 진행 중인 지구화globalization[1] 환경 속에서 살고 있다. 교통과 통신 수단, 정보 기술, 매체 기술의 발달로 우리는 국가 및 지역 사회의 경계를 넘나들면서 새로운 일상 세계를 조직해 내고 있다. 지구화는 미디어, 문화산업 등의 영역에서 확장된 감각과 인식을 세계적인 차원에서 교류하게 함으로써 우리 개인의 내면 세계뿐만 아니라 사회 구조의 각 부분에도 심대한 영향을 끼치고 있다. 따라서 '지구화'를 하나의 시대적 창으로 보면서 경제적 · 정치적 · 사회문화적 변화의 전반적 추세를 통찰하는 일은 일반적인 중요성을 갖고 있을 뿐 아니라 현실 세계와 소통하는 학문 영역의 주제로서 긴요하게 부각되고 있다.

1 'globalization'에 대한 역어 사용에서 '세계화' 혹은 '반세계화'가 더욱 대중적인 점은 인정하지만 한국 사회에서 세계화 논의가 일정 부분 김영삼 정부의 일방적 드라이브에 의해 시장 개방과 관련하여 주로 지구 경제적 차원에서 인식된 한계성이 있다. 또한 세계가 '세계화'되어 간다는 어색한 표현보다는 세계가 '지구화'되어 간다는 설명이 현 국면을 더욱 잘 조망할 수 있게 해 준다. 게다가 지역화localization나 지구지역화glocalization 번역과의 연관성에서도 '지구화'가 더 낫다고 보았고 '전숲지구화'라는 번역은 해석의 중복이라고 생각하여 이 글에서 사용하지 않았다.

조명래(1994: 34-43)는 "'지구화'의 의미와 본질"이란 논문에서 '국제화', '세계화', '지구화'의 변별적 특징을 고찰하고 질적 변천 과정을 추적했다. 이하에서 그 논의를 기본으로 하여 핵심 내용을 재구성해 보고자 한다.

근대 시기에 국가와 국가의 관계가 상호 작용을 통해 밀접해져 가는 양상을 '국제화' 개념으로 설명할 수 있다. 국가 간의 교류가 확대되면 국민국가를 기반으로 하여 형성되었던 경제, 제도, 문화, 의식의 고형성을 뛰어넘어 관계성이 심화된다. 이러한 국제 교류는 경제, 무역, 군사적 동맹, 외교 등에서 나타난다.

그 다음 '세계화' 단계는 국가 간의 경계를 넘어 사람, 물자, 정보의 교류가 활발해지면서 국제 경쟁이 치열해지는 동시에 국제 협력과 분업이 정착되는 과정을 지칭한다. 이러한 '세계화' 단계는 개별 국가의 개념이 약화되면서 세계적인 가치, 기준, 협력의 관행이 확산된다는 의미에서 국제화보다 발전된 상위 개념으로 등장한다. 제국주의 체제들이 아닌 세계 체제를 등장시키고 유지시키는 데 주요하게 작용한 힘은 경제력이고 따라서 무역과 교환의 질서가 중요해진다. WTO, IMF, World Bank 등이 세계화의 주체들로 등장한다. 세계적인 수준에서 형성되는 노동 분업의 통합적 체제가 기능을 확장한다. 노동 이주, 산업 이민, 국제적 하청 계열화, 시장 개방 압력 등이 늘상 뉴스거리가 된다. 이 단계에서는 개별 국가의 의사결정력보다는 세계적인 단위의 조정력이 요구된다.

'지구화'는 세계화가 더욱 진전되어 경제, 정치, 문화, 환경 모두가 하나의 지구적인 울타리 안으로 포섭 혹은 동질화되어 가는 현상을 포괄적으로 지칭한다.[2] 통신 기술의 발달, 매체 기술의 발달, 지구적 기업의 활

2 티모시 루크Timothy W. Luke는 지구촌 전역에서 정보화된 자본주의 질서를 표현하기 위해 'tame zone'의 증가와 'wild zone'의 축소로써 설명하면서 이를 지구적인 현실 즉 실재성과 연관시켜 진단한다. 또한 정보화를 통해 국민국가, 정치, 권력, 이데올로기 등 단일 범주적 실재는 쇠퇴하고

동, 지구적 문화 산업의 유통, 정보적 지구화 등에 의해 지역들 간의 시공간적 거리가 응축되는 현상이 일어난다. 그리하여 경계를 넘는('트랜스') 영역들 즉 '초超'국가, '초'문화 등이 일상 용어가 된다.

또한 지구화 진행 과정과 더불어 물리적 · 심리적인 차원에서 간경계적間境界的 성격의 힘들이 등장한다. 개별 국가의 경제, 사회, 문화 등의 각 부문의 자기완결성이 소멸되고 사람, 물자 및 정보 교류가 더욱 활발해지면서 국제적으로 통용될 수 있는 사고 방식이 승인되는 이 단계에서는 소위 지구적 표준global standard이 각 사회, 개인들을 압박해 들어오기 시작한다.

특히 지구적 문화는 지구적으로 공유하는 동질 규범 의식 속에서 세계를 하나의 장소로 만들어 갈 뿐만 아니라 지구적 의식global thinking, global consciousness, global citizenship을 확산하는 방향으로 기능한다. 그리하여 글로벌 경영, 글로벌 거버넌스, 지구적 무한 경쟁, 지구 시민사회 등이 사회적 삶의 구체적 맥락으로 등장한다. 이상의 논의를 종합해 보면 결국 조명래의 논문은 '세계화'와 '지구화'를 구분하면서 당대 지구적 변동의 외연과 내포의 내용적 차별화를 시도했다는 의미가 있다.

1990년대 "산업화는 늦었지만 정보화는 앞서 가자" 혹은 "세계화를 통해 넓은 시장을 개척하자"는 한국 정부와 산업계의 드라이브는 일정 부분 '지구화'에 대한 한국적인 열망과 대응의 일차적 방식이었다. 그러나 정보 사회의 인프라 구축에만 매진한 나머지 경쟁력 있고 창의적인 문화 콘

하이퍼 실재들이 확장된다고 한다(Luke, T. W., "New World Order or Neo-World Orders: Powers, Politics and Ideology in Informationalizing Glocalities," *Global Modernities*, Mike Featherstone. et. al. ed., 1995. SAGE Publications).

지구화와 정보화가 어떻게 서로의 원인 항이 되는지에 대해서는 윤혜린(2002), "과학기술 문명과 정보적 생활양식에 대한 철학적 반성," 한국여성연구원 편, 『정보매체의 지구화와 여성』, 서울: 이화여자대학교출판부도 보시오.

텐츠 생산에 이르지 못한 점, 시장 개방의 상호주의에 대한 안이한 인식, 무한 경쟁이 갖는 그늘(사회 양극화와 상대적 빈곤의 심화)에 대한 무배려, 이주 노동자에 대한 한국 사회의 대응에서 보이는 여전히 순수 혈통주의적 문화 고수나 글로벌 스탠더드에 대한 철저한 수용이 아닌 선별적인 대응으로 여성을 포함한 사회적 소수자 측에 대한 공공적 배려의 축소 등이 사회 문제로 대두되었다.

현행 한국 사회의 지구화 논의는 국제 정치나 초국적 자본의 힘에 대한 지지 혹은 비판으로 이분된 느낌을 준다. 세계 공동체, 하나의 지구촌, 완전하게 통합된 글로벌 마켓 등에 대한 표상 혹은 이미지 수용은 전자의 이해가 예화된 방식이다. 하지만 후자에 따라 지구화를 세계 자본주의의 확장 흐름과 동일시하거나 서구의 패권적 영향력의 확산이라는 일방향적 과정으로 보는 것도 무리이다. '지구화'는 단일 유형화하거나 고정된 이념형으로 이해하기 어려운 복잡하고 다면적인 과정이다. 지구화는 정치적이건 경제적이건 문화적이건 간에 단일한 힘으로 구성되어 진행되지 않는다. 지구화는 단선적으로 하향적으로 지도되는 경로를 따르기보다 쌍방적으로 힘들이 교차하면서 진행된다. 그리하여 지구화는 통합적 질서와 파편화, 중심의 해체와 새로운 중심들의 대두, 보편주의와 특수주의의 긴장, 중앙화와 분권화의 양립, 타율과 자율적 행위성의 교차 지점들을 생산하는 모순적이고 역동적이고 변증법적인 공간화의 신호이다(박은정, 2005 : 66).

또한 당대의 지구화 국면은 이상에서 서술한 '하나의 우주선 지구호' 식의 면모들과 함께 새로운 경계 역시 모순적으로 생산한다. 국가 경계의 소멸 내지 약화라는 현상의 한쪽에서 가속화되고 있는 새로운 지역주의, 즉 국가 간 연합의 확장과 그 세의 확대는 새로운 지역 연합의 중심들을 부각시킨다. 그렇다면 지구촌에는 국가적 단위의 힘, 지역적 단위의 힘,

지구적 단위의 힘들이 서로 다른 층위에서 창발하고 대립하면서 권력의 새로운 지도가 그려지고 있는 셈이다. 에드워드 소자Edward Soja는 이렇듯 지리적 지역 간 질서의 틈새와 융합의 공간들의 생성을 사이 공간in-between space[3]의 발달로서 개념적으로 포착한다. 이는 국민 국가와 더불어 나란히 지구 안에서 새로운 공간적 위계 질서가 형성되고 있으며 탈영토화와 재영토화가 혼종되는 현상을 실연한다.

젠더 관점에서 본 지구화

이러한 복합적인 지형 생성의 과정적 배경에서 우리의 삶을 쇄신시키는 지구적 경쟁 구도와 사회 세력들의 대립, 물적 생산 구조의 변화와 문화적 접합의 틈새 지점에 여성의 해방적 계기를 어떻게 투과시킬 수 있을지에 대해 진지하게 문제를 제기할 필요성이 대두된다. 지구화가 개별 국가의 전통 규범과 제도적 관행, 이데올로기의 구속 틀을 벗어나서 지구적 차원의 다양한 경험들과 조우하게 하고, 그리하여 여성 개인의 선택지를 증진시키고, 성평등한 사회적 관계의 다면적 조건들의 형성을 가능하게 할 것인지를 성별 관점gender perspective에서 분석 · 비판하고 새로운 대안을 모색해 보는 일이 매우 긴요한 지식 생산의 과제로 설정될 수 있다.

3 Soja, E.(2000), *Postmetropolis*, Blackwell Publishers, 205쪽. 에드워드 소자는 포스트마르크시스트 지리학자로서 세계 경제 내에는 공간-계급의 상동 관계가 관철되며 자본주의 체제가 중심부/주변부의 이원화, 지역의 불균등 발전을 통해 공간적이고 지역적인 파편화를 실현한다는 점을 논증한 바 있다(Soja, E., 1993, *Postmodern Geographies*, 『공간과 비판사회이론』, 이무용 외 옮김, 시각과 언어, 1997 참조). 소자는 이 논점을 더욱 발전시켜 『제3의 문화(*Third Culture*)』에서 타자적 위치에 있는 존재들의 급진적인 차이의 공간을 탈식민주의, 여성주의를 통해 발견한다. 반反헤게모니적이고 비동질적인 집단의 제3공간화는 새로운 문화 생산의 프로젝트가 될 수 있다는 것이다. 참고로 제1공간은 서구 식민주의, 제국주의의 동질적 확산에 닫힌 공간이고, 제2공간은 다문화적 차이에 닫힌 공간이라면 이 제3공간은 차이를 급진적이고 생산적으로 만드는 공간이다(Soja, E., 1996, *Third Culture*, Blackwell Publishers 참조).

지구화처럼 복합적이고 다면적인 현상을 파악하기 위해 '렌즈' 유비類比, analogy를 사용해 보자. 지구화는 경제, 정치, 문화 등의 영역에서 진행되기 때문에 여러 개의 렌즈들을 번갈아 끼면서 살펴볼 때 서로 다른 상像이 맺힐 수 있다. 일단 현행 지구촌 질서의 위계 구조 맥락에서 볼 때 사회적 지위, 계급/계층, 신념 체계별로 미시적으로 분화된 영역에 속한 상이한 사람들은 각기 상이한 관점으로 세상을 경험하고 인식한다. 신자유주의자, 국가주의자, 고용주와 노동자, 서구 중심주의자와 지역주의자의 관점은 각각 다르다. 이와 더불어 계급, 인종, 젠더, 국적 등등 다른 요소들이 다초점 렌즈들을 만들어 낸다. 결국 각 개인은 급속하게 지구화되어 가는 세계 안에서 만들어지는 위계 안에 어떤 공간적 위치성을 차지하는가를 반영하는 관점 내 존재이다.

상품, 서비스, 사람, 자본 등의 운동이 궁극적으로 자유 시장을 가동시켜 최상의 재화를 최저 가격으로 살 수 있다는 입장은 지구촌의 신자유주의자들이 국경을 넘어 공동으로 채택하는 견해이다. 지구 경제가 국가 간의 불평등을 악화시키고 서열화시켜 결국 남반구의 주변화와 무력화를 낳는다는 입장의 비판적 설명력도 제한적이다. 북반구건 남반구건 그 범주는 동질적으로 자기 완결적으로 기능하지 못한다. 즉 하나의 범주 안에도 미시적으로 분화된 집단들이 다양한 자리를 메우고 있다. 일류 국가 안의 홈리스homeless 구역이나 제3세계 내의 지구적 부유층global rich으로 대표되는 수퍼 부자 거주지들은 국가가 쇠퇴하고 시장의 힘이 증가하는 상황에서 국가 범주를 넘어 사회 계층적 범주들이 재배치되고 있음을 공간적으로 예증한다. 농업 개방의 경우에 농민과 도시서비스업 종사자 간의 인식 불일치와 다르게 지구촌의 모든 '농사짓는 사람'의 집합이 훨씬 동질적일 수 있다(하성규, 1994: 22). 지구촌의 각 개인은 지구적으로 확장된 사회적 존재로서 자신이 터해 있는 국가 단위의 장벽을 뛰어넘으며 거주하는 존재이다.

신자유주의와 대척점에서 지구화를 비판하는 반反지구화 진영은 새로운 민족주의적 에토스를 지니면서 국가와 민족, 문화 정체성을 강조한다. 하지만 이들이 동원하는 정서가 사회의 어떤 진보적 혹은 보수적 성분을 결집시키는가에 대해서는 문제를 제기할 수 있다. 예를 들어 중국의 여성 철학자인 송샤오펑宋少鵬은 "포스트혁명 시대 문화민족주의의 유학 부흥과 여성주의 운동에 대한 도전"이란 논문에서 자국 내 문화민족주의의 흥기에 대해 비판한다(송샤오펑, 2007 : 49-50). 중국이 시장화 개혁으로 인해 빈부 격차와 사회 분화 현상이 심화되는 과정에서 공동의 역사적 기억과 문화 정체성을 경제적 분열을 접합할 수단으로 동원하면서 국학열國學熱 특히 유학의 긍정성을 확산하고 있다고 분석한다. 그녀는 중국이 서방의 문화 패권에 반대한다고 하나 대내적으로 일원화된 문화 패권을 지향한다면 이러한 문화민족주의 하에서는 여성주의를 포함한 어떤 하위문화도 설 자리를 잃게 됨을 우려한다.

따라서 지구화를 누구의 입장에서 어떻게 진행시켜 가고 어떤 전망과 가치에 의해 끌어갈 것인가에 대해 정치적으로 올바른 관점의 확보가 더욱 중요해질 수밖에 없다. 나는 일차적으로 지구화 국면에서 국가 경계를 넘어 문화적 다양성이 서로 존중받고 소수자 집단의 문화적 권리가 함께 수용될 수 있는 역동적인 시민 사회를 창출해 보자는 지향성이 미래 비전과 관련된다고 본다. 더욱 적극적으로는 평등, 평화, 생태 등의 상위 가치가 여성주의의 이름으로 추구될 때 지구촌의 억압, 분열과 폭력의 질서를 대치할 수 있다고 본다.

이와 관련하여 젠더 관점에서 지구화 문제를 좀 더 심도 있게 논의해 보자. 조앤 스콧Joan Scott에 따르면 젠더gender란 "사회 관계를 조직하는 다양한 방식이며 역사적 변화 및 다양성의 분석에 유용한 범주"이다.[4] 젠더는 문화적 상징들, 규범적 사고, 사회적 기관과 조직과 연관된 정치에 대한 이해 그리고 주관적 정체성이라고 하는 상호 결합적인 요소들을 정치적 역학으로 포착하는 개념이다. 좀 더 상술하자면 젠더 질서는 여성 개인 및 여성 집단의 정체성, 사회적 역할, 일상생활의 규범 등에서 매우 포괄적이고 미시적으로 작동된다. 가부장제 사회에서 젠더 질서는 사회 구성원들을 남녀라는 생물학적 범주로 이분화하고 각각의 범주에 서로 다른 사회적인 의무와 책임, 권리, 규범 등을 부여해 왔기에 젠더 정권 gender regime으로 표현될 수 있다. 그 질서 안에서 여성은 사회적 권력으로부터 소외, 억압, 차별, 주변화 등의 존재 양상을 드러냈다.

이러한 젠더 범주를 지구화에 도입하는 일은 지구화가 현행 젠더 질서를 어떻게 상대적으로 고정하는지 그리고 여성들의 실천에 따라 이 질서가 어떤 식으로 변형되는지를 하나의 지구적 젠더 역학 관계로 파악하는 일이다. 젠더 관점에서 지구화를 조망할 때 빈곤의 여성화나 이주의 여성화 등의 현상 속에서 많은 문제들이 포착되었다. 지구촌의 빈곤선 아래 인구 중 여성 비율은 계속 증가하고 있고, 가정 내 젠더 역할에 따라 저급한 국제 이주 노동에 내몰리는 여성 비율이 남성보다 높다. 빈곤선 이하에 사는 전 세계 12억 인구 가운데 여성이 70%를 차지하는 등 지구화의 진전과 함께 '빈곤의 여성화'가 갈수록 심각해진다(이대훈, 1998). 그 구조적 원인은 노동 시장에서 성불평등의 온존으로서 여성 비정규직화의 확대, 남성-생계부양자 모형에 의한 여성의 경제적 비주체화, 경쟁

4 조앤 스콧의 논의는 젠더가 사회적으로 성차를 조직해 내는 방식이라면 젠더는 역사적 · 사회적으로 구성된 인식적 결과물이지 여성/남성이 본질적으로 구유하는 본래적 차이가 있다는 주장은 옳지 않음을 함축한다. 이러한 논의와 연속성을 지니면서 주디스 버틀러Judith Butler는 젠더의 수행성performativity을 논변하는바 젠더는 안정적 정체성이거나 혹은 그것으로부터 다양한 행위가 나오는 행위자의 소재지로 해석될 것이 아니고 오히려 시간을 두고 확립되는 정체성이며, 행위의 스타일적인 반복을 통해 외부 공간 속에서 확립된다는 것이다(Butler, J., 1990, *Gender Trouble*, Routledge, Chapman & Hall, Inc. 참조).

력 논리에 따른 지구 경제 질서로 인한 사회복지 축소의 여파 등으로 파악된다.

그럼에도 불구하고 판도라의 상자에 남아 있는 '희망'의 카드처럼 역사상 최장기 최대 다수의 피억압의 사회적 집단으로서 여성, 혹은 지구촌의 마지막 식민지로서 여성은 여성주의 운동을 통해 억압의 공통성을 자원으로 하여 공간적으로 연대와 소통을 확장할 수 있는 계기를 지구화에서 찾는다. 즉 지구적으로 확산되는 젠더 정치학으로부터 국가로 대표되는 정치 주체와 반드시 같은 인식적 관점을 가질 필요가 없는 새로운 정치 주체들의 출현이 목격된다. 이러한 변화 속에서 여성들은 국가와 국민, 그리고 국익 등의 전통적인 관계성을 해체시키고 새로운 정치학의 지평을 열고 있다.

지구적 차원에서 전개되는 여성주의 운동은 공간적으로 제한된 채 여성의 권익 운동에 머무르는 것이 아니라 현 지구촌 곳곳의 구조적 불평등을 제거하려는 평등주의 시민운동이다. 이는 젠더가 성뿐만 아니라 계급, 국가, 인종 등과 교차하여 억압적 질서를 형성해 내고 있다고 보기 때문에 성차별과 계급 차별, 피부색 차별, 연령 차별, 학력 차별 등 모든 종류의 지배자 체제dominator system에 민감하게 대응하고 이를 종식시키기 위한 노력이다. 이는 불평등에 대대적으로 민감하고도 철저한 접근이다.

이때 사회적 소수자로서 여성이란 조건이 주는 공통적 유대감은 세계적 공감대 형성에 유리하다. 지구화 문제에서 아래로부터의bottom-up 관점을 견지할 수 있는 집단적 토대가 가능한 것이다. 이들은 지구화의 대안 세력으로 스스로를 자리매김하고 그 대안의 기본 방향으로서 각국의 지역 현장에서 삶의 자립성과 자율성, 자치성이 회복되어야 한다고 보며, 이를 위해서는 인류 사회 안에서 경쟁과 지배가 아니라 협동과 연대의 국제 관계가 정립되어야 한다고 주장한다. 이를 위해 풀뿌리 민중이 삶의 주체로서 전면에 등장해서 생활 세계를 탈식민화해야 한다는 것이다. 지구화라고 하는 복합 현상을 목도하면서 우리가 타자성의 렌즈를 통해 세계를 전망할 어젠다가 새롭게 도출될 수 있다.

3. 문화적 사이 공간

현재 초국가적으로 진행되고 있는 지구화의 효과이자 그 스스로가 지구화를 진전시켜 가는 힘으로서 가속화된 공간 이동의 구체적인 양상은 갈수록 빈번해지는 이주나 이민, 혹은 짧은 이동성을 지닌 여행 등의 방식으로 전개된다.

아파두라이A. Appadurai에 의하면 지구화 맥락 안의 '지역'은 정체성, 행위, 그리고 공동체를 구성하는 확립된 단위가 아니라, 전 세계의 영향이 관통하고, 유동성의 흐름을 통해 새로이 성립되는 생성적 공간이다. 이러한 초국가화의 과정은 일상문화와의 결합을 강화하여 문화적 혼합을 야기한다. 문화 · 집단 · 공간의 폐쇄성, 일의성, 그리고 순수성 상정은 과거에 속하는 사실이 된다. 이러한 초국가적이고 초문화적인 지구화의 경험은 세계를 경계지을 수 있는 다양한 문화들의 모자이크로 표상하도록 만든다. 동시에 한 사회의 인종 경관ethnoscape,[5] 즉 "우리가 그 속에서 살아가고 있는, 변하는 세계를 구성하는 사람들의 풍경"이 새롭게 만들어지

5 아파두라이(2000)는 오늘날의 세계 상호 작용의 중심에 문화적 동질성과 이질성 사이의 긴장과 절합이 존재하며 이는 민족, 매체, 기술, 금융, 이데올로기의 지형ethnoscapes, mediascapes, technoscapes, financescapes, ideoscapes을 새롭게 구성하는 것으로 현현된다고 한다. 이 글에서 나는 특히 몸의 이동에 초점을 맞추어 인종 경관ethonoscape을 부각시켰다. 참고 서적에서는 ethnoscape가 '민족적 양상'으로 번역되었으나 '인종 경관' 혹은 '인종적 풍경'도 무난하다고 생각한다(Appadurai, A., 1996, *Modernity at Large*, Regents of the University of Minnesota,, 『고삐 풀린 현대성』, 차원현 외 옮김, 현실문화연구, 2004).

고 있다. 여행자와 이주민, 난민, 탈출자, 임시 노동자 등등이 집단적으로 개인적으로 세계의 모습을 구성해 간다. 물론 한 사회 안에는 출생과 학업, 노동, 가족 관계를 둘러싼 전통적 형태의 안정된 공동체들과 관계망들이 여전히 큰 몫으로 존재하기는 하지만 이들의 상대적으로 고정적인 삶의 방식과 유동성의 증가가 맞물려 마치 씨줄과 날줄이 교차하는 식으로 인종 경관을 새롭게 직조하고 있는 것이다.

이러한 인종 경관은 고정된 것이 아니라 계속 움직인다. 예를 들어 한국의 초문화적 이질성을 잘 드러내 주는 공간으로서 이태원을 관통하는 사람들(거주자, 쇼핑객 등)의 국적과 인종은 계속 변화하고 있다(김은실, 2004). 또한 한국의 지방 소도시를 중심으로 급증하고 있는 국제결혼 가정이 교실의 풍경, 거리의 풍경을 새롭게 만들어 내고 있다.

일반적으로 공간 이동의 경험과 축적은 국가 간, 지역 간 문화 소통의 문제를 새롭게 제기한다. 이주해 온 사람이나 이주자를 바라보는 사람이 치르는 인식적 충격이 적지 않다. 문화 충격에 휩싸이거나 자신의 소속성 및 사회적 정체성에 대한 물음을 새롭게 제기한다. 사회적으로는 문화 적응을 위한 노력이 요구된다. 다양한 타문화 경험을 쌓은 이들은 다시 돌아간 자신의 나라에 대한 적응 문제와 새롭게 대면한다.

나는 경제적이고 정치적인 의미의 지구화 과정에 대한 이해를 넘어 문화적 경험과 문화적 정체성 구성이라는 관점에서 지구화 과정을 이해할 수 있는 새로운 개념을 구축하고자 시도하는 사비네 헤스Sabine Hess의 논의를 참조함으로써 지구화의 문화적 코드를 독해하고자 한다.

헤스는 동구권의 몰락 이후 독일 및 서유럽으로 일자리를 찾아 국경을 넘나드는 젊은 여성 이주자들의 경험au pair(가사도우미 등)을 문화인류학적으로 분석하면서 이주의 과정과 지구화의 과정이 구조적으로 상호 연관되어 있으며, 서로 상승을 유도한다는 전제에서 출발한다. 더 나은 삶의 기회를 향한 생존 노력은 경제적 지구화의 결과물이지만, 동시에 그것은 문화적 지구화의 한 고리이기도 하다. 헤스는 문화적 지구화를 단순히 지구화된 문화 산물의 생산과 소비라는 관점에서 접근하는 것이 아니라, 일상적 경험과 생활 세계, 실천과 의미화 그리고 주체 형성의 과정을 통해 만들어지는 의식의 변화라는 측면에서 설명하고자 시도한다.[6]

좀 더 중요한 것은 여성들의 이주에서 헤스가 '유동성'이라는 특징을 포착한 점이다. 노동 허가를 통한 안정적인 체류 허가를 받기 어려운 여성들의 경우 여행 목적으로 허용되는 단기간의 체류 가능 기간을 (불법적인 형태로) 노동할 수 있는 기간으로 활용한다. 이제 출신지로부터 목적지를 향한 단선적인 이주가 아닌, 특정한 필요와 기간에 따라 오고가는 노동 형태가 이들이 선택할 수 있는 하나의 가능성으로 존재하게 된다는 것이다.

이러한 현실적 조건은 이주와 이주를 통한 문화 간의 혼융에 대해 새로운 관점과 개념을 요구한다. 오늘날의 이주 여성들은 더 정확히 말한다면 이민자라기보다는 초이민자transmigrant이다. 이러한 존재들의 등장은 근대적 의미의 본질주의적인 문화 이해가 후기 근대와 복합적인 이주의 틀을 설명하는 데 더 이상 유용하지 않음을 보여 준다는 헤스의 분석은 매우 설득력이 있다. 이주 여성들은 특정한 문화에 묶여 있거나 특정한 영토에 고정되어 있지 않으며, 다양한 맥락 속에서 중층적으로 거주하기 때

6 헤스는 이주하기 전에 이주를 통해 삶의 새로운 지형을 꿈꿨던 여성들의 기대와는 달리 현실적으로 고된 노동과 긴 노동 시간, 문화적 갈등, 신분적 불안정 안에서 이들의 소망은 지연됨을 인정한다. 그러나 다른 한편 이러한 경험이 생활 세계와 자기 의식을 변화시키는 동인이 되고 있음 또한 간과할 수 없다고 본다. 전통적인 성별 관계와 가족으로부터 떨어져 나옴으로써 자립적인 존재가 되어가는 계기가 마련된다면 '경제적 결정론'에 따른 이주 분석은 복합적 현실을 모두 다 보여 주지 못하는 셈이다(Hess, S., 2001, "여성들의 초국가적 생존 전략-젠더와 초문화성의 새로운 개념", *Die Andere Haelfte der Globalisierung. Menschenrechte, Oekonomie und Medialitaet aus feministischer Sicht*, Hg. von Steffi Hobbuss u. a., F/M.(김애령 요약 번역 참조).

문이다. 또한 이는 더 이상 '주도적인 문화를 중심으로' 다양한 문화의 수용과 다양한 생활 양식에 대한 관용을 요청하는 다문화주의[7]에 대한 사고가 적합하지 않음을 보여 주는 것이며, 동시에 이주 여성들이 문화, 영토, 국가들 사이in-between에서 자신을 정체화하는 문화적 경험, 즉 초문화적 경험을 만들어 낸다는 점을 보여 준다. 그리고 그 정체성은 혼성적인 것이다.

더욱 중요하게 헤스가 말하고 있는 바, 초문화적으로 유동하는 '사이 공간in-between space'에서 만들어지는 여성의 경험은 좀 더 진화된 문화를 생산하고 소비하는 행위성을 증진시킨다. 여성 개인은 문화적 선택지들 사이를 유영하면서 비교하고 참조하면서 사회적인 삶의 질을 높이는 방향으로 횡단해 가기 때문이다. 만일 자신의 삶을 귀속시킬 문화적 가치를 담보하지 못하는 곳이라면 더 이상 그곳에서의 삶을 유지할 이유가 없어진다. 이제 장소의 선택은 국가에 있는 것이 아니라 개인에게 있다. 문화적 주도권이 개인에게 넘어감을 보여 준다.

이러한 시대적 전환을 염두에 두고 지구촌 모든 사람이 탈경계적 인식 속에서 현재와 과거의 지역 간 차이와 문화적 다양성을 성숙한 틀 안에서 수용하면 더할 나위 없겠지만 현실은 그리 녹록치 않다. 자비의 원칙(타문화에도 나름대로의 합리성과 상식적이고 건전한 문화가 성숙해 간 역사가 있으리라고 간주하는 것)을 우리 모두 공유하는 것이 바람직스럽다는 생각과 기대가 무색하게 타문화권에 대한 선입견과 편견으로 인해 갈

7 오킨은 "다문화주의는 여성에게 나쁜가?"라는 논문에서 다문화주의가 초견적으로는 문화 다원성과 폭넓은 수용력을 갖는 것처럼 보이나 여성에게 명백히 해로운 문화적 관습까지 허용하는 개념적 독을 품고 있음을 비판한다. 이는 다문화주의의 정치적 함축을 여성주의라는 상위 가치를 통해 심층 분석해야 할 필요성을 제기하는 것이다(Okin, S., 1999, "Is Multiculturalism Bad for Women?", *Is Multiculturalism Bad for Women*, Cohen, J. et.al. edits., Princeton University Press).

등 요소가 상존한다.

그 근저에는 자국 문화의 우월성과 그 힘 안으로의 통합을 최선으로 생각하는 것이 깔려 있다. 위계적 사고가 드러나는 방식은 다양하다. 선진국에서 온 이주자에게는 관대하고, 경제 수준이 더 낮은 국가의 이주자에게는 언어적 · 정신적 폭력을 가하는 경우가 있다. 한쪽은 받는 것 없이 선호하고 다른 한쪽은 주는 것 없이 멸시하는 이중성도 드러난다. 검은 피부를 가진 영어 교사가 한국에서 활동하면서 자신을 미국인이라고 소개했을 때와 아프리카인이라고 할 때 상이한 대접을 받는 경우 등이다.

최근 인도나 러시아 등지에서 한국 언어에 대한 관심이 높아지자 대학교 한국어과를 중심으로 각종 한국말하기대회가 열리고 있다. 얼마 전에 열린 대회에서 한 참가자는 "한국에서는 젊은 여성이 자기의 남자 친구를 '오빠'라고 한다"고 했는데 이에 대해 마치 한국의 문화를 세세하게 잘 알고 있다고 생각할 수 있는지 의문이다. 혈연 관계와 관계없이(친오빠가 아님), 나이차와 관계없이(나이가 꼭 더 많지도 않음) '보살펴 주고 사랑해 주는 남자'를 내포하는 호칭으로서 '오빠' 안에는 비대칭적인 남녀 관계가 숨어 있음을 비판하는 입장에서는 불편한 사실이다.

한국의 여성 문화에 대해서는 또 어떤가? 화장하기, 성형 수술, 다이어트 등의 외모 가꾸기가 마치 한국 여성을 대변하는 듯 문화적 특징으로 이해되고 있는 상황 역시 매우 안타까운 일이다.

궁극적으로 타문화를 이해하고 교류한다는 것의 진정한 목적은 "자기 자신과 자신의 사회 · 문화를 잘 이해하는 것이며, 이를 통해 자신의 사회가 좀 더 인간다운 삶을 누릴 수 있도록 변화시키는 것" (한경구, 2003: 287)이기에 문화를 변화시킬 추동력의 형성에 한층 더 노력해야 함을 깨닫게 하는 계기가 되고 있다.

이 점에서 우리 사회에 팽배해 있는 경제적 도구주의적인instrumentalistic

사고는 문제가 있다. 이주 노동의 경우에 유입국이 국내 노동력 부족에 대한 해소책으로서 해외 인력을 바라보는 시각 즉 인적 자원의 다양한 저수지로서만 보는 견해는 일면적이다. 또한 타문화에 대한 이해를 강조한다 할지라도 이를 개인 및 국가 경쟁력 강화의 수단으로서만 보는 견해 역시 검토되어야 한다. 외국어를 습득하고 현지 사정을 잘 파악하고 그들의 풍습과 민속, 정서, 취향과 가치 지향을 잘 이해하는 일이 곧 현지 마케팅의 효과만을 위한 것이라면 이는 문화 간 소통이 아니다. 다양한 문화적 자원의 동등한 교류를 지향하지 않는 것이다.

도구주의는 동화주의와 연결되어 있고 이는 다시 자문화 중심주의적 입장을 내포하기에 지금 우리가 목격하고 있는 문화 갈등에 대한 성찰의 지점을 확보하기 위해서는 다른 인식론적 입장을 구성할 필요가 있다.

4. 상대화와 상대주의 사이의 성찰적 공간

'문화'를 규정하는 일 자체가 매우 복잡하고 다양한 개념사를 지니고 있지만 일단은 "문화란 사실 일종의 복합체로서 일체 유형적 실물, 가령 의복, 궁실 등과 무형적 사항의 지식, 신앙, 예술, 법률, 풍속 및 기타 사회상으로부터 습득한 갖가지 일을 처리하는 능력과 습관을 포괄한다"고 보는[8] 광의의 문화관을 수용하려고 한다.

문화의 기초로서 상징은 의미나 해석 체계에 열려 있다. 예컨대 물과 성수聖水는 화학 성분이 동일하고 감각적인 차이가 없지만 의미 부여에

8 문화에 대한 손본문孫本文의 정의로서 주겸지(2007:50), 『문화철학』, 전홍석 옮김, 서울: 한국학술정보(주)에서 재인용함.

따라 심리적 · 관념적으로 다른 위상을 갖는다(White, 1973/ 이문웅, 1977 참조). 그리하여 문화는 물질적 실재와 의식적인 구성물의 총합이라고 볼 수 있다.

문화권 간의 교류가 빈번해지고 타문화에 대한 지식이나 이해가 축적되면서 의미화의 개방성이 더욱 커진다. 우리 문화에서 친숙한 것을 통해 친숙하지 않은 것에 다가간다. 예를 들어 과거 지역적 · 문화적 풍습에 따라 다양하게 치러졌던 장례 의식에서 조상의 사체를 먹는 것, 태우는 것, 다른 동물이 먹게 하는 것, 묻는 것 등 모두 죽은 자에 대해 각자 나름대로 존경을 표하는 그들의 신념 체계일 수 있다는 것이다(Lukes, 2003/ 홍윤기 외, 2006 : 36-39).

그렇다면 모든 믿음은 개별 사회에 상대적인 것이며 따라서 우월/열등 등 비교의 대상이 될 수 없다는 것을 인지하게 되고 궁극적으로 모든 문화에 동일한 가치를 부여하기 때문에 모든 문화적 관행 및 습속이 인정되어야 한다는 해석이 도출될 수 있다.

이러한 해석의 최대화가 문화상대주의이다. 문화상대주의는 "문화적 경계선을 관통하는 판단을 행할 수 없다는 신조, 따라서 문화적 경계를 관통해서 내는 판단은 종족 중심적일 수밖에 없다"(Lukes, 2003/ 홍윤기 외, 2006 : 48-49)고 주장하는 것이다. 이는 문화인류학자가 타문화 타지역의 현상을 연구할 때 입각하는 인식론적 위치성이다.

사실 자신이 속한 집단을 만물(세계, 우주)의 중심으로 보고, 다른 집단을 내 집단을 준거로 해서 위상과 등급을 매기는 사고 방식이 많은 문화권 안에 편재해 있다. 우리는 내 팔이 굽는 안in group이 자부심, 우월감, 신성함을 보유하는 옳음의 영역이며 밖out group은 열등감, 경멸의 대상으로 그름의 영역이란 배타적이고 권위주의적인 이분법에 중독되어 있는 경우가 많다.

따라서 열린 문화 의식에 따라서 자문화와 타문화를 상대화해 보는 일은 '주의 환기의 요구'(스티븐 룩스의 용어법)(Lukes, 2003/ 홍윤기 외, 2006 : 50)로서 일정한 가치가 있다. 내가 저 지역에서 태어났으면 어땠을까, 내가 저 문화권 안에서 성장했으면 어땠을까? 내가 지금 자연스럽고 당연하게 받아들이는 문화적 유산과 자부심이 지나친 자민족 중심주의와 연결되어 있는 것은 아닐까 등을 성찰하게 한다. 즉 상대화 방법은 인류의 이상은 단 하나의 진리와 연관되어 있고, 이는 고정적이고 추상적이고 보편적이라고 생각하는 위험한 사고에 대한 해독제가 될 수 있다.

특히 지구화 시대에 우리가 성숙한 지구 시민으로서 타문화에 대한 열린 태도, 타문화에 대한 학습, 타문화와 자원 교류의 방향으로 나가기 위해서는 문화 상대화 훈련을 결여한 사회가 나아갈 수 있는 극단적 자문화 중심주의의 위험과 폐해를 고려하여 상대화의 의미와 역할을 중시할 수 있다.

그러나 한편으로 우리가 문화의 상대화를 통해 얻으려고 하는 것이 너무 축소 지향적이지 않은가, 탈규범적이지 않은가를 묻게 된다. 즉 문화적 다양성과 차이의 존중이란 틀 안에 자족하면서 인류의 문화적 이상 추구나 문화적 성취를 무화無化할 수 있는가를 질문하게 되는 계기들이 존재한다. 문화 연구가 윤리상대주의까지 연속적으로 직렬되는 것으로 귀결되어서는 안 된다는 것은 문화의 다양성 안에서도 일정 정도의 규범성이 내포되어야 한다는 뜻이다. 문화적 상대성이 곧 윤리적 상대주의(보편적이면서 불변하는 기본 가치는 존재하지 않으며, 한 사회 안에서의 개인의 행동을 도덕적으로 규제할 어떤 근거도 없으므로, 도덕 문제에 관한 한 누구에게나 어떤 행동이든 허용되어야 한다는 명제) (소흥렬, 1996 : 54)로 귀결할 경우 윤리적 난관에 부딪치게 된다.

문화적으로 다양하고 차이가 나는 현상과 규범 지향성의 관계는 일차적으로 사실과 당위의 논리적 관계 문제로 비판 가능하다. 사실 판단에서 당위 판단을 연역할 수 없다는 것은 윤리 논증의 기초 전제이다. 문화권별로 다양하게 전개되는 문화적 사실들이 존재함을 아무리 인정한다고 해도 당위적으로 그러한 사실이 정당한 것은 아니다. 문화상대주의에서 윤리상대주의로 직행할 수는 없다는 것이다.

윤리상대주의는 윤리적 문제의 중요성을 간과하고 있다. 도덕 문제가 생기는 것 자체가 개성적으로나 문화적 배경면에서 서로 다른 사람들이 하나의 사회를 형성하여 살아가고자 하기 때문에 생기는 것이다(소흥렬, 1996 : 65). 또 집단 사회와 집단 사회의 관계에서도 그들이 서로 영향을 줄 수 있는 하나의 공간 속에서 살고 있을 때 윤리적 문제가 생기게 되는 것이다. 문화상대주의가 윤리상대주의를 수반할 수 있는 경우는 두 개의 문화권이 상호 영향을 줄 수 없을 정도로 격리되어 고립적으로 존속되어 온 시공간에 한한다고 할 수 있다. 그러나 당대처럼 상호 교류의 폭과 정도가 심화되고 문화적 경계선이 의문시될 정도로 투과되는 단계에서는 그 사이에서 생기는 윤리적 갈등 문제를 다른 차원의 의식으로 해결해 나가지 않을 수 없게 된다.

좀 더 심층적으로 문화상대주의의 문제를 탐구해 보자.

첫째, 문화 상대주의는 마치 한 문화와 다른 문화가 지도상의 국경선처럼 확연히 선이 그어질 수 있는 것처럼 즉 문화가 하나의 통일적인 전체인 것처럼 가정하고 있다. 마르코 마르티니엘로Marco Martiniello는 개인이 단 하나의 문화에 소속되어야 한다고 하는 배타성을 내재한 다문화주의자들에 대해 신랄하게 비판한다(Martinlello, 1997/ 윤진, 2002 : 115 참조). 이들은 마치 멸종 동물을 보호하듯 민족 · 문화 · 인종집단을 보호하고 존속케 하는 것을 목표로 설정하고 그 집단들 간의 경계를 명확하게 유지하게 함으로써 개인에게 단 하나의 문화적 정체성을 강제로 부과한다는 것이다. 표면상으로는 다양성의 인정을 표방하나 소수문화로 하여금 주류문화, 지배문화에 통합될 수 없게 하고 고립과 격리라는 무서운 결과를 낳을 수 있다.

이들이 가정하는 것은 이민자는 자기의 근원, 문화, 민족집단을 벗어날 수 없으며 거의 언제나 한 민족집단의 구성원으로 인식되고 사회가 강요하는 이국적 이미지에 부합되게 행동해야 한다는 것이다. 개인의 문화적 정체성은 복수적이고 변화 가능한 것임을 인정하지 않음으로써 결과적 차별을 낳을 수 있다. 수많은 다문화 축제나 공연에서 소수자들은 해외 관광 상품에 실리는 고정 관념적 모습을 되풀이해 연출한다. 베트남에서 온 여성은 아오자이를 입고, 한국 여성은 한복을 입고 김치를 담그는 식이다. 즉 문화상대주의는 문화에 대해 본질주의적이고 근본주의적인 개념을 채택함으로써 표류해 버리는 것이다. 그 원인은 문화를 자기 완결적 전체로서 보는 허구적 인식에서 찾을 수 있다.

둘째, 문화상대주의는 자기 논박적일 뿐 아니라 문화권 내 규범을 성찰하는 상위 작업(메타적 비판)이 언제나 존재해 왔다는 사실에 무감각하다. 각 문화들 내부에서는 그리고 각 문화들을 관통하면서 도덕적 비판이 행해지고 있다. 이들은 단지 다른 문화권에서 실행되는 관습, 관행, 습속이기 때문에 비인간적이거나 반인권적인 실행들을 비판할 수 없다고 생각하지 않는다. 그 사회 주류문화의 이탈자나 지식인이 자기 자신들의 사회에서 행해지는 습관을 비판하는 사례는 충분히 많지 않은가? 이는 가치 변화의 발전성을 지향하기 때문이다.

한국에서 고액권 화폐 인물로 신사임당을 선정하자 그 적합성을 놓고 여성계에서 많은 비판이 제기되었다. 전통 사회의 덕목인 부덕(현모양처상)을 상징하는 인물이 과연 탈가부장제 사회를 이끌어 갈 여성들에게 여전히 모델이 될 수 있는가의 문제를 비판하는 것이다.

셋째, 문화상대주의가 극단화되면 반反보편주의를 함축할 수 있음에 대한 우려이다. 많은 경우 자기 중심적(자민족, 자국가, 자인종, 자문화 중심적) 사고를 보편주의의 이름 안에서 포장하고 정당화하지만 그렇다고 해서 우리가 일정 정도의 보편적 이상을 포기하는 것은 종족 중심주의의 대안이 될 수 없다. "목욕물을 버리면서 아기까지 버리는 오류"를 범하고자 하지 않는다면 여전히 무엇이 남아 있어야 하는가를 묻는 일을 멈출 수 없다. 스티븐 룩스Steven Lukes는 "옹호될 것은 하나의 문화를 다른 문화와 구분하는 차이, 각 문화들 내부의 부정합성, 경합성 및 각 문화권의 수많은 다른 방식의 뜻을 이해하는 보편주의이다"라고 말한다.

그렇게 이해된 보편성은 이상적 인간과 삶의 유형, 바람직한 사회의 상태에 대한 문화 지향의 보편성이다.[9] 그리고 이러한 보편성은 지역을 교차하여 사회 발전과 개인 발전을 추구하게 하는 동력으로서 매우 큰 공통성을 형성한다. 인간 사회의 유리 문제에서 질적 변화 과정이라고 할 수 있는 측면들, 예를 들어 아파르트헤이트apartheid(인종차별정책) 철폐에서 보이듯 백인우월주의의 부도덕성은 이제는 아무도 반대할 수 없는 일반 사실로 받아들여진다. 또한 성차별, 소수자 억압 등에 대해서도 좀 더 가치 지향적으로 불평등 문제를 해결하는 것이 바람직하다고 생각하는 글로벌 의식이 태동하고 있다. 그뿐만 아니라 자연 자원의 고갈 문제, 공해 문제, 핵, 생태 문제 등 우리의 윤리 의식을 인류 공동체적 차원에서 그 문제를 볼 수 있도록 끌어올리는 계기들에서 인류 공동의 가치 추구가 일어나고 있기에 우리의 인식은 지역과 공간의 차이에도 불구하고 원천

9 '문화 지향의 보편성'을 권리의 언어로 번역하면 '문화적 시민권'이라고 할 수 있다. 조형은 현대 사회의 문화적 시민권에는 문화를 생산하고 공유하는 문화적 권리와 다문화 간 접촉의 기회가 확대되면서 다양한 문화의 보존과 타문화에 대한 접근권이 포함된다고 한다(조형, "여성주의 시민화 시대의 시티즌십과 시민사회", 『여성주의 시티즌십의 모색』, 서울: 이화여자대학교출판부, 2007, 38쪽.

적으로 공감대 형성이 불가능한 것은 아니라고 생각한다.

5. 맺음말

이 글에서 나는 지구화를 시대적 부호로 하여 정체성과 문화를 횡단하는 의미의 '사이 공간'이 중층적으로 생성되고 있음을 출발 지점으로 삼고 이를 지렛대 삼아 우리의 문화 의식면에서 '상대화'가 새로운 방법론적 자원이 될 수 있음을 논변했다. 이는 우리의 몸이 문화권 간에 이동하면서 유영하는 경험이 인식론적이고 개념적인 사이 공간과 조응 관계를 갖는 것은 아닌지를 생각하게 한다. 즉 이는 상대화를 통해 상대주의라는 혼란의 함정을 헤쳐 갈 수 있는 통로를 발견하려는 시도이다.

이러한 사이 공간은 젠더 관점으로 지구화를 성찰할 때 여성이 갖는 기회들과 비전에 맞물려 있다. 다수의 여성이 지구 지역적 힘의 연관 관계에 흡수되면서 새로운 형태의 지구적 저항의 진지가 마련되고, 국적별 위치성의 차이에도 불구하고 세계 여성의 각성과 연대 가능성은 제고될 수 있다.

많은 경우 공동체의 위기에 대해 소리 높여 우려하지만 누구의 공동체인가, 어떤 논리와 윤리로 유지되는 공동체인가는 종종 괄호 안에 들어가 버린다. 실제 공동체에 대해 종종 간과되는 면모는 다양한 하위 문화들의 존재와 내적 이질성이다. 경험적 공동체의 경계는 이동하고 침투하고, 때로 경합한다. 기존의 공동체는 불만과 저항으로 쪼개지고, 그 성원은 종종 자신의 구역을 넘어 다른 공동체에 속한다. 우리가 문화적 본질주의를 제거하고 나면 남는 것은 유동하는 문화 현실이다. 지구 시민은 민족적이고 문화적인 동질적인 틀 안에 박제된 공간에서 과거의 제도와 가치를 부여안고 살아가는 것이 아니라 다른 문화적 선택지들에 대한 다양한 상상력을 통해 미래를 선취하고 있다.

지역적, 국가적, 지구적 차원에서 여성주의자는 다른 문화권의 가치 체계들을 선택적으로 수용함으로써 가치 공동체의 외연을 확장한다. 이들에게는 그에 따라 자신의 공동체를 다시 만들고 다시 상상하는 것이 결정적인 정치적 임무가 된다. 앨리슨 재거Alison Jagger는 이러한 지구적 여성주의 담론 공동체는 철학적이거나 정치적인 환상이 아니라 이미 존재하기 시작한 실제 실체임을 인식해야 한다고 촉구한다.

> "수많은 여성주의자들이 이미 국가적 경계를 넘어서 쟁점들을 토론하고 있고, 이들은 그 문제를 탐구하는 데 점점 더 협동하고 있다. 지구적('the' global) 지구적 여성주의 담론 공동체는 하나가 아니다. 왜냐하면 지구적 여성주의 담론은 복수적이며, 중복되는 개인 네트워크와 공동체, 다양하고 변화하는 어젠다를 갖고 있기 때문이다. 그것은 만들어지는 과정에 있고, 이상적이고 상상적일 뿐만 아니라, 계속 다시 상상되어야 한다. 여성주의적 상상력은 열망에 대한 이상을 제공한다. 항상 더욱 포용적이고, 열려 있고, 평등한 것을 추구하는 지구적 공동체 담론에 대한 상상은 여성주의 도덕 담론의 발견적 도구며 여성주의 정치적 행동에 대한 기초이다" (Jaggar, 1998).

재거의 논의는 자기 정체성을 분명히 하는 폐쇄적 공동체, 작은 공동체들이 필요함을 촉구한다. 여기에서 특수한 정체성을 갖는 여성을 희생자로 결정론적으로 말하지 않으면서 그들의 문제를 스스로 언어화하여 사회 쟁점화할 때 주체가 됨을 말하고 있다. 이는 여성의 문제를 남성이 대변하게 놔두지 말 것, 피억압층의 문제를 시혜적으로 하향적으로 해결하려 하지 말 것, 제3세계의 문제에 대해 1세계가 담론적 · 지적 권위를 갖게 하지 말 것을 요구하는 것이다.

이러한 여성들이 만들어 내는 담론과 실천을 아우르는 공간은 다양하다. 시민권의 주체로서 나는 한국 사회의 일원이지만 여성주의 공동체의 소속성에서 나는 중층적으로 겹쳐진 정체성을 따라 유동한다. 한국의 여성주의자, 아시아의 여성주의자, 또는 지구지역적 여성주의자라는 새로운 문화적 성분을 함유하면서 맥락적인 주체로 스스로를 구성해 간다.

우리가 여성주의라는 대안적 가치에 따라 다른 지역 여성의 삶과 그 지평에 대해 관심을 갖고 선의의 간섭과 개입을 행하는 것은 더 확장된 연대성의 또 다른 표현이다. 각 사회에서 명백하게 해로운 문화적 관습에 대해 교정하고 변화를 이루어 내야 할 책임은 사회의 안팎에 골고루 담지되어 있다. 지구 시민사회는 그 외부적 역할을 할 수 있지만 지구 시민적 정체성을 이미 확보한 여성주의자에게 그 틀은 더 이상 외부가 아니다(윤혜린, 2006).

여성주의자도 가족을 사랑하고 친구를 사랑하고 민족과 국가를 사랑할 수 있다. 그렇지만 이러한 각종 사회적 관계망 안에서 배타적이고 협소한 권리의 언어만을 배우려고 하지 않는다. 사랑의 동심원적 확산(Nussbaum, 1996/ 오인영, 2003 : 26)은 궁극적으로 보살핌 언어와 만난다.

오랫동안 비교적 단일한 문화를 공유하면서 살아온 한국인에게 당대에 전개되고 있는 지구지역화는 큰 자극이 되고 있다. 하지만 우리가 타자의 삶에 공감하면서 탈위계적 관계성을 맺어가기 위해서는 "길고 짧은 것을 대보는" 경험이 필요하다. 이러한 환경을 내가 보는 타자뿐만 아니라 타자의 얼굴에 비치는 내 모습을 성찰하기 위한 좋은 기회로 받아들일 수 있을 것이다.

지피지기知彼知己는 전장戰場에서 백전백승의 전략이지만, 여성주의의 광장廣場에서는 변화 발전을 위한 촉매가 될 수 있다. 지역 간의 다양한 차이를 인식하면서 동시에 문화적 가치를 공유할 수 있는 삶의 가치를 소통하는 방식이 될 수 있다.

역지사지易地思之는 자신에게 좋은 방식대로 타자를 대하고 자신이 싫은 방식을 타자에게 강요하지 않는 황금의 도덕률과 상통한다. 그리하여 이질적인 타문화에 대한 배타적 시각을 극복하고 문화 간에 다원적 수용성과 공감성을 증진시키기 위한 사유 방식으로 재탄생할 수 있다.

타산지석他山之石은 부지불식간에 자신의 사회가 범하고 있는 오류를 교정할 수 있는 렌즈를 획득하는 방법으로 재해석해 볼 수 있다. 상대방은 언제나 우리의 스승이다.

참고 문헌

김남일(2007), "사촌과 결혼 관습인데..." 귀화 한국인 혼인 무효 위기" http : //www.hani.co.kr/popups/print.hani?ksn=225706(검색일 : 2009.4.9).

김은실(2004), "지구화 시대 근대의 탈영토화된 공간으로서 이태원에 대한 민족지적 연구,"『변화하는 여성문화 움직이는 지구촌』, 서울: 푸른사상.

박은정(2005), "지구화와 여성주의 법이론,"『지구화 시대 여성주의 대안가치』, 서울: 푸른사상.

소흥렬(1996),『윤리와 사고』, 서울: 이화여자대학교출판부.

송샤오펑(2007), "포스트 혁명시대 문화민족주의의 유학 부흥과 여성주의 운동에 대한 도전,"〈International Symposium on Globalization, Asian Women and Asian Women's Studies Proceedings〉, 중국남경사범대학교.

윤혜린(2002), "과학기술 문명과 정보적 생활양식에 대한 철학적 반성," 한국여성연구원 편, 『정보매체의 지구화와 여성』, 서울 : 이화여자대학교출판부.
_____(2006), "지구 시민사회 맥락에서 본 여성주의 시민의 정체성," 『여성학논집』, 서울 : 한국여성연구원.
이대훈(1998), 『세계의 화두』, 서울 : 개마고원.
조명래(1994), " '지구화'의 의미와 본질," 『공간과 사회』, 4 : 34-43. 한국공간환경연구회 편, 서울 : 한울.
조형(2007), "여성주의 시민화 시대의 시티즌십과 시민사회," 『여성주의 시티즌십의 모색』, 서울 : 이화여자대학교출판부.
주겸지(2007), 『문화철학』, 전홍석 옮김, 서울 : 한국학술정보(주).
하성규(1994), "세계화와 지역주의적 사고," 『공간과 사회』, 통권 제4호, 한국공간환경연구회 편, 서울 : 한울.
한경구(2003), "타문화 교육의 방법과 실제," 『세계화 시대의 국제이해 교육』, 아시아 · 태평양 국제이해교육원 편, 서울 : 한울.

Appadurai, A.(1996), *Modernity at Large*, Regents of the University of Minnesota,, 『고삐 풀린 현대성』, 차원현 외 옮김, 현실문화연구, 2004.
Butler, J.(1990), *Gender Trouble*, Routledge, Chapman & Hall, Inc.
Hess, S.(2001), "여성들의 초국가적 생존 전략-젠더와 초문화성의 새로운 개념," *Die Andere Haelfte der Globalisierung. Menschenrechte, Oekonomie und Medialitaet aus feministischer Sicht*, Hg. von Steffi Hobbuss u. a., F/M.
Hunter J.(2002), *Many Globalizations*, Peter L. Berger, et al. eds., "세계화의 선봉에서," 『진화하는 세계화』, 김한영 옮김, 서울: 아이필드, 2005.
Jaggar, A.(1998), " Globalizing Feminist Ethics," *Hypatia*, vol.13. no.2. Spring.

Luke, T. W.(1995), " New World Order or Neo-World Orders: Powers, Politics and Ideology in Informationalizing Glocalities," *Global Modernities*, Mike Featherstone. et. al. eds., SAGE Publications.

Lukes, S.(2003), *Liberals and Cannibals*, 『자유주의자와 식인종』, 홍윤기 외 옮김, 서울: 개마고원, 2006.

Martiniello, M.(1997), *Sortir des Ghettos Culturels*, 『현대사회와 다문화주의』, 윤진 옮김, 서울: 한울, 2002.

Nussbaum, M.(1996), *For Love of Country*, 『나라를 사랑한다는 것』, 오인영 옮김, 서울: 삼인, 2003.

Okin, S.(1999), "Is Multiculturalism Bad for Women?," *Is Multiculturalism Bad for Women*, Cohen, J. et.al. eds., Princeton University Press.

Soja, E.(1993), *Postmodern Geographies*, 『공간과 비판사회이론』, 이무용 외 옮김, 서울 : 시각과 언어, 1997.

_____(1996), *Third Culture*, Blackwell Publishers.

_____(2000), *Postmetropolis*, Blackwell Publishers.

White, L.(1973), *The Concept of Culture*, 『문화의 개념』, 이문웅 옮김, 서울: 일지사, 1977.

새로운 '시민들'의 등장과 다문화주의 논의

김영옥

전 지구적 차원에서 초국적 자본, 정보 및 교통 수단의 발달과 더불어 다양한 형태의 인구 이동이 일어나기 시작한 것은 어제 오늘의 일이 아니다. 한국 사회 역시 주목할 만한 인구 이동의 현상을 경험하고 있다. 한국 사회에서 지난 몇 년 전부터 관심이 집중되고 있는 이주민들은 1991년 '산업연수생'으로 한국에 오기 시작한 이주 노동자들과 2000년 초부터 한국의 남성들과 결혼하기 위해 주로 동남아시아에서 온 '신부들'이다. 법무부 자료에 따르면 2006년 현재 이주 노동자, 결혼 이민자, 외국적 동포, 외국인 유학생, 난민, 미등록 이주자 등을 모두 포함해 한국에 체류하는 이주민의 수는 91만 명을 넘어섰다(정귀순, 2007 : 87). 이것은 한국 사회에서도 예외 없이 취업 시장뿐만 아니라 결혼 시장 역시 국민 국가적 차원이 아닌 전 지구적 차원에서 재구조화되고 있기 때문이다(Constable,

* 이 글은 『아시아여성연구』 제46권 2호에 실렸던 것을 수정 · 보완한 것이다.

2005; Parrenas, 2001; Ehrenreich & Hochschild, 2002; 이혜경, 2005; 김현미, 2006). 이를 좀 더 한국 사회의 개별적인 상황과 연관해 살펴보면 우리는 다음과 같은 변화를 확인하게 된다.

한국 사회에서 지난 30여 년간 지식 생산 및 운동의 차원에서 지속적으로 추진되어 온 여성주의 의식의 확산은 여성들의 취업 욕구를 증가시켰다. 그리고 자기 계발 및 자기 다스림self-governing을 그 핵심 이념으로 삼는 신자유주의의 주체성 논리(Ong, 2007)와 지식기반 사회의 경쟁력 추구에 직면해 많은 여성들은 결혼과 출산, 양육을 점점 더 프로젝트로 바라보게 되었다. 이로써 경제적으로나 지역적으로 혹은 신체적으로 주변화된 남성들은 결혼에 어려움을 겪게 되었다. 이런 상황에서 외국인 여성과 결혼하는 한국인 남성의 수는 1995년부터 외국인 남성과 결혼하는 한국인 여성의 수를 훨씬 앞서고 있다.[1] 1980년대 초까지만 해도 다른 아시아 국가들처럼 적극적인 노동력 수출 국가였던 한국의 정황을 고려해 볼 때 이것은 한국 사회가 이주 현상을 대단히 짧은 시간 내에 압축적으로 경험하고 있음을 반증한다.[2] 즉 한국 사회는 아무런 준비도 되어 있지 않은 상황에서 다종족 인구 구성원을 가진 다문화 사회로 급격히 변화하고 있다는 것이다. 그러나 한국 정부는 저출산 · 고령화 현상이 중요한 정치적 의제로 등장하기 전까지는 이러한 현실을 이주 정책, 더 나아가 이민 정책이라는 차원에서 심각하게 고민하지 않았다. 이에 대해서는 다음 절에서

1 통계청 자료에 따르면 1990년부터 2007년까지 국제결혼 건수는 총 318,936건에 이르며 이 중 한국 남성과 외국 여성으로 이루어진 국제결혼 건수는 모두 219,290건이다.

2 서구의 경우 이주 의제들은 각 세대별로 특화되어 단계적 과정을 거쳐 공론화되는 양상을 띤다. 예컨대 이주 1세대들에게는 정치적 시민권이, 2세대들에는 사회경제적 시민권이 그리고 3세대들에는 문화적 시민권이 핵심 의제가 된다(Kelly, 2002; 오경석, 2007: 30에서 재인용). 근대 식민화의 결과로 남겨진 재일 조선인의 경우에도 시민권 관련 의제는 강한 민족주의적 색채를 띤 제 1세대의 정치적 시민권 투쟁에서 2세대를 거쳐 3세대에 이르면 지역에서의 문화 공동체적 삶을 보장받기 원하는 문화적 시민권 의제로 그 관심의 축이 옮겨간다(김태영, 2005).

좀 더 자세히 살펴볼 것이다.

근대 이전에 이미 수차례 중국 및 일본과 분쟁에 휩싸였고 20세기 초 일본에 의한 식민화를 경험했으며, 한국전쟁 이후에는 미군의 한국 주둔과 더불어 지속적인 국제 혼인이 있어 왔음에도 불구하고 한국 사회에서 순혈한 단일민족의 신화는 한국인의 '민족성'이 기반하고 있는 가장 강력한 허위 의식 중의 하나였다. 예를 하나만 들어 보자. 오정희의 문학 텍스트가 선명하게 보여 주듯이 '중국인들의 거리'가 '유년의 뜰'이 되기도 하고, 채 끊지 못한 탯줄처럼 자장면의 맛이 언제 어느 때고 진한 '조국'의 맛으로(외국 생활을 할 때면), 혹은 유년의 맛으로 (어른으로 살아가는 과정에서) 우리를 불러 세우곤 해도 한국 사회는 화교들이 뿌리내릴 수 있는 삶의 터가 되어 주지 못했다(장수현, 2005). 이렇듯 준비가 전혀 안 된 상태에서 이제 한국 사회는 '이곳'으로 이주해 오는 '저곳의 타자들'을 직면하면서 한꺼번에 여러 묶음의 과제를 받아 든 셈이다. 이 과제들은 궁극적으로 한국 사회가 현재 경험하고 있는 다인종, 다종족 사회로의 인구학적 변화에 어떠한 다문화 사회의 개념으로, 어떠한 실천적 내용으로 대응하는가의 문제로 수렴된다. 따라서 최근 몇 년 동안 한국 사회에서 지구지역화 논의와 관련하여, 그리고 특히 이주(민) 정책과 관련하여 가장 많이 언급되고 유통된 말 중 하나가 '다문화'인 것은 매우 자연스러운 현상이라고 할 수 있다. 그러나 다문화 사회가 요청하는 변화의 정치적 · 도덕적 정당성은 무엇인지, 한국이라는 특수한 상황에서 가장 고려할 만한 다문화주의의 내용은 무엇인지에 대한 시민적 논의가 충분하지 않은 상황에서 이러한 현상은 오히려 주의와 경계를 요하는 것이 아닐 수 없다.

이 연구는 이러한 맥락 속에서 이주민과 관련해 최근 급격하게 확산되고 있는 다문화(주의) 담론의 좀 더 분명한 이론적 배경을 위해 먼저 다문화주의에 대한 정치철학적 논의를 검토하고, 이러한 논의를 바탕으로 '다문화 사회'에 대한 정책적 대응으로 채택되고 있는 결혼 이민 여성 관련 정책을 살펴보고자 한다.

1. '다문화 가족' 지원 정책

정부 차원에서 외국인 문제는 2005년 '대통령 지시 과제'로 격상되고, 뒤이어 2006년 '다문화 · 다종족 사회로의 전환'이 공식적으로 선언되면서 주요 정책 의제로 표명되기에 이른다. 이와 함께 '혼혈인 및 이주자 사회 통합 지원 방안'과 '결혼 이민자 사회통합안'의 정책이 여러 부처 회의에서 채택되기도 한다. 이런 흐름 속에서 다문화 사회, 다문화 감수성, 다문화주의, 다문화 가족 등의 용어들이 정부, 미디어, 학계 등 공론의 장과 현장의 지원 단체들에서 지속적으로 전파되고 있다. 2006년에는 '다문화 열린 사회'와 '사단법인 국경 없는 마을' 등 다문화주의를 공식적으로 표방하는 NGO가 두 곳이나 생겼다. 그 동안 현장에서 일하는 활동가들이 한국 사회가 다문화 사회로 변화하고 있음을 강조하면서 시민 사회와 정부가 이에 대해 좀 더 적극적으로 논의해야 함을 강조한 것은 사실이다. 그러나 1990년대 중후반까지도 그것이 운동의 의제는 아니었다(이선옥, 2007 : 83).

활동가들과 연구가들이 지적하듯이 '혼혈인과 이주자에 대한 사회 통합 지원 방안'과 '결혼 이민자 사회통합안' 등 사회 통합을 강조하고 있는 이러한 관 주도형 다문화 정책의 가장 큰 문제점은 그 대상과 방법론에 있다. 우선 결혼 이민자 가정에 초점을 맞춤으로써 국내 이주민 문제의 또 다른 축을 이루는 미등록/등록 이주 노동자들은 범주적으로 배제되었다. 이로써 '다문화' 의제는 '노동' 의제를 원천 봉쇄하는 부정적 효과를 낳을 수 있다. 이주 노동의 관점에서 볼 때 그 동안 한국 정부의 공식적인 입장은 이주 노동자의 정주화定住化를 막는 것이다. 2003년 입법되고 2007년부터 산업연수제의 완전 폐지와 함께 시행된 고용허가제("외국인 근로자 고용 등에 관한 법률")는 이주 노동자에게 노동의 권리를 허용해 주는 것이 아니라 고용주에게 이주 노동자의 고용을 허가해 주는 것이다. 고용허가제는 이주 노동자의 사업장 이동을 금지하는 한편 국내 체류 기간을 3년으로 한정짓고 있다. 이주 노동자들은 또한 본국에 있는 가족들을 한국으로 불러들일 수 없다. 이로써 가족은 함께 살 권리가 있다는, 유엔이 인정한 기본권조차 보장받지 못한다.

더 나아가 위의 정책 방안들에서 강조점은 결혼 이민자 가족 당사자들, 특히 이주 여성이 아니라 아동의 출산 및 양육 그리고 가족의 유지에 찍혀 있다. 이로써 정책적 시원의 진정한 의미가 다문화 사회 통합보다는 인구 대책에 더 놓여 있음을 알 수 있다(김희정, 2007 ; 문경희, 2006). 한국의 부계 혈통주의에 입각한 단일 민족주의는 이처럼 이주 노동뿐 아니라 국제결혼을 통한 이주에서도 주요 정책 요인으로 작용한다. 또 다른 예를 들어 보자. 1997년 '국적법'이 개정되기 전까지 한국인 여성과 결혼한 외국인 남성은 시민권자의 자격을 부여받지 못했으며, 최근 논의되고 있는 '다문화가족지원법'이 주요 대상으로 삼는 '다문화 가족'은 한국 남성과 외국 여성으로 구성된 가족이다. 한국에 체류한 지 이미 10여 년이 넘는 이주 노동자들의 수가 증가하고 있는 상황에서 이들을 '다문화 가족' 정책 고려에서 배제한 것은 근본적으로 다문화 가족 지원 자체가 정의롭지 못한 의도에서 추동되고 있음을 가리킨다. 그렇다면 '다문화가족지원법'의 내용이 어떠한지 좀 더 자세히 살펴보자.

다문화가족지원법

한국 남성과 결혼하기 위해 중국(조선족, 한족), 일본, 필리핀, 베트남, 몽골, 구소련 연방, 태국 등 아시아에서 오는 여성들의 숫자가 증가함에 따라 정부는 이들의 조기 정착을 돕기 위해 다양한 정책을 마련해 왔는데, 이러한 정책을 수렴하고 있는 것이 바로 2006년부터 지속적으로 논의되어 2008년 9월부터 시행되기 시작한 '다문화가족지원법'이다. 이 법은 2007년 7월부터 그 효력을 발생한 '재한외국인처우기본법'과 함께 결혼 이민자에 대한 포괄적인 사회 서비스를 규정함으로써 결혼 이주 여성의 사회권에 대한 기본법적 위상을 지닌다고 할 수 있다. 그러나 이 두 법이 규정하고 있는 모든 사회보장 서비스는 중앙정부 및 지방정부의 임의적 재량 사항으로 규정되어 있다. 결혼 이민자의 사회보장권은 여전히 시혜적 영역에 머무르고 있는 것이다. 또한 이주 여성들의 인권을 위해 노력해 온 NGO단체들은 '다문화가족지원법'안이 논의될 때부터 이미 이주 여성들의 원만한 한국 사회 통합을 위한 정책의 공식적인 방향이 이주 여성 개인이 아닌 '가족'에 방점을 찍는 방식으로 정해지는 것에 대해 항의한 바 있다(한국염, 2006 : 2-11). 그러나 2008년 9월부터 시행된 '다문화가족지원법'은 결국 대한민국 국민과 혼인하여 가족을 이루고 있는 외국인 또는 귀화자로 법의 대상을 한정하고 있다. 이주 노동자 부부와 그 사이에서 출생한 아동, 외국인 유학생과 그 동반 가족 등 현재 한국에 거주하고 있는 다양한 이주민들은 제외시킨 채, 한국인과 '가정'을 구성한 사람들에게만 정착 서비스를 지원하겠다는 것이다. 이것은 국적과 혈통에 근거한 차별이라고밖에 볼 수 없다. 실제로 2006년 처음 '다문화 가족 지원'과 관련된 논의가 시작될 때 『다문화가족지원법 마련을 위한 연구』에서 다문화 가족의 지원은 국제 사회가 요구하는 보편적

인권의 관점과 국민 국가의 주권 영역 안에 있는 자국민 보호 관점 사이에서 갈등하고 있다.

> "한 가지 더 유의해야 할 사항은 다문화 가족에 대한 지원 정책이 이주 노동자의 유입을 부추기는 잘못된 신호를 국제 사회에 보내어서는 안 된다는 점이다. [……] 외국인의 인권은 헌법과 국제법이 정하는 바에 따라 보장되어야 한다. 그러나 외국인의 입국을 규제하는 것은 아직은 각 국민 국가의 주권에 속하는 영역이다. 예컨대 '이주 노동자와 그 가족의 권리 보호에 관한 국제협약'은 합법적으로 취업한 이주 노동자는 '가족 재결합의 권리'를 가진다고 규정하고 있으나, 이 협약에 가입하지 않은 우리나라의 경우, 이주 노동자의 가족 초청을 허용함으로써 결과적으로 그들의 정착을 초래할 것인지 여부는 외국인 노동력에 관한 종합 정책에 의해 결정할 사안이다. [……] '다문화가족지원법'은 어디까지나 이미 우리 사회의 구성원이 되어 있고, 다음 세대를 출산하고 양육하는 다문화 가족을 지원하는 선에서 머물러야 한다"(박종보 · 조용만, 2006 : 10).

이러한 언급은 한국 사회를 다문화 사회로 인정하는 것이 결코 ('순혈', 즉 '깨끗한 피'에 대한 믿음을 주장하고 또 재생산하는) 자민족 중심주의를 해체시킬 수는 없음을 알게 해 준다. 이주 노동자들과는 달리 결혼을 통해 한국 사회에 입국하는 여성들은 잠재적인 한국 국민으로서 그에 상응하는 체류 조건을 부여받는다. 이들은 말하자면 대한민국이라는 국민 국가의 성원권membership, 즉 시민의 자격과 국민의 자격을 부여받을 사람으로서 간주된다. 한국 정부가 추진하고 있는 '다문화 가족 지원'은 위에서 인용한 『다문화가족지원법 마련을 위한 연구』에서 이미 "우리 실정에서는 전면적 다문화주의 정책을 실시하는 것은 너무 성급한 조치이고,

동화주의 정책을 기본으로 하되 다문화주의의 요소를 가미하는 것이 필요하다"(박종보 · 조용만, 2006 : iv)라고 밝히고 있듯이 다문화주의의 옷을 입은 동화주의에 입각하고 있다. 이처럼 한국 정부가 추진하는 다문화 가족 지원이 궁극적으로 염두에 두고 있는 것이 초국가transnational 시대에 '한국 민족의 부계 혈통 지키기'라면, 다문화주의에 대한 많은 비판들이 지적하듯이, 이것은 단지 국가의 교묘한 이민자 관리 책략에 지나지 않을 뿐이다(Werbner, 2005). 그렇다면 왜 동화주의를 전면에 내세우는 대신 '다문화'라는 형용어법을 지속적으로 사용함으로써 다문화주의적 위상을 견지하려고 하는 것인가. 다문화주의를 명목상 지향해야 할 목표점으로 상정하되 현 단계에서는 동화주의를 시행하는 것이라면, 다문화주의는 분명 동화주의보다 더 나은 정치철학적 · 정책적 패러다임인가. 다음 절에서는 이러한 의문점들의 해명을 위해 다문화주의에 대한 기존의 논의를 좀 더 자세히 살펴보기로 한다.

2. 정치철학적 관점에서 본 다문화주의

문화의 이해와 다문화주의 논의

다문화주의는 정치철학이냐 정부의 정책이냐 혹은 사회운동이냐에 따라 논의의 방식이 달라지며, 또한 주체 설정과 문화에 대한 이해, 적용 범위와 방식에 따라 상이한 내용을 담게 된다. 가장 일반적으로 인종적 · 민족적 다양성을 지칭하는 것에서부터 소수자 집단의 '문화 권리', 그리고 이민자와 소수민족, 난민 정책 등을 아우르는 국가 정책에 이르기까지 다문화주의는 다양한 범주와 영역을 아우른다. 1960년대 말 서구의 시민권

운동을 기폭제로 1970년대 미국, 캐나다, 스웨덴 등 전형적인 다인종 국가에서 활발히 논의된 다문화주의는 그러나 무엇보다도 민주주의와 인권의 측면을 강조하는 자유민주국가론과 밀접히 연관되어 있다. 지구화가 가져온 이주는 "동일한 국적, 단일한 국민 정체성, 배타적인 시민권, 영토 내부에 대한 포괄적인 통치권"으로 설명되는 근대 민족국가의 동질성 가정에 의문을 제기한다. 이런 맥락에서 다문화주의는 민족 국가의 경계를 넘어 보편적 인권의 관점에서 비국적자나 체류 자격이 없는 사람까지도 포함하는 방식으로 성원권을 규정하려는 시도로 볼 수 있다. 따라서 전 지구적 이주의 맥락 속에서 다문화주의가 이해되는 관점들을 위해서는 자유민주주의의 기반을 이루는 보편적 개인주의와 특정 공동체의 정체성을 둘러싸고 벌어진 다문화주의 찬반 논쟁을 비교해 보는 것이 유용할 것이다.

다문화주의를 옹호하는 사람들의 주장은 정체성, 개인과 집단의 관계, 사적 · 공적 영역의 관계, 그리고 문화권과 관련되어 다음과 같이 정리될 수 있다.

첫째, 스스로 선택하지 않았다 해도 사람들의 정체성은 윤리적으로나 정서적으로 공동체에 부착되어 형성되기 때문에 이것을 무시하는 것은 일종의 차별이다. 그리고 문화권의 핵심은 문화의 재생산에 놓여 있으며, 이것은 무엇보다도 교육을 통해 이루어진다. 따라서 자신들의 언어, 문화, 종교를 자녀에게 가르치는 것은 토착민이나 이민자, 소수자 집단의 빼앗길 수 없는 권리에 속한다(왈쩌, 2001).

둘째, 자유주의 논의가 문제시하는 개인의 권리와 집단의 권리 사이의 대립적 관계는 해소될 수 있다. 사적인 삶에 대한 자유주의적인 이상은 사회로부터 개인을 보호하는 것이 아니라 정치적 간섭으로부터 자유로운 사회를 보호하는 것이기 때문이다(Kymlicka, 2002).

이에 반해 다문화주의 비판은 무엇보다도 문화에 대한 논의에서 출발한다. 즉 다문화주의가 문화를 경계가 확고한 고정된 실체로 파악함으로써 본질적인 것으로 만들고 물화시킨다는 것이다(Cowan, 2006 ; Benhabib, 2002). 이때 문화는 동질적인 사회 체제가 보유하고 있는 다양한 특성과 믿음으로 이루어진 일관된 총체로서 세대에서 세대로 전수되면서 개인의 삶에 의미를 부여하고 개인의 사회적 행동을 한정하는 것으로 이해된다. 그러나 모든 개인이 자신의 존재에 의미를 부여받기 위해 하나의 문화에 소속될 필요가 있다는 생각은 수정되어야 한다(Martiniello, 1997 : 113). 또한 문화와 영토, 그리고 특정 집단 간의 본질적인 관련성을 전제하는 시각은 유입국 사회에서 이민자들이 직면하는 범죄나 폭력을 문화의 특수성으로 얼버무리고, 또한 여성을 비롯해서 '다르게 생각하는 사람들'에 대한 이민 공동체 내부의 억압이 재생산되게 만든다(Okin, 1999 ; Benhabib, 2002).

둘째, 다문화주의는 특히 조상이나 혈통, 의례적 문화 관습, 예의 범절 등을 중심으로 하나의 고정되고 폐쇄된 집단 정체성을 강조함으로써 새로 편입한 사회의 문화 형성 과정에 주체적으로 참여하고자 하는 개인에게 편견으로 작용될 수 있다(Mariniello, 1997 : 118 ; 천선영, 2004).

셋째, 다문화주의는 위에서부터 아래로의 정책이며 소수자 집단에 대한 정부의 교묘한 관리 전략에 지나지 않을 수 있다. 이것은 방금 위에서 언급한 비판과도 연관되는 것으로서, 이국적인 요리, 음악, 다채로운 축제, 의례 등 다문화주의의 피상적인 내용은 상실, 빈곤, 편견, 차별 등 경제적 · 정치적 불평등을 은폐할 수 있다. 정부가 다문화주의 정책을 의도적으로 경제적 · 정치적 불평등의 은폐를 위해 사용하지 않는 경우에도 사회 · 경제적인 문제를 문화의 문제로 읽어내는 것은 결국 환원주의에 빠질 위험이 있다.

최근의 인권 담론은 개인과 집단이 그들의 문화와 전통을 탐색하고 보호하며 강화할 권리를 존중한다. 그러나 동시에 그러한 전통적 문화 실천의 권리를 상대화시킴으로써 집단 내부의 불평등과 부자유가 해소되어야 함을 강조한다. 다문화주의는 너무 엄격하게 정의되어서는 안 되는 것이다. 위에 언급한 다문화주의 찬반 논쟁을 좀 더 자세히 살펴보면 찬성과 반대의 목소리가 동일한 이념과 현실 분석에서 나오는 경우도 적지 않음을 알 수 있다. 예컨대 다문화주의는 때로는 한 나라에서 국민 만들기의 근간이 되고 있는 체제 순응적인 민족 문화의 개념에 대항하기 위해 자유주의자들에 의해 호소되기도 하고, 때로는 바로 그 체제 순응적인 민족 문화의 개념을 옹호하기 위해 보수주의자들에 의해 호소되기도 한다. 앞의 경우는 주류사회의 문화에 해당하고 뒤의 경우는 소수자 집단의 문화에 해당되지만 두 경우 모두에서 민족문화는 협소하고 체제 순응적으로 작용할 수 있는 것이다. 다문화주의에 대한 이러한 찬반 논의는 문화와 문화적 정체성에 대한 논의가 항상 맥락을 고려한 것이어야 함을 잘 보여준다.

이처럼 다문화주의와 그것이 기반하고 있는 문화권을 논의하는 데 가장 중요한 것은 문화에 대한 이해이다. 문화는 고정적인 실체가 아니라 창조적이고 변화하며 혼종적이고 침투성이 강한 것이다. 그리고 더 나아가 문화는 관계성과 행위성, 권력이 작동되면서 정체성을 구성하는 장이다. 문화는 한편으로는 의례들과 사회적 교환, 그리고 수행에 의해 체현되기에 그것에 참여하는 다양한 사회적 행위자들의 역량을 강화시킨다. 영국에 사는 파키스탄 이민자 집단을 관찰한 프니나 베르브너Pnina Werbner는 초국가 이주가 만들어 내는 두 개의 문화적 역설을 기반으로 '지역을 횡단하는 문화translocating culture'를 설명한다. 즉 새로운 나라에 뿌리내리기 위해 이주 집단은 스스로를 사회적 · 문화적으로 분리시켜 캡

숲처럼 공동체를 구성한다. 그러나 그 공동체 내부에서 문화는 유동적이고 혼종적이며 다양한 갈등과 질문을 배태한다. 그러면서 전체적으로는 그 공동체의 구성원들에게 정서적으로나 도덕적으로 힘을 발휘한다 (Werbner, 2005). 베르브너의 관찰은 국가 차원에서 다문화주의 정책이 고안될 때 정책의 대상이 되는 공동체의 특성과 요구에 상응하는 대화적 성격과 협상 능력을 지녀야 함을 잘 보여 준다.[3] 이럴 때 비로소 다문화주의는 '주의'의 경직된 관리 체계가 아니라 변화와 창의성을 지닌 변증법적 과정이 될 수 있다. 그리고 이것은 다문화주의의 출발점이 되고 있는 문화적 정체성이 '과거' 및 현재와 맺는 관계성에 대한 좀 더 깊은 성찰을 전제로 하는 것이다.

인정과 재분배의 관점에서 본 다문화주의

다문화주의 옹호자들은 주류 제도가 다수자에게 이익이 되는 방식으로 편향적이라는 것, 그리고 이러한 편향의 결과로 소수자들의 행위와 정체성에 해를 입힌다는 중심적인 주장에서 출발한다. 이것은 다문화주의 논의가 부정의不正義에 대한 비판적 성찰에서 진행되고 있음을 시사한다. 자본주의, 민주주의 주류사회 내에서 혜택을 받지 못하는, 즉 부정의를 경험하는 주변화된 집단들에 대한 논의는 재분배redistribution와 인정recognition이라는 두 개의 범주를 두고 전개되었다. 포드주의 시대의 도덕철학과 사회적 투쟁에서 중심을 이루었던 것이 평등주의와 자유주의 이념에 입각한 분배의 정의였다면, 포스트포드주의, 포스트 사회주의, 지구화 시대에 종교,

3 다문화주의 논의의 역사적 맥락과 상황을 중요시하는 스네자 거뉴Sneja Gunew는 이러한 다문화주의 관점의 복수적 성격을 강조하면서 도나 해러웨이Donna J. Haraway의 상황적 지식 개념을 차용해 '상황적 다문화주의들situated multiculturalisms'로 명명한다(Gunew, 2004: 2).

국적, 젠더, 민족, 종족 등을 둘러싼 투쟁이 세분화되고 격렬해지면서 정체성에 대한 인정의 문제가 정치철학적, 윤리 · 도덕적 주요 의제로 떠오르게 된 것이다.

재분배와 인정은 경제와 신분의 관점에서 위계를 설명하는 방식이다.[4] 재분배의 정치는 사회의 경제 구조에 뿌리내린 사회경제적 부정의에 초점을 맞추는데, 착취, 경제적 주변화, 경제적 박탈이 이러한 부정의에 해당된다. 이것을 해결하기 위해서는 소득 재분배, 노동 분업의 재편성, 투자 결정의 규제 등 경제적 재구조화가 요청된다. 재분배의 정치에서 공공정책의 대상은 시장이나 생산 수단과의 특수한 관계에 의해 경제적으로 결정되는 계급 혹은 계급과 유사한 집단들이며, 그 목표는 기회와 문화에서 집단 간에 존재하는 계급적 차이를 축소하는 것이다.

반면에 인정의 정치는 표현, 해석, 의사 소통의 사회적 양식에 뿌리내린 문화적 부정의에 초점을 맞추는데, 문화적 지배, 인정하지 않음, 경멸 등이 이러한 부정의에 해당된다. 이것을 해결하기 위해서는 비천하게 여겨진 집단의 손상된 정체성과 문화적 산물들을 상향적으로 재평가할 수 있도록 문화적 다양성에 긍정적 의미를 부여하거나affirmative strategy, 문화적 편견과 차별을 생산하는 재현, 해석, 소통 등 상징적 체계의 사회적 패턴 자체를 변화시키는 것transformative strategy이 요청된다. 인정의 정치에서 공공 정책의 대상은 인정의 관계 때문에 다른 집단에 비해 낮은 존중, 존경, 품위를 누리는 신분 집단이며, 목표는 집단 차이를 인정하는 것이다.

4 여기서 소개되고 있는 재분배와 인정에 대한 논의는 Fraser, Nancy / Honneth, Axel (2003), *Redistribution or Recognition? A Polotical-Philosophical Exchange*, translated by Joel Golb, James Ingram, Christiane Wilke, London & New York, Verso 중 1-100쪽의 내용을 정리한 것이다.

낸시 프레이저Nancy Fraser는 재분배와 인정이 분석적 차원에서 볼 때 두 개의 근본적인, 서로 환원이 불가능한 정의의 차원임을 강조한다. 경험적 현실 속에서 이 두 차원은 서로 교차하면서 작동한다. 예를 들어서 오인된 집단의 문화적 위상이 바뀌면 그 결과로 그들이 배분받게 되는 사회경제적 몫이 향상된다. 계급, 젠더, 인종, 그리고 경멸되는 섹슈얼리티 등 4개의 유형을 살펴보자면 이 중에서 계급은 비교적 가장 재분배에, 경멸되는 섹슈얼리티는 비교적 가장 인정의 차원과 관련되어 있는 반면 젠더와 인종은 재분배와 인정의 차원 모두에 유사한 정도로 관련되어 있다.

그러나 분석이 아닌 현실의 맥락에서, 특히 후기 근대적 상황에서, 문화의 차원과 경제의 차원을 분리하는 것은 근본적으로 불가능함을 한 번 더 강조할 필요가 있다. 그리고 여기서 문화적 차별의 해소 방식으로 언급되고 있는 긍정적 전략과 변형적 전략의 구별은 재분배와 인정의 두 패러다임이 서로 경쟁 관계에 놓이게 되는 정황, 그리고 인정을 그 주요 내용으로 한다고 간주되는 다문화주의에 대한 비판의 한 지점을 좀 더 열린 지평에서 사유할 수 있도록 이끈다.

특정 집단의 문화적 전통과 특수한 관습을 존중하고 인정한다는 의미에서의 정체성 정치학은 그 집단을 경계가 분명한 동질적 실체로 간주하며 집단 구성원들이 모두 그러한 정체성을 공유한다고 가정한다. 그러나 개인의 자유에 대한 열망이 집단의 그것과 일치하지 않을 때, 그리고 집단의 가치 규범이 다른 상상력을 가진 사람을 일탈적이라고 낙인찍을 때, 개인이 그 경계 밖으로 자유롭게 걸어 나오는 것이 과연 얼마나 가능할 것인가? 다문화주의가 추구하는 인정의 정치학과 자유민주주의라는 보편주의의 양립은 과연 가능할 것인가? 세일라 벤하비브Seyla Benhabib의 해석에 따르면 이러한 난제에 직면했을 때 프레이저가 제안한 변형적 전략은 '우리'와 '그들'을 나누는 경계의 유동성과 '우리'와 '그들' 즉 자아와 타자 간의 상호 의존성을 인정의 구성적 요인으로 사유함으로써 어느 정도 그 가능성을 시사한다(Benhabib, 2002 : 69-70). 이렇게 볼 때 기존의 문화적 전통 속에서 인정을 추구하는 긍정적 전략이 정체성의 정치학에 여전히 포섭되어 있다면 변형적 전략은 인정의 정치학이 정체성의 정치학과 구별될 수 있는 계기를 마련해 준다고 볼 수 있다. 그러나 '평등주의적 호혜성', '자발적 귀속', '귀속과 벗어남의 자유'가 가능한 다중적 문화의 대화와 인정이 과연 이상형으로서가 아니라 현실로서 가능할 수 있을 것인가? 벤하비브는 이를 가능케 하기 위해서는 집단 정체성의 성찰적 재구성이 지속적으로 이루어져야 한다고 말한다(Benhabib, 2000 : 70). 따라서 이것은 끊임없는 현재 진행형의 과정이며 미완의 프로젝트로서의 성격을 지닌다. 그만큼 매순간, 매 상황에서의 협상과 성찰이 필연적으로 요구되는 일이다.

프레이저가 말하는 정의는 궁극적으로 '참여적 동등성'으로서 사회 구성원 각자가 동등한 동료로서 사회적인 상호 작용에 참여할 수 있음을 의미한다. 따라서 부정의를 극복한다는 것은 그러한 참여를 가로막는 제도화된 장애물의 해체를 의미한다. 우리는 이것을 평등한 성원권의 보장, 적극적인 의미에서의 시민권 보장이라고 부를 수 있다. 그리고 이와 관련해 한국에서 현재 진행 중인 관 주도형 다문화주의가 이주민들이 '동료적 위치에서' 사회적인 상호 작용에 참여할 수 있는 성원권에 대한 고민을 하고 있는지, 다시 말해서 이주민들이 다문화주의적 성원권 주장을 위해 스스로를 국가의 협상 파트너로 조직해 낼 수 있는 환경을 조성하고 있는지를 질문할 수 있을 것이다. 이를 위해 다음 절에서는 다문화주의와 시민권의 관계를 좀 더 자세히 살펴보기로 한다.

3. 다문화주의와 시민권

시민권의 제공이 없는 다문화주의는 배제의 처방이나 합리화와 크게 다르지 않다. 다문화주의는 한편으로는 국가의 정치경제적 생존과 재생산을 위해 이민을 받아들여야만 했던 국민 국가의 통치 방식이나 기술의 결과로 나온 문화정치학으로서, 그리고 다른 한편으로는 국가 차원에서 강제되는 국민 만들기에 대한 소수집단의 대응 방식으로서 등장했다. 국민국가는 자유 민족주의liberal nationalist 정책의 일부로서 문화 성원권을 통해 국민 정체성을 육성한다. 다문화주의의 가장 적극적인 지지자 중 한 사람인 윌 킴리카Will Kymlika에 따르면 이민자와 관련해 다문화주의는 이러한 과정에서 "국가 정책이 이민자들을 통합하려고 압력을 부과할 때 그 목표가 정당하다는 것을 어떻게 보장할 수 있는가"라는 질문으로 구성된다. 상이한 민족과 종족의 배경을 지닌 이민자들은 자신을 주류사회에 통합시키려는 국민 만들기 운동에 완전히 저항할 수는 없지만 통합 조건의 재협상은 시도할 수 있다. 미국이나 호주, 캐나다 등 이민 국가들에서 구체적으로 일고 있는 다양한 다문화주의 논쟁은 그러한 재협상하는 것에 대한 논쟁으로 볼 수 있다. 협상은 통합의 과정이 정의로운지, 다시 말해서 전통적으로 다수자 집단이 누려 왔던 정체성과 실천들에 부여되었던 것과 같은 수준의 존중, 인정, 편의들이 소수집단들에게도 제공되는지에 대한 질문을 둘러싸고 진행된다. 이것은 결국 소수가 다수와 동등한 시민권을 제공받는가의 문제로 수렴된다. 그렇다면 동등 수준, 동등 지위를 어떻게 이해할 것인가. 통합이 긴 시간을 요구하는 어려운 과정이라고 할 때 통합이 완성된다고 간주되는 시점은 언제인가? 완성된다고 가정할 수 있는가? 이러한 질문에 대한 답은 국민과 시민, 그리고 시민권에 대한 좀 더 집중된 논의를 필요로 한다.

고전적인 마셜T.H.Marshall의 시민권 이론을 비판, 수정하면서 1990년대 새롭게 부상한 시민권 논의는 자유주의적 시민 개인의 권리와 공동체 성원의 참여적 실천을 통합하고자 한다. 이때 강조되는 것이 문화적 차원에서 시민들 간의 관계적 태도를 가리키는 시민적 덕성civility이다. 시민적 덕성에 입각해 참여적 실천에 몰두하는 시민의 개념화는 해방적 관심과 정치적 이상에 의해 추동되는 것으로 시민권 개념의 점차적인 확장을 가져왔다. 그리고 이것은 지구화와 더불어 점점 더 다원화되어 가는 사회의 요청에 부응하는 다문화적이고 초국가적인 지구적 시민권 개념과 밀접하게 연결된다. 그러나 이러한 확장은 역설적이게도 글로벌 이주 현상이 야기하는 다양한 입국 및 체류 문제들에 직면해 오히려 분석적 범주로서 시민권 개념이 지니는 유용성을 탈각시킨다는 비판적 목소리도 있다(이철우, 2004). 그리고 이 비판은 현실직인 상황을 반영하는 것으로서 충분히 타당성을 지닌다. "법적으로 경계가 확정된 조직화된 정치 공동체의 형식적 혹은 명목적 성원권", 다시 말해서 동등한 지위와 그 지위에 수반되는 권리와 의무의 총체로서 시민권을 이해하는 것은 오늘날 글로벌 이주와 더불어 denizen이나 margizen같이 경계가 모호한 체류자들이 늘고 있는 상황에서 실제로 유용할 수 있기 때문이다. 이러한 상황에서 소수자를 위한 공식적 시민권의 접근성은 우선적으로 강조되어야 한다. 공식적인 시민권에 대한 접근, 즉 국적 취득은 완전한 성원권을 가지기 위한 첫 번째 단계이기 때문이다(Castles & Davidson, 2000 : 127). 그러나 그것이 첫 번째 단계라는 사실 또한 강조되어야 한다.

여기서 완전한 성원권이라는 개념을 이해할 수 있기 위해서는 국민과 시민을 구별할 필요가 있다. "국민과 시민은 근대 국가의 범주에 소속된 구성원의 지위에 따른 권리와 의무, 소속감과 정체감을 갖는다는 점에서 일치한다. 그러나 두 개념 간에는 중요한 차이가 있다. 시민은 국가로부터 상대적으로 독립된 시민 사회를 구성하는 실천적 주체agency로서의 성격이 있으며, 최근에는 국경을 넘는 글로벌 시민, 글로벌 시티즌십의 개념이 대두되는 반면, 국민 개념은 본원적으로 국경을 초월할 수가 없으며 적극적 주체active agency이기보다는 국가에 종속된 수동적 주체passive subject의 의미가 강하다"(조형, 2006 : 49). 이렇게 볼 때 이주민은 일단 국적을 취득하면서 국민이 되고 이후 오랜 투쟁과 갈등의 과정을 거치면서 참여적 주체인 시민으로서의 성원권을 얻게 된다고도 말할 수 있을 것이다. 바로 이 지점에서 우리는 시민권의 개념을 해방적 지평과 정치적 이상의 관점에서 국적 취득 너머로 확장시켜야 하는 당위성을 발견한다. 신자유주의 경제 체제와 복지국가의 감소, 새롭게 강화되는 민족주의는 이주민뿐 아니라 다양한 사람들이 실업이나 가난, 성차별 등을 통해 동등한 참여에서 배제되게 만든다. 성원권과 참여의 관점에서 볼 때 '누가 시민인가?'라는 질문은 점점 더 대답하기 어려운 난제가 되어 가고 있는 것이다. 그렇기 때문에 국민 국가의 권위를 질문하고, 경계에 갇힌 국민국가의 민족주의적 편협성을 비판하면서 지구적 차원에서 사회적 평등을 추구하는 시민 주체는 더욱 요청될 수밖에 없으며, 이러한 시민들 사이의 창조적 연대야말로 시민권과 다문화주의 논의를 생산적으로 활성화시킬 수 있는 동력일 것이다.

또한 이와 관련해서 우리는 이중 국적이 허용되지 않는 나라에서 온 이주자의 경우 본국의 국적을 포기하지 않기 위해 유입국에서 귀화가 아닌 영주권을 선택할 때 이들의 권리를 언급해야 할 것이다. 영주권을 선택한 사람들이 귀화한 사람들과 동등한 권리와 의무를 가질 수 있는 체계가 마련되는 것, 즉 성원권의 의미에서 국적 소유자와 영주권 소유자 사이에 하등의 차별이 생기지 않도록 해야 한다는 것은 이주민의 시민권 논의에서 중요하다.[5]

4. 성별화된 시민권과 여성 결혼 이민자

여성주의자들은 마셜의 시민권 논의뿐 아니라 기존의 모든 시민권 논의가 시민권을 공적 영역에 국한된 권리로 해석함으로써 사적 영역의 권리를 배제한 점, 그리고 보편적 시민권에 의한 평등의 실현 가능성을 과대 평가한 점을 비판해 왔다. 이들은 이에 대한 대안으로서 집단의 역사와 그에 따른 특수한 이해 관계 그리고 개개인의 다중적 정체성에 기초하는 시민권 개념을 개발하는 한편, 정체성, 섹슈얼리티, 감정, 생활 양식 등 새로운 의제를 포함하는 사적 시민권 개념을 개발했다. 또한 기존의 시민권이 공민권, 정치권, 사회권, 문화권 등의 범주로 설명되었다면 최근 여성주의는 후기 근대의 위험 사회, 그리고 글로벌 시대라는 현재적 상황에 맞는 새로운 시민권을 모색한다. 예컨대 지구화 시대의 시민권 논의를 지속적으로 진행시켜 온 조형은 시민권을 개인과 집단의 기본적인 생존과 안전을 위협하는 다양한 요소들로부터 보호받을 권리, 사회 안에 축적된 다양한 특전을 누릴 권리, 사율적 신덕의 권리, 시민적 실천과 참여의 권리로 새롭게 범주화한다(조형, 2006 : 35). 시민권에 대한 여성주의자들의 이러한 비판적 개입과 재구성의 시도는 결혼 이주 여성의 시민권을 고찰하는 좋은 토대가 되어 준다. 결혼 이주 여성과 시민권의 관계는 정책의 관점에서뿐 아니라 이들에 대한 문화적 표상의 관점에서도 살펴볼 수 있다.

5 국적 취득, 즉 귀화를 선택하지 않기 위해 오랜 기간 투쟁한 재일 조선인은 이에 대한 좋은 예를 제공해 준다. 재일 조선인의 경우는 '공식적인 시민권에 대한 유일한 접근'이라는 특권적 위치를 국적 취득에 부여하는 것 또한 소수 종족, 이민족에 대한 국가 폭력일 수 있음을 잘 보여 준다. 제국주의적 식민 통치의 결과로 남겨진 재일 조선인의 귀화를 둘러싼 민족주의적 · 정치적 갈등에 대해서는 『재일 조선인 그들은 누구인가』(한일민족문제학회 엮음, 2003)와 『재일 한국인 지문 거부운동 (법정진술모음)』(재일대한기독교회 지문거부실행위원회 엮음, 1987)을 참조할 것.

국제결혼을 통해 한국에 온 여성들에 대한 국가의 지원과 관심은 주로 한국어 교육과 문화 적응이라는 부분에 집중되어 있다. 그러나 이것은 이들의 체류 안정과 매우 밀접한 관계에 놓여 있으며, 그렇기 때문에 체류 안정과 함께 고려되어야 한다. 이들은 체류 비자 연장, 그리고 영주권 및 국적 취득 신청을 할 때 한국인 배우자와 동행하여 신원을 보증받아야 하며, 이혼 소송 진행 중에는 취업을 금지당한다. 2005년 12월 국민기초생활보장법이 개정되어 2007년부터 결혼 이주 여성을 포함시키는 특례 조항이 생겼지만, 이것 또한 '아이'의 어머니일 때, 즉 한국의 인구 재생산에 기여할 때만 적용된다. 이처럼 한국에서 이주 여성이 '국민'으로서 성원권을 누릴 수 있는 것은 이들이 한국 사회가 기대하는 가족 만들기, 즉 가사 노동과 출산 및 양육을 얼마나 성취했느냐에 달려 있다.

2007년 지방자치단체에서 제정한 '농어민 국제결혼 지원사업' 조례는 삶의 공간으로서 농어촌이 안고 있는 구조적 모순을 해결함으로써 농어촌 총각의 문제를 푸는 대신 국제결혼 비용(300~800만 원까지)을 보조해 줌으로써 손쉽게 풀고자 한다. 이것은 특히 지자체가 중개업자들을 정책의 공식적인 협력자로 승인한다는 점에서 더욱 문제가 있다. 그 동안 이주 여성 지원단체들과 인권단체들은 중개업자들의 결혼 중개가 인신 매매적 성격을 띠고 있다는 것을 거듭 강조하면서 그에 대한 정부의 강력한 대책을 촉구해 왔다. 그런데 이에 대한 분명한 대책 없이 이루어지는 국제결혼 지원은[6] 이미 중개뿐 아니라 '사후 관리' 역할까지 맡겠다고 나서는 중개업자들의 행태를 고려할 때 심각한 우려의 대상이 아닐 수 없다(김지은, 2006 : 50-54). 그리고 한국 여성들이 떠난 자리를 동남아 여성들이 채워

6 '결혼중개업의 관리에 관한 법안'이 2008년 6월부터 시행되고 있지만 이 법안은 정확한 '신상 정보 제공'을 의무 조항으로 만들지 않았다는 점, 인신 매매적 국제결혼 중개 행태나 이로 인해 발생한 피해에 대한 대처 방안을 내놓지 않았다는 점 등에서 그 효력이 의심받고 있다.

줄 수 있다고 상정하는 사고 방식 자체도 여성을 도구적으로 대상화시키는 차원에서 전혀 벗어나지 않고 있다. 법무부는 또한 이주 여성을 대상으로 언어 및 문화 적응 교육을 포함하는 '사회통합 프로그램 이수제'를 만들어 이를 의무화하고 있다. 복지 차원에서 제공하는 서비스가 아니라 영주권 및 국적 취득과 연계된 의무 조항으로서의 이러한 제도는 이주 여성들을 좀 더 강하게 가부장제의 관리 체제에 묶어 두는 결과를 낳을 수 있다.

정부와 지자체가 국제결혼 이민자와 관련해 고안해 내는 일련의 정책들에 직면하면서 우리는 국가가 결혼을 통해 한국에 이주해 온 여성들을 어떤 관점에서 보고 있는가를 질문하게 된다. 그들을 한국 남성의 '아내'로서, 그리고 장래에 한국의 국민이 될 2세를 낳아 키울 '어머니'로서만 인정할 뿐, 동등한 권리와 의무를 지닌 국민으로서, 한국 사회의 변화에 적극적으로 참여할 성원으로서 인정하지 않는다면 그들에게 제공되는 모든 언어 교육과 문화 적응 교육은 강제적 편입, 동화의 과정에 지나지 않을 것이다. 즉 그들을 한국 사회의 성원으로, 자율적 선택과 행위성을 지닌 시민 주체로 인정하지 않는다는 것이며, 이것은 결국 다문화주의가 그 본질로 삼는 인정의 원칙을 비껴가고 있다는 것이다. 서울에 거주하는 결혼 이주 여성들이 쓴 '나의 서울살이' 체험 사례집에서 우리는 모범적인 한국 '국민'이 되기 위해, 더 나아가 시민으로 인정받기 위해 어떠한 훈련 과정을 거치는지 다양하게 확인할 수 있다. 예를 하나 들어보자.

> "새로운 전통과 문화를 받아들이는 건 쉽지 않았습니다. 특히 언어와 음식이 그랬습니다. 무엇보다 한국어를 배우기 위해 최선을 다했고 뜨겁고 매운 음식을 먹기 위해 노력했습니다. [……] 훌륭한 한국 시민이 되기 위해 노력하는 것은 쉽지 않다는 걸 잘 압니다. 그러나 한국에 머무는 한 문화와 전통을 따르는 것이 내가 모범적인 시민이 되는 데 도움이 될 거라 생각합니

다. 남편의 가족과 친척을 사랑하고 보살피는 것도 이 나라에 대한 커다란 사랑일 것입니다. [……] 더 많은 학습과 연습을 통해 삶을 개선시킬 수 있고 미래를 위한 더 나은 삶을 살 수 있을 것입니다"(아시아여성연구소 편, 2007 : 279-281).

그러나 이러한 노력에도 불구하고 국적을 이미 취득해서 법적으로 '한국 사람'이 된 후에도 동남아시아에서 온 여성들은 언어적 특색, 피부 색깔, 출신국의 국제적으로 낮은 지위 등으로 계속해서 '가난한 나라, 저개발의 나라에서 온 여자'로 간주되며 평등한 참여의 권리를 박탈당하곤 한다. 한국말을 잘하고 한식과 양식 조리사 자격증까지 따서 안산 '구립어린이집'에서 조리사로 일하던 베트남 여성 임옥 씨의 경우는 이러한 정황을 명백하게 증명하고 있다. 7년 째 일하던 이곳에서 그녀는 원장으로부터 (둘째아이를 낳기 위해 받았던) 육아 휴가가 끝나면 일을 그만두면 좋겠다는 권고를 받았다. 그녀가 '한국 사람'이 아니라서 어린이집 운영에 손실이 있을지도 모른다는 걱정 때문이었다. 그러나 이미 동네에서 '유명인사'인 그녀를 동네 어머니들은 자랑스러워하고 좋아한다. 안산의 특성상 그들의 친지 중에는 그녀와 비슷하게 결혼해 온 아시아 여성들이 있는 경우가 드물지 않은데, 이런 상황에서 그녀는 그들에게 '빛나는 역할 모델'이기 때문이다. 이 경우 생활문화 차원에서의 성원권과 제도적 차원에서의 성원권이 동일하지 않음을 알 수 있다.[7]

7 필자와의 인터뷰에서 그녀는 이렇게 말했다. "어떻게 하면 …… 돈도 누구나 싫어하겠어요? 근데 자존심, 뭔가 해내겠다고 생각 들어서 하는 거예요. 만약 이렇게 물러나면 계속 다른 사람 그거 가지고, 멈춰야 될 것 같애. 왜냐면은 저는 일, 이년 근무가 아니고, 저 가족 생각하면서도 더 다니고 싶고, 근데 원장님 입장만은 저 이해되요. 이해돼, 또. 원장님 입장은 베트남 사람은 외국 사람이니까 뭐 어린이집 가서는 안 된다 생각 드나봐요. 그런가 봐요. 그래서 외국 사람이니까…… 딱 까고 안 되는, 딱 까고 얘기하면 좋겠는 거예요. 저는 그런 부분 이해되요. 근데 저는 단 한가지는 저 권리 있을 때 저는 찾고 싶은 거예요. 만약 한국 여자면은, 저처럼 이렇게는 자존심 있으

이것은 한국의 이주 여성들에게만 해당되는 일이 아니다. 스웨덴의 예를 들어보자. 여기서 이주 여성들의 이미지는 근대성과 전통 간의 대립에 의해 구성되어 왔다. 이주의 배경을 지닌 여성들은 저개발된 문화에 속한 것으로 재현되어 왔으며, 이러한 저개발된 문화는 근대적이고 우월한 것으로 가정된 스웨덴 문화와 대비되어 '이주 여성'을 종속적이고 수동적이며 오직 전통에 의해서만 움직이는 상투적인 '타자'의 이미지로 낙인찍는 효과를 낳아 왔다(Alund, 1999). 현재 한국 사회에서 결혼 이주 여성들이 재현되는 이미지 역시 이와 크게 다르지 않으면서 좀 더 복잡하고 왜곡된 양상을 띤다. 국제결혼 가정의 많은 갈등들은 한국의 부계 혈통주의와 필리핀, 베트남을 비롯한 동남아시아 나라들의 양계주의와의 차이에서 발생하고 있으며, 특히 한국 부계 혈통주의 문화의 담지자 및 전수자의 역할을 맡고 있는 시어머니의 역할에서 심각하게 나타나고 있다(김이선 · 김민정 · 한건수, 2006). 시어머니들은 '이방인' 며느리들이 한국 사회로의 통합을 위해 통과의례처럼 받아들여야 하는 한국식 '고유 문화'를 반복적으로 강요하는데, 이러한 고유 문화야말로 가부장제의 젠더 불평등에 기반하고 있는 것으로서 후기 근대의 현 한국 사회에서 이미 강하게 도전받고 그래서 사라지고 있는 것이다. 그리고 이처럼 '사라지고 있는' 젠더화된 규범들이 문화적 전통으로 강제되면 될수록 이것은 이중 삼중의 모순을 나타내게 된다. 왜냐하면 바로 이 사라지고 있는 젠더화된 규범이야말로 주변부 남성들로 하여금 한국 여성들과 결혼하기 힘들게 만드는 주요 요인 중 하나이기 때문이다.

다문화주의에 대한 논의는 앞에서도 언급했듯이 재분배와 인정의 두

면 아닐 거예요. 저는 외국인이니까 그 것 때문에 더 권리 있으면 더 찾고 싶어요."(2007. 7. 24 인터뷰 내용 중).

차원을 함께 고려하지 않을 경우 궁극적으로 차별의 결과를 낳게 된다. 이주 여성들이 한국 사회의 모든 상호 작용에 참여적 평등성을 가지고 동참할 수 있을 때 비로소 다문화주의의 의미가 실현된다. 그리고 이것은 이주 여성들이 한국으로의 결혼 이주를 결심할 때 희망했던 '더 나은 삶'을 살 수 있도록 국가가 도와 줄 것을 요구하며, 그 동안의 많은 연구들이 보여 주고 있듯이 그들에게 '더 나은 삶'은 노동을 통한 경제력 확보와 주변 사람들의 인정을 통한 사회적 정체성 확보를 포함하고 있다.

5. 맺음말

다문화주의 논의는 서구에서 (특히 자유주의 정치철학에서) 국민국가 만들기, 시민권 논의와 함께 진행되어 온 것으로서 긴 역사를 지닌다. 또한 정책으로서의 다문화주의는 캐나다, 호주, 미국의 경우처럼 이주자에 의해 세워진 나라인가, 독일처럼 국가의 정치경제적 생존과 재생산을 위해 이민자를 받아들여야 했던 나라인가에 따라서 상이한 정치적 · 역사적 맥락을 지닌다. 싱가포르처럼 근대 식민화의 경험 이후 다민족 간의 경계 및 위계의 바탕 위에 국민 정체성을 만들기 위해 문화적 정책으로 채택된 다문화주의도 있다. 국가 정책으로서 다문화주의를 한국 사회에 정착시키기 위해서는 따라서 다문화주의에 대한 이론적 논의와 함께 오랜 실험과 실천, 담론의 과정이 필요하다. 강한 일체감과 엄격한 위계 질서를 강조하는 유교적 가부장제의 전통이 여전히 지배적인 한국 사회에서 한편으로는 자율적 판단과 선택에 기반을 둔 자유주의 시민 주체의 실천과 다른 한편으로는 소수집단의 특수성에 대한 감수성과 관용을 전제로 하는 다문화적 시각이 뿌리내릴 수 있기 위해서는 무엇보다도 이주자들을 시민

주체의 관점에서 이해하는 것이 필요하다. 한국 사회가 현재의 과도기적 상황을 지나 궁극적으로 지향하는 것이 모든 시민들의 평등한 성원권에 기반을 둔 다문화 사회라면 재분배와 인정을 둘러싼 정의의 문제, 지구화 시대의 사회 변동에 조응하는 시민권의 이해, 시민권으로서의 문화권과 젠더권의 문제 등이 좀 더 포괄적으로 함께 논의되어야 할 것이다.

참고 문헌

김이선 · 김민정 · 한건수(2006), 『여성 결혼 이민자의 문화적 갈등 경험과 소통 증진을 위한 정책과제』, 서울 : 한국여성개발원.

김지은 (2007), "적응과 세력화의 경계에 선 "외국인 아내들" : 농촌 지역의 베트남 결혼이민자 사례 연구," 서울대학교 대학원 인류학전공 석사학위 논문.

김태영 (2005), 『저항과 극복의 갈림길에서 : 재일 동포의 정체성, 그 역사와 현재 그리고 미래』, 강석진 옮김, 서울 : 지식산업사.

김현미 (2006), "국제결혼의 전 지구적 젠더 정치학 : 한국 남성과 베트남 여성의 사례를 중심으로," 『경제와 사회』 여름호, 70 : 10-37.

김희정 (2007), "한국의 관 주도형 다문화주의 : 다문화주의 이론과 한국적 적용," 『한국에서의 다문화주의』, 파주 : 한울.

마르티니엘로, 마르코 (2002), 『현대사회와 다문화주의 : 다르게 평등하게 살기』, 윤진 옮김, 파주 : 한울.

문경희(2006), "국제결혼 이주여성을 계기로 살펴보는 다문화주의multiculturalism와 한국의 다문화 현상," 『21세기 정치학회보』, 16(3) : 67-92.

박종보 · 조용만 (2006), 『다문화가족지원법 마련을 위한 연구』, 여성가족부.

설동훈 · 이혜경 · 조성남 (2006), 『결혼이민자 가족 실태조사 및 중장기 지원정책 방안 연구』, 서울 : 여성가족부.

아시아연구소(편) (2007), 『서울은 눈물을 믿지 않는다 : 여성결혼 이민자 모국어로 쓰는 '나의 서울살이' 체험 사례집』, 서울: 숙명여대 아시아여성연구소.

오경석 (2007), "어떤 다문화주의인가? : 다문화사회 논의에 대한 비판적 조망," 『한국에서의 다문화주의』, 파주 : 한울.

왈쩌, 마이클(2001), "문화권," 『자유주의를 넘어서』, 김용환 · 박정순 · 윤형식 · 정원섭 옮김, 서울 : 철학과현실사.

이선옥 (2007), "한국에서의 이주노동운동과 다문화주의," 『한국에서의 다문화주의』, 파주 : 한울.

이철우(2004), "시민권, 어떤 개념인가," 후기사회학대회 발표문, 서울.

이혜경(2005), "혼인이주와 혼인이주 가정의 문제와 대응," 『한국인구학』 28(1) : 73-106.

장수현(2005), "韓華, 그 배제의 역사," 『문화과학』, 42 : 245-258.

재일대한기독교회 지문거부실행위원회(1987), 『재일 한국인 지문거부운동 (법정진술모음)』, 서울 : 정암사.

조형(2006), "여성주의 시민화 시대의 시티즌십과 시민사회," 『여성주의 시티즌십의 모색』, 서울 : 이화여자대학교출판부.

천선영(2004), " '다문화사회' 담론의 한계와 역설," 『한독사회과학논총』, 14(2) : 한독사회과학회.

한국염(2006), "정부의 결혼이민자 가족 지원 정책 방향에 대한 고찰 : 누구의 이익을 위한 것인가? 윈윈전략 가능한가?," 『정부의 결혼이민자 가족 정책 "다시보기"』 자료집.

한일민족문제학회(2003), 『재일조선인 그들은 누구인가』, 서울 : 삼인.

『혼혈인, 이주민, 다문화 가족 지원 관련법 제정에 관한 공청회』 자료집 (2007.6.26), 국회여성가족위원회.

Alund, Aleksandra(1999), "Feminism. Multiculturalism, Essentialism," in Yuval-Davis, Nira & Werbner, Pnina (ed.), *Women, Citizenship and Difference*, London and New York, St. Martin's Press.

Benhabib, Seyla(2002), *The claims of culture : Equality and diversity in the global era*, N.J.: Princeton, Princeton University Press.

Castles, Stephen & Davidson, Alastair (2000), *Citizenship and Migration: Globalization and the Politics of Belonging*, London and New York: Routledge.

Constable, Nicole (ed.) (2005), *Cross-Border Marriages: Gender and Mobility in Transnational Asia.* Philadelphia: University of Pennsylvania Press.

Cowan, Jane K.(2006), "Culture and Rights after *Culture and Rights*," in *American Anthropologist*, vol. 108, Issue 1, 9-24.

Ehrenreich, Barbara & Hochschild, Arlie Russel (eds.). *Global Women: Nannies, Maids & Sex Workers in the New Economy.* New York: Metropolitan Books. Henry Holt & Company.

Fraser, Nancy & Honneth, Axel (2003), *Redistribution or Recognition? A Polotical-Philosophical Exchange*, translated by Joel Golb, James Ingram, & Christiane Wilke, London and New York: Verso.

Gunew, Sneja(2004), *Haunted Nations. The Colonial Dimensions of Multiculturalisms*, London: Routledge.

Kelly, P. J. (ed.)(2002), *Multiculturalism Reconsidered: Culture and Equality and its Critics*, Polity.

Kymlicka, Will(2002), *Contemporary Political Philosophy. An Introduction*, 2nd ed., Oxford New York: Oxford University Press. 『현대정치철

학의 이해』, 장동진 외 옮김, 동명사, 2005.

Mouffe, Chantal(1992), "Feminism, Citizenship, and Radical Democratic Politics," in Butler, J. & Scott, J. W.(ed), *Feminist Theorize the Political,* London, Routledge.

Okin, Susan Moller (1999), "Feminism and multiculturalism: Some tensions," in Dan Avnon & Avner de-Shalit (ed.), *Liberalism and Its Practice,* London and New York: Routledge.

Ong, Aihwa (2007), *Neoliberalism as Exception: Mutations in Citizenship and Sovereignty,* Durham and London: Duke Universtiy Press.

Parekh, Bhikhu (2000), *Rethinking Multiculturalism: Cultural Diversity and Political Theory,* Cambridge, Mass.: Harvard University Press.

Parrenãs, Rhacel Salazar (2001), *Servants of Globalization: Women, Migration and Domestic Work,* Stanford University Press.

Soysal, Yasemin Nuhogly (1994), *Limits of Citizenship: Migrants and Postnational Membership in Europe,* The University of Chicago Press.

Yuval-Davis, Nira (2006), "Belonging and the politics of belonging," in *Patterns of Prejudice,* Vol. 40, No. 3. Routledge.

Walzer, Michael .(1997), *On Toleration.* The Castle Lectures in Ethics, Politics, and Economics, Yale University. 『관용에 대하여』, 송재우 옮김, 미토: 2004, 서울.

Werbner, Pnina(2005), "The translocation of culture: 'Community Cohesion' and the force of multiculturalism in history," The Editorial Board of *The Sociological Review,* Oxford: Blackwell Publishing Ltd.

| 찾아보기 |

국경을 넘는 아시아 여성들
다문화 사회를 만들다

펴낸날 1판 1쇄 2009년 8월 28일
2쇄 2010년 9월 7일
지은이 김영옥 · 김현미 · 양민석 · 윤혜린 · 정진주 · 황정미
펴낸이 최민숙 | **펴낸곳** 이화여자대학교출판부
주소 서울특별시 서대문구 대현동 11-1(우 120-750)
등록 1954년 7월 6일 제9-61호
전화 02) 3277-2965, 362-2966(편집)
02) 3277-3164, 362-6076(영업)
팩스 02) 312-4312 | **전자우편** press@ewha.ac.kr
인터넷서점 www.ewhapress.com
디자인 정혜진
찍은곳 네오프린텍

ISBN 978-89-7300-842-1 94330
ISBN 978-89-7300-841-4 (세트)

값 15,000원